출애굽기에 계시된
예수 그리스도의 예표들

박 인 기 지음

말씀보존학회

프롤로그

『성경을 상고하라. 이는 너희가 성경에 영생이 있다고 생각함이니, 그 성경은 나에 관하여 증거하고 있음이라』(요 5:39).

예수 그리스도께서 이렇게 말씀하신 대로 성경은 예수 그리스도에 관한 모든 것들을 증거하고 있으며 성경을 통하여 예수 그리스도를 알고 믿은 사람들은 영생을 얻을 수 있게 된다.

하나님께서는 창세기부터 요한계시록까지 모든 성경을 기록하시면서 한 가지 주제를 계시하셨는데 그것은 바로 예수 그리스도이시다. 왜냐하면 예수 그리스도께서는 하나님이시며 하나님의 아들이시고 하나님의 모든 것이 되시며 하나님께서 계획하신 모든 것들의 주인공이시기 때문이다. 그러므로 사람이 성경을 읽으면서 예수 그리스도를 찾아내지 못한다면 그것은 그야말로 성경이라는 책의 스토리를 읽은 것이지 하나님의 말씀을 기록된 목적대로 읽었다고 말할 수는 없는 것이다. 그래서 성경이 기록된 이래로 수많은 사람들이 성경을 읽었지만 성경 안에 계시된 예수 그리스도를 통해 영생을 얻은 사람은 항상 소수였고, 훨씬 더 많은 사람들이 성경을 읽고도 구주이신 예수 그리스도를 만나지 못하고 구원받지 못한 상태로 살다가 지옥으로 갔으며, 또한 구원받은 사람이 있다 해도 진리의 지식에는 이르지 못했던 것이다.

성경은 창세기부터 시작된다. 하나님께서는 태초에 하늘과 땅을 창조하셨는데, 사탄의 반역으로 인해 하나님께서 처음 창조하신 하늘과 땅은 저주받아 오염되었다. 그래서 하나님께서는 새로운 창조를 하심으로써 하나님의 형상을 따라 만든 인간의 역사를 시작하신다. 그러나 인간은 하나님의 말씀을 거역하고 마귀의 손을 잡음으로써 하나님의 저주를 받게 된다.

하나님께서 하나님의 형상에 따라 사람을 만드셨을 때 얼마를 살다가 죽게 만드신 것이 아니다. 사람이 하나님의 명령을 거부하는 죄를 지어서 죽게 된 것이다. 자비하신 하나님께서는 죄를 지어 죽게 된 사람을 즉각 처벌하지 않으시고 자비를 베푸셨다. 하나님께서 타락한 인간을 심판하셨지만 은혜를 베푸셔서 짐승을 잡아 그 가죽으로 옷을 만들어 입히셨다. 그리고 여자의 씨를 약속하심으로 인간 타락에 대한 회복을 약속하셨다. 죽은 사람을 다시 살리셔서 하나님께서 뜻하신 대로 영원히 살게 하시려는 것이었다. 그렇게 하기 위해서는 죄에 대한 값을 치러야 했는데, 그 값을 치를 수 있는 분도 오직 하나님뿐이셨다.

창세기 12장에는 아브라함을 칼데아 우르에서 불러내신 하나님께서 그와 그의 씨에게 카나안 땅을 주겠다고 약속하신 말씀이 있다. 그러나 아브라함은 그 땅을 밟아 보기는 했지만 그 땅을 받지는 못했다. 아브라함은 물론 그의 아들 이삭과 이삭의 아들 야곱 역시 그 땅을 받지는 못했다. 왜냐하면 그 땅은 아브라함의 씨인 야곱의 아들들로 이루어진 이스라엘 자손들에게 주시겠다고 말씀하셨기 때문이다(창 15:18).

창세기에서 야곱은 그의 아들들을 이끌고 세상을 상징하는 이집트로 내려간다. 그는 이집트에서 죽은 뒤에 카나안 땅에 장사되어 묻히지만, 그의 자손들은 요셉과 함께 이집트에 머물게 된다. 그러나 요셉이 죽고 요셉을 모르는 새 왕이 일어났을 때 새 왕은 이스라엘 자손을 엄격히 통제하여 그의 노예로 삼았다. 이스라엘 자손들이 고된 노예 생활로 인하여 할 수 있었던 일이란 탄식하고 부르짖는 것뿐이었다. 그들을 속박하는 파라오의 손에서 그들을 구해 내실 분은 오직 하나님뿐이셨다. 하나님께서 그들의 신음 소리를 들으셨다. 하나님께서는 아브라함과 이삭과 야곱과 맺은 그분의 언약을 기억하시고 이스라엘 자손들을 굽어보셨으며 그들에게 관심을 가지셨고 결국 그들을 파라오의 손에서 구해 내셨다.

출애굽기는 문자 그대로 하나님의 백성인 이스라엘 자손들이 노예 생활을 하던 이집트에서 탈출하는 내용을 기록한 책이다. 그러나 그들이 이집트에서 나올 수 있었던 것은 그들이 능력이 있었거나 어떤 일을 행해서가 아니라 전적으로 하나님의 능력으로 완성된 일이었다. 비록 그들이 모세의 손에 이끌려 이집트에서 나왔지만, 모세를 부르시고 사용하신 분은 하나님이셨다(출 3:6-10). 하나님께서는 아브라함에게 약속하신 대로 때가 되었을 때 모세를 보내셔서 이스라엘 백성들을 이집트에서 이끌고 나오게 하신 것이다.

이스라엘 백성들이 파라오에게 속박되어 노예 생활을 했던 것은 마치 모든 사람이 마귀의 노예로 속박되어 있는 것과 같다. 모든 인간은 죄 가운데 태어나 죄를 짓고 살면서 마귀의 노예로 속박되어 있다(히 2:15). 죄인들이 할 수 있는 일이란 고통 가운데 부르짖는 것뿐이다. 죄인들이 스스로 마귀에게서 탈출할 수 있는 방법은 없다. 하나님께서 이스라엘 백성들을 구원하시려고 계획을 세우신 것처럼 하나님께서는 죄인들을 위한 구원 계획을 세우셨고 그것을 계시하셨다. 그것이 바로 출애굽기에 계시된 예수 그리스도의 예표들이다. 출애굽기는 구속의 책이다. 출애굽기에는 구속의 교리와 구속을 완성하시는 주 예수 그리스도에 대한 예표가 계시되어 있다.

성경을 읽는 사람은 출애굽기를 통하여 인류를 죄와 마귀의 속박에서 구원하시기 위해 육신을 입고 이 땅에 오신 예수 그리스도를 발견할 수 있어야 한다. 왜냐하면 하나님께서는 이스라엘 백성만이 아니라 모든 인류를 구원해 주시려는 계획을 갖고 계시기 때문이다. 성경 가운데 출애굽기만큼 인류에 대한 하나님의 구원 계획을 계시해 주는 책은 없다. 그러므로 출애굽기에 계시된 예수 그리스도를 찾지 못한다면 하나님의 구속이라는 위대한 약속과 계시에 대해 알 수 없게 되는 것이다. 하지만 많은 설교자들이 출애굽기에 계시된 예수 그리스도에 대한 예표를 바르게 가르치거나 설교하지 않는다.

특히 우리나라 기독교계는 극단적 칼빈주의의 예정론을 믿는 장로교 교단이 교계의 주류를 이루고 있기 때문에 성경의 모든 부분을 하나님의 예정이라는 교단 교리에 맞춘다. 그래서 성경이 말씀하시는 예수 그리스도의 계시에 대해서는 무지하다 해도 과언이 아닐 정도로 잘못된 것들을 가르치고 배우고 있다. 각 교단마다 신학교가 있고 그곳 신학자들 가운데는 주석서를 펴내기도 했는데, 잘못된 교단 교리 위에다 성경 말씀들을 맞추려고 하다 보니 예수 그리스도에 대한 계시를 바르게 조명한 주석서를 찾아볼 수 없는 상태이다. 또한 우리나라의 기독교계는 변개된 로마카톨릭 계열의 성서를 사용하기에 성경을 가르치시는 성령님의 바른 조명도 받을 수 없다.

출애굽기에는 여러 가지 구원의 예표가 있다. 세상을 상징하는 이집트에서 구원받는 것, 마귀를 상징하는 파라오의 속박에서 벗어나는 것, 이 세상의 신들에게서 벗어나는 것, 홍해의 깊은 물속에서 구원받는 것, 사람이 살 수 없는 광야에서 인도함을 받는 것, 그들을 공격하는 대적들과의 전쟁에서 승리를 통해 구원받는 것 등 여러 가지 구원의 예표가 있으며, 아울러 그 구원을 이끄시는 예수 그리스도에 대한 계시가 제시되어 있다.

성령께서는 살아 계신 하나님께서 이스라엘 백성들을 구원하시는 출애굽기를 통해 예수 그리스도의 출생과 그분의 생애와 죽으심과 부활과 재림에 관한 모든 예표들을 기록하셨고, 그 기록들을 통해서 이 시대의 성도들에게 하나님의 예언들이 어떻게 성취되었는지 알게 하심으로 아직 이루어지지 않은 예언들이 성경에 기록된 대로 성취될 것임을 성도들이 믿게 해 주신다.

성경의 주제는 하나님께서 통치하시는 하나님의 왕국이고, 그 왕국의 왕은 하나님이신 예수 그리스도시다. 그래서 모든 성경은 예수 그리스도에 관하여 계시하고 있다.

성경에서 예수 그리스도에 관한 예표를 찾는 것은 성경을 기록하신 목적을 찾아내는 것과 같다. 예수 그리스도께서는 모든 성경의 주제이시며 제목이 되시는 분이시다. 모든 성경은 주 예수 그리스도에 관하여 증거하는 책인 것이다.

필자가 본 주제를 다루게 된 동기는 출애굽기에 나온 모든 역사적 사실들을 역사적 사실로만 인지하고 그치는 것이 아니라 구속 사역의 중심이 되시는 주 예수 그리스도의 다양한 사역을 예표하고 있다는 것을 밝히려는 것이다.

출애굽기는 요셉의 죽음으로 끝난 창세기에서 구속으로 전환되는 책이다. 구속의 계획을 세우신 분은 주 하나님이시며, 우리 주 예수 그리스도께서는 구속을 완성하신 분이시다. 이 모든 예표들이 출애굽기에 계시되어 있다.

출애굽기에는 예수 그리스도의 탄생부터 그분의 생애와 죽으심과 부활과 재림에 관한 계시가 그려져 있다. 성경을 통해서 하나님께서 계시하신 예수 그리스도에 관해 찾고 연구하는 것은 모든 성도들이 해야 할 일이다. 하나님의 말씀인 성경은 교단 신학이나 어떤 주의로 해석하는 것이 아니라, 성경을 통해 하나님께서 뭐라고 말씀하셨는지를 아는 것이 가장 바르고 가장 좋은 성경적인 공부 방법이다. 이 책을 통하여 주 예수 그리스도의 구속을 공부하려는 성도들이 성경을 공부하고 상고하는 방법을 배우는 계기가 되기를 바란다.

목 차

제2부 예수 그리스도의 재림

이 책에 인용된 성경 구절은 〈한글킹제임스성경〉입니다.

제1부

예수 그리스도의 초림

하나님께서는 세상의 예표인 이집트에서 마귀의 예표인 파라오에게 속박되어 노예 생활을 하고 있던 이스라엘 자손들의 고통과 부르짖음을 들으시고 그들에게 관심을 가지셨다. 이것은 마귀에게 속박되어 있는 죄인이 구원받기 위해서는 하나님께서 움직이셔야 한다는 사실을 보여 준다. 만일 하나님께서 죄인들을 위한 구원 계획과 구원받는 방법을 제시하시고 완성하시지 않았다면 스스로 구원받을 수 있는 죄인은 한 사람도 없을 것이다. 죄인이 구원받는 것은 전적으로 하나님께서 먼저 시작하신 하나님의 은혜임을 알아야 한다.

제1장

이스라엘과 함께하시는 하나님

인류의 첫 사람 아담이 죄를 지었을 때 하나님께서는 하나님께서 창조하신 사람을 미혹하여 죄를 짓게 함으로 하나님의 계획을 무산시킨 마귀를 심판하시면서 마귀가 속인 여자의 씨가 마귀의 머리를 부술 것이라고 말씀하셨다.

『내가 너와 여자 사이에, 또 네 씨와 그녀의 씨 사이에 적의를 두리니, 그녀의 씨는 너의 머리를 부술 것이요, 너는 그의 발꿈치를 부술 것이라." 하시고』(창 3:15).

이 말씀은 동정녀에게 성령으로 잉태하여 오실 메시아에 대한 예언이었다. 그러나 이것은 미래에 일어날 일이었고 마귀는 이 세상의 통치자가 되었다. 이때부터 마귀는 여자의 씨를 눈여겨보기 시작했고 순수한 여자의 씨를 단절시키고 혼잡하게 하기 위해 인류에 대한 성적(性的)인 공격을 하기 시작했다.

여자의 씨에 대한 마귀의 공격은 창세기 4장에서 카인이 아벨을 죽인 것에서부터 시작된다.

『카인이 그의 아우 아벨과 이야기하더라. 그들이 들에 있을 때 카인이 그의 아우 아벨에게 달려들어 그를 죽이니라』(창 4:8). 이것이 요한복음 8:44에서 마귀를 처음부터 살인자였다고 부르는 이유이다.

또한 여자의 씨에 대한 마귀의 공격은 하나님의 아들들, 즉 천사들을 이용하여 이어졌다. 타락한 하나님의 아들들이 사람들의 딸들을 그들의 아내들로 삼았고 그들 사이에 거인들이 나오게 된 것이다(창 6:4). 이 거인들은 사람들 사이에서 유명한 사람들이 되어 세상을 황폐화시켰고, 그들과 함께 사람들의 사악함이 세상에 창대해졌다. 하나님께서는 사람들의 마음의 생각의 모든 상상이 계속해서 악할 뿐임을 보시고 사람들을 멸망시키기로 정하셨으나, 하나님의 눈에서 은혜를 찾았던 노아에게 방주를 만들게 하심으로써 사악한 세상을 심판하시는 가운데서 노아와 그의 세 아들을 불러내셨다(창 6:18).

그러나 노아가 농부가 되어 포도주를 마시고 취하여 장막 안에서 벌거벗고 누웠을 때 그의 아들 가운데 하나인 함이 그의 아버지 노아를 상대로 성적(性的)인 행위를 하였다. 순수한 여자의 씨를 혼잡하게 하려는 마귀의 공격은 "남성 동성애"(Sodomy)로 사람의 육체에 죄를 짓게 하는 것이었다. 성경에 최초로 죄인이라고 불린 자들은 소돔인들이었다. 그들은 남자 동성연애자들로서 하나님 앞에 극심한 죄인들이라고 불려졌다(창 13:13).

하나님께서 칼데아 우르에서 우상을 섬기던 아브라함을 불러내셔서 그에게 복을 주시고 그의 씨에게 카나안 땅을 주셨지만, 아브라함은 기근을 피해 이집트로 갔다. 거기서 그는 자기 목숨을 위해 그의 아내 사라를 자기의 누이라고 거짓말을 해야 했고, 이집트인들은 사라를 파라오의 집으로 데려갔다. 하나님께서 개입하셔서 사라를 보호해 주셨고 아브라함은 무사히 이집트에서 나왔지만, 그때 데리고 나온 사라의 종 하갈로 인해 아브라함의 육신적인 씨는 혼잡해져서 하갈에게서 나온 이스마엘이 그의 아들이 되었다.

그러나 하나님께서는 약속된 여자의 씨를 위해 할례의 언약을 세우셨고 아브라함이 할례를 받은 후에 그에게 약속의 씨인 이삭을 주셨다. 아브라함에게 주신 씨에 대한 언약은 이삭에게서 야곱에게로 야곱에게서 유다로 이어진다. 그러나 이 과정에서 여자의 씨를 부패시키려는 수많은 시도들이 있었다. 이삭이 거의 죽음 직전에까지 가야 했고(창 22장), 이삭의 장자인 에서는 이방 여인들을 아내로 얻어 씨를 혼잡하게 했고(창 26:34), 야곱은 죽을 뻔했다(창 27:41). 야곱의 장자인 르우벤은 자기 아비의 아내에게로 들어갔고, 유다는 카나안 여인에게로 들어가 아들들을 낳았고, 요셉은 죽을 뻔했으나 겨우 죽음을 면한 후에 이집트로 팔려가 몸을 망칠 뻔했다(창 39:12).

이처럼 여자의 씨를 막으려는 사탄의 공격이 지속되었지만 여자의 씨에 대한 약속을 지키시려는 하나님의 손길은 아브라함의 자손들을 보호해 주셨다. 이집트의 파라오는 이스라엘 자손들을 노예로 삼아 괴롭게 했지만 이스라엘 자손들은 더욱더 번성했다. 그로 인해 파라오는 괴로워했고 구속의 책인 출애굽기도 여자의 씨에 대한 마귀의 공격으로 시작된다.

1. 여자의 씨를 죽이려는 마귀의 역사

『그때 요셉을 모르는 새 왕이 일어나서 이집트를 다스리는데』(출 1:8)라는 말씀에서 요셉을 모른다는 말은 사탄이 이 세상을 통치한다는 것을 말하는 것이다. 실제로 파라오는 모세가 그에게 『이스라엘의 주 하나님께서 이같이 말씀하시나니 '내 백성을 가게 하여 그들로 광야에서 내게 명절을 지키게 하라.' 하시나이다.』(출 5:1)라고 말했을 때, 『주가 누구기에 내가 그의 말을 복종하고 이스라엘을 보내겠느냐? 나는 주를 알지 못하며, 또한 이스라엘로 가게 하지도 아니하리라.』(출 5:2)라고 말했다.

우리는 이런 왕이 통치하는 세상에 오실 예수 그리스도의 예표를 찾아볼 수 있다.

『이집트 왕이 히브리 산파들에게 말하니, 한 사람의 이름은 시프라이고, 또 한 사람의 이름은 푸아인데, 그가 말하기를 "너희가 히브리 여인들에게 산파 일을 수행할 때 출산대 위에 있는 아이들을 살펴 아들이거든 죽이고 딸이거든 살려 주라." 하더라』(출 1:15,16). 이것은 단순히 아들을 죽이는 것만이 아니라 창세기 3:15에서 예언된 여자의 씨가 이스라엘 백성들 가운데서 성취되지 못하도록 마귀가 뒤에 숨어서 보이지 않는 손을 사용하는 것이다(마 1:18,19).

파라오는 세상의 권력을 쥐고 있던 왕으로서, 하나님을 대적해 그분의 백성을 박해했다. 그는 교만하고 마음이 완고하여 하나님의 백성들을 지속적으로 박해한 것이다. 만일 파라오의 계획이 성공해서 이스라엘의 남자아이들이 다 죽었다면 다윗도 태어나지 못했을 것이고, 다윗의 아들로 오실 메시아도 다윗의 계보에 오실 수 없으셨을 것이다. 파라오는 여자의 씨를 죽이려는 계획을 세웠지만 그 산파들이 하나님을 두려워하여 이집트 왕이 그들에게 명령한 대로 하지 않고 사내아이들을 살려줌으로써 그의 계획은 실패했다.

『이제 예수 그리스도의 탄생은 이러하니라. 그의 모친 마리아가 요셉과 정혼하였으나 동침하기 이전에 성령으로 잉태된 것이 그녀에게 나타났더라. 그녀의 남편 요셉은 의로운 사람이라, 그녀를 공개적인 본으로 삼기를 원치 않고 은밀히 버리려고 작정하더라』(마 1:18,19).

남편과 동침하지 않았는데 약혼녀가 임신했다는 것은 간음한 것이다. 율법에 따르면 간음한 여인은 특별한 경우를 제외하고는 돌로 쳐서 죽였다. 만일 요셉이 마리아의 임신을 공개적으로 나타내고 비난했다면 마리아는 돌에 맞아 죽어야 했고 예수님도 태어나실 수 없었던 것이다.

요셉은 마리아가 성령으로 잉태된 것을 몰랐지만 의로운 사람이었기에 일단 마리아를 보호해 주기 위해서 공개적으로 드러내지 않고 은밀히 마리아를 버리려고 작정한 것이다. 요셉이 이런 생각을 하고 있을 때 주의 천사가 그에게 나타나서 마리아의 잉태가 성령으로 된 것이라는 사실을 알려 주셔서 마리아를 보호하게 하셨다(마 1:20). 예수님께서 한 처녀에게 잉태되어 태어나신 것은 이처럼 많은 위험을 겪어야 했던 일이었다.

예수님께서 초림하신 때는 로마가 이스라엘을 식민 지배하고 있던 때였다.

『당시에 카이사 아우구스토로부터 한 칙령이 내려 온 세상이 조세등록을 하게 되었는데, (이 조세등록은 쿠레뇨가 시리아의 총독이었을 때 처음 실시된 것이었더라.)』(눅 2:1,2).

조세등록을 하라는 칙령에 따라, 요셉은 그가 살고 있던 갈릴리 나사렛 성읍에서 유대 다윗의 성읍인 베들레헴으로 가게 되었는데, 요셉이 다윗 가문의 계열이기 때문이었다.

마리아가 요셉과 함께 베들레헴으로 갔을 때 그녀는 아이로 인하여 배가 불러 있었고 그곳에 있는 동안 날이 차서 해산하게 되었는데, 남편이 이렇게 만삭의 아내와 동행하는 것은 일상적인 일이 아니었다. 만삭의 여인이 노새나 말을 타고 먼 거리를 이동하는 것은 뱃속의 아이에게는 치명적이기 때문이다. 이 세상의 통치자인 마귀는 한 처녀에게서 나올 여자의 씨를 죽이기 위해 만삭의 마리아에게 먼 거리를 여행하도록 했던 것이다. 이것이 바로 이스라엘의 아들들을 죽인 파라오가 했던 일이다.

하나님을 두려워하는 산파들이 파라오의 명령에 따르지 않고 히브리의 사내아이들을 살려 주자 파라오는 그의 모든 백성에게 명하여 말하기를 『태어난 아들은 다 강에다 버리고 딸은 다 살려 주라.』(출 1:22)라고 했다. 여자의 씨가 오는 길을 막으려는 사탄의 음모와 계략을 알 수 있다.

뿌린 대로 거둔다는 영원하신 하나님의 법칙에 따라 하나님께서는 이스라엘의 아들들을 죽인 파라오의 첫아들을 죽이셨고 파라오와 그의 병사들을 홍해에 빠뜨려 죽이셨다. 이런 와중에 모세가 태어나게 되는데 모세의 출생은 예수 그리스도의 탄생을 예표하고 있다.

2. 죽음에서 건져진 모세

『아이가 자라서 그 여인이 아이를 파라오의 딸에게 데려가니 그가 그녀의 아들이 되니라. 그녀가 그의 이름을 모세라 부르고 말하기를 "이는 내가 그를 물에서 건져내었음이라." 하더라』(출 2:10).

이스라엘의 레위 지파 가운데 암람이라는 남자가 요케벳이라는 여자를 아내로 맞이하여 아들을 낳았는데 그 아이를 삼 개월 동안 숨기다가 더 이상 숨길 수가 없게 되자 갈대로 만든 궤에 담아 강의 가장자리에 놓았다. 그때 강으로 씻으러 나왔던 파라오의 딸이 그 아이를 발견했고 그녀는 그 아이를 동정하여 그 아이가 히브리인들의 아이라는 것을 알면서도 자신의 아들로 삼기로 했다. 그 아이는 수많은 아들들의 죽음에서 구해졌다. 이 아이가 바로 모세이다. 이렇게 어려운 때에 태어나 죽음 직전에 피한 모세는 어린 시절에 죽을 뻔했다가 살아난 예수 그리스도를 예표하고 있다.

마태복음 2장에는 유대인의 왕으로 오신 예수님을 찾아 경배드리러 왔던 동방의 현자들이 있었다.

『말하기를 "유대인의 왕으로 태어나신 분이 어디 계신가? 우리가 동방에서 그분의 별을 보고 그분께 경배드리러 왔노라."고 하더라. 헤롯왕이 이 일들을 듣고 온 예루살렘과 더불어 불안해 하며』(마 2:2,3).

헤롯은 왕이면서도 불안해했다. 그는 현자들에게 예수님을 찾거든 자신도 가서 경배할 테니 알려 달라고 했다. 그러나 현자들은 예수님을 찾아 경배는 드렸지만 꿈에 헤롯에게 돌아가지 말라는 경고를 받고 다른 길로 고국으로 돌아갔다. 헤롯의 거짓말을 하나님께서 아셨기 때문이다.

현자에게 경배를 받으신 예수님께서는 유대인의 왕으로 오셨지만 그 당시의 왕인 헤롯에게 그 신분이 밝혀지게 되면서 생명이 위협을 받게 된다.

마귀는 창세기 3:15에서 하나님께서 말씀하신 여자의 씨에 대해 항상 관심을 갖고 주의를 기울이고 있었다. 여자의 씨로 태어난 예수님에 대한 마귀의 씨들의 공격이 시작된 것이다. 한편 하나님께서도 여자의 씨를 보호하셨기에 현자들은 헤롯에게 예수님에 대해 말하지 않고 돌아갔다.

『그들이 떠난 후, 보라, 주의 천사가 꿈에 요셉에게 나타나 말하기를 "헤롯이 그 어린아이를 찾아서 죽이려고 하니, 일어나 어린아이와 그의 모친을 데리고 이집트로 피하여 내가 네게 말할 때까지 거기 있으라."고 하더라』(마 2:13).

현자들이 경배하고 떠난 후에 꿈에 나타난 주의 천사의 명령을 받은 요셉은 급하게 일어나 밤에 어린아이와 그의 모친 마리아를 데리고 이집트로 떠나갔고, 헤롯이 죽을 때까지 그곳에 있었다.

『그 후 헤롯이 현자들에게 속은 줄 알자 심히 분노하여 군사를 보내어, 그가 현자들에게 자세히 물어본 그 때를 기준으로 하여 베들레헴과 그 온 지경에 있는 모든 사내아이를 두 살부터 그 아래로 다 죽이니라』(마 2:16).

모세가 죽지 않도록 숨기고 모세를 살리기 위해 애를 썼던 모세의 모친 요케벳은 예수님을 구하기 위해 이집트로 피신했던 요셉과 마리아의 예표가 된다. 헤롯이 어린 사내아이들을 죽인 것도 창세기 3:15에 예언된 여자의 씨를 죽이려고 마귀의 종이 한 행동이었으나, 예수님께서는 모세가 살아난 것처럼 이집트로 피하셔서 생명을 보존하셨다.

파라오의 딸의 아들이 된 모세는 이집트로 피신한 예수님을 예표하고 있다. 헤롯이 죽자 주의 천사가 요셉의 꿈에 나타나 어린아이와 그의 모친을 데리고 이스라엘 땅으로 가라고 말씀했고, 요셉은 이스라엘로 돌아왔다. 예수님께서는 이집트에서 나와 이스라엘 땅으로 오신 것이다.

마귀가 지배하는 세상에 히브리인의 아들로 태어나면 죽을 수밖에 없던 상황에서 태어났지만 죽지 않고 살게 된 모세는 사람의 모습을 입고 연약한 육신으로 탄생하셔서 죽음을 피해 다니셔야 했던 예수 그리스도를 예표하고 있다.

3. 가시덤불 불꽃 속에 나타난 주의 천사

『주의 천사가 가시덤불 가운데서 나온 불꽃 속에서 그에게 나타나시니라. 그가 보니, 보라, 가시덤불이 불로 타나 가시덤불은 소멸되지 않더라』(출 3:2).

이 말씀에서는 두 가지 모형을 볼 수 있는데 하나는 주의 천사이고, 또 하나는 불타는 가시덤불이다. 주의 천사는 가시덤불의 불꽃 속에서 나타나셨고, 가시덤불은 불타지만 소멸되지 않았다. 가시덤불은 이스라엘을 예표하고 주의 천사는 이스라엘을 지키시는 하나님을 예표하고 있다.

성경에서 천사는 전달자(messenger) 이상의 의미를 갖는다. 성경에서 천사는 나타나고자 하는 존재의 "현현"(appearance)이다. "하나님의 천사"는 하나님의 현현을 뜻하고, "빛의 천사"는 빛의 현현을 뜻하며, "주의 천사"는 주의 현현을 뜻한다. 따라서 『주의 천사』는 『주』께서 "사람의 몸의 형태"로 나타나신 것을 의미하는 것이다.

성경에서 주의 천사가 가장 먼저 언급된 것은 창세기 16:7이다. 창세기 16:7은 『**주**의 천사가 광야의 샘물 곁, 곧 술로 가는 길에 있는 샘 곁에서 그녀를 만나』라고 했는데, 여기서 『그녀』는 아브람의 씨를 잉태했지만 사래에게 쫓겨난 사래의 여종 하갈이다. 하갈은 자신에게 나타나 말씀하신 『**주**의 천사』를 『하나님』이라고 칭하고 있다.

재판관기 13장에서도 삼손의 아버지 마노아에게 주의 천사가 나타났었는데, 성경은 그를 『**주**』(LORD)라고 부르고 있으며(판 13:8), 마노아는 그가 주의 천사임을 알고 난 후에 『우리가 하나님을 보았으니, 반드시 죽으리라』(판 13:22)고 말하고 있다. 주의 천사는 사람의 눈에 보이게 나타나신 하나님이신 것이다.

이처럼 성경에서 "주의 천사"는 사람의 모습을 하고 땅에 내려오셔서 사람들과 대화하시는 하나님을 지칭할 때 사용되는 이름이다. 이로 볼 때 주의 천사는 주의 현현이며, 사람과 같은 육체를 입고 땅에 나타나실 수 있는 하나님은 아버지 하나님도 아니시고, 성령 하나님도 아니시다. 주의 천사로 나타나실 수 있는 하나님은 아들 하나님이신 예수 그리스도이시다. 예수님께서는 마리아의 몸을 통하여 태어나실 때 분명히 사람의 육신을 입고 오셨다. 마리아에게 나타난 천사는 마리아에게 『보라, 네가 너의 태 안에 임신하여 한 아들을 낳으리니 그의 이름을 **예수**라 하라.』(눅 1:31)라고 예수 그리스도의 잉태와 탄생을 알려주었는데, 예수님 이전에 사람들의 눈에 보이도록 나타나셔서 "하나님" 또는 "주"라고 불리신 "주의 천사"는 성육신하시기 이전에 나타나셨던 "예수 그리스도의 현현"인 것이다.

구약에서 하나님께서는 그분의 백성인 아브라함과 이삭과 야곱과 이스라엘 백성을 인도하시기 위해서 주의 천사로 나타나셨고, 신약에서는 육신을 입고 오신 예수님을 보호하시기 위해 요셉에게 주의 천사로 나타나셔서 그를 인도하셨다(마 2:13,19). 다만 구약과 신약의 다른 점은 구약에서는 주의 천사가 "the angel of the LORD"이고, 신약에서는 주의 천사가 "the angel of the Lord"라는 것이다. 이것은 구약의 여호와(LORD) 하나님께서 신약의 주(Lord)이신 주 예수 그리스도이심을 말씀하는 것이다. 구약에서 하나님의 현현으로 나타나셨던 주의 천사는 육신을 입고 오신 예수님께서 성장하실 때까지는 그 사역을 하셨지만, 예수 그리스도께서 공생애 사역을 시작하신 후, 즉 주님께서 사도들과 백성들을 가르치시는 동안에는 주의 천사가 나타나지 않았다. 이것은 구약의 "주의 천사"가 성육신하기 이전의 예수 그리스도이셨다는 또 하나의 분명한 증거이다.

모세는 팔십 년을 살아오는 동안 한 번도 하나님을 만나본 적이 없다. 그가 아는 하나님은 그의 어머니 요케벳이 그에게 말해 준 하나님뿐이었다. 그러한 모세 앞에 하나님께서는 주의 천사로 나타나신 것이다. 말라키 선지자 이후로 이스라엘 백성들에게 나타나지 않으셨던 하나님께서 주의 천사로 요셉에게 나타나셔서 육신을 입고 오실 임마누엘 하나님에 대해서 말씀해 주셨다. 하나님께서 먼저 자신을 나타내시지 않으면 사람은 하나님을 볼 수도 없고 알 수도 없는 것이다. 교회 시대의 성도들은 약 이천 년 동안 주 예수 그리스도를 본 적이 없다. 그러나 신실한 그리스도인들은 이제 곧 주님이 오실 것이라는 믿음과 소망 가운데 살아가는 것이다. 가시덤불 가운데서 모세 앞에 나타나신 주의 천사는 주 하나님이시며, 육신을 입고 오실 예수 그리스도의 예표이실 뿐만 아니라 주 예수 그리스도 자신이신 것이다.

4. 나는 곧 나니라

『하나님께서 모세에게 말씀하시기를 "**나는 곧 나니라.**" 하시고, 또 말씀하시기를 "너는 이스라엘 자손들에게 이같이 말할지니 '**나이신 분**께서 나를 너희에게 보내셨다.'하라." 하시니라』(출 3:14).

모세가 주의 천사로 나타나신 하나님께 자신이 이집트에 가서 이스라엘 백성들에게 전할 하나님의 이름을 묻자 하나님께서는 즉시 『**나는 곧 나니라.**』라고 대답해 주셨고, 또 말씀하시기를 이스라엘 백성들에게 『'**나이신 분**께서 나를 너희에게 보내셨다.'하라.』라고 덧붙여 주셨다. 하나님께서 『**나는 곧 나니라**』라고 모세에게 알려주신 이름은 창조주이신 하나님께서 모든 피조물들에게 자신을 나타내시는 이름이다. 성경에는 주 하나님과 연관된 이름이 많이 있지만 『**나는 곧 나니라**』라는 이름은 순수한 하나님의 이름이다. 『**나는 곧 나니라**』라는 하나님의 이름은 창조주이시며, 절대적인 주관자이시고 완전한 거룩함과 무한한 능력을 지니신 하나님의 절대적인 존재와 속성을 표현할 수 있는 유일한 이름이다. 하나님께서는 그 어떤 다른 피조물의 도움으로나 그 어떤 설명으로도 그 기원이나 속성을 표현할 수 없는 분이시기에 『**나는 곧 나니라**』라고 밖에 더 이상의 언어나 표현이 필요 없는 분이시다. 하나님께서는 그 어떤 대상에게도 의존함이 없이 홀로 완전하게 존재하시는 분이시다(사 44:6).

하나님께서 『**나는 곧 나니라**』라고 알려 주신 이름은 항상 진행형으로 계신 분이심을 나타내는 이름이다. 하나님께서는 나였던 적이 없으신 오직 나이신 분이시다. 하나님께서는 과거에도 계셨고 지금도 계시며 앞으로도 영원히 계실 분으로서 언제나 현재형으로 변함없이 계시는 분이시며 육신을 입고 오신 예수 그리스도의 이름이시다.

『예수께서 그들에게 말씀하시기를 "진실로 진실로 내가 너희에게 말하노니, 아브라함이 나기 전부터 나는 있느니라."고 하시니라』(요 8:58). 이 구절은 예수 그리스도께서 바리새인들과 유대인들을 책망하시면서 하신 말씀인데, 만일 예수 그리스도께서 창조주 하나님이 아니라 단순히 천사나 그룹과 같은 존재였다면 '아브라함이 나기 전부터 나는 있었느니라.'라고 과거형이나 현재완료형으로 말씀하셨을 것이다. 하지만 예수님께서는 "아브라함이 나기 전부터 나는 있느니라."라고 현재형으로 말씀하심으로써 예수님께서 창조주이신 하나님이심을 분명히 선포하셨다. 주님께서는 자신의 실체를 보여 주신 것인데, 주님께서는 자신이 나사렛 예수 이상으로 『**나이신 분**』, 곧 『**나는 곧 나니라**』라는 그 존엄한 이름으로 불려야 할 분이심을 분명히 밝혀 주신 것이다. 그러자 유대인들은 돌을 집어서 예수님께 던지려고 했다. 그들은 예수님께서 말씀하신 바가 무엇인지 알아들었기에 하나님을 모독한다는 이유로 예수님을 돌로 치려고 했던 것이다. 이것은 그들이 갈보리 십자가에 못박게 될 그분께서 곧 육신을 입고 오신 하나님이셨음을 확인해 주는 것이다.

하나님의 이름을 묻는 모세에게 『**나는 곧 나니라**』라고 알려 주신 이 하나님의 성호는 모든 세대에게 기념이 되시기 위해서 나타나실 예수 그리스도의 예표가 되는 이름이다. 예수님께서는 온 세상에 "나는 곧 나니라"이신 하나님의 이름을 선포하시기 위해서 오신 분이시다. 요한복음에서 예수님께서는 자신을 『**나이신 분**』(I AM), 즉 '나는...이다.'로 일곱 번 일컬으셨다. 예수님께서는 영원히 살아계신 하나님과 같은 이름을 쓰신 분이시다.

『나는 그 생명의 빵이라』(요 6:48). 예수 그리스도께서는 하늘에서 내려온 생명의 빵이시다. 누구든지 이 생명의 빵을 먹는 사람은 영원한 생명을 얻게 된다.

『그때에 예수께서 다시 그들에게 말씀하시기를 "나는 세상의 빛이라. 나를 따라오는 사람은 결코 어두움 속에 다니지 아니하고 생명의 빛을 얻으리라."고 하시더라』(요 8:12). 예수 그리스도께서 『나는 세상의 빛이라.』라고 선언하신 것은 자신이 하나님이심을 선언하신 것이다. 왜냐하면 빛은 하나님의 속성이며, 하나님께로부터 나오는 것이기 때문이다. 예수님께서는 세상의 빛으로 오셨다. 예수님을 따르는 사람은 생명의 빛 가운데 있는 사람이다. 하지만 예수님을 따르지 않는 사람은 생명의 빛을 소유하지 못했기 때문에 여전히 어둠 속에서 다닌다.

『그러므로 예수께서 다시 그들에게 말씀하시기를 "진실로 진실로 내가 너희에게 말하노니, 나는 양들의 문이라』(요 10:7). 이 말씀은 예수 그리스도로 말미암지 않고는 그 누구도 하늘나라에 들어갈 수 없다는 뜻이다. 이런 말씀을 하실 수 있는 분은 오직 예수님뿐이시다.

『나는 선한 목자라. 선한 목자는 양들을 위하여 자기 생명을 내어 놓으나』(요 10:11). 선한 목자로 오신 예수님만이 죄인들을 위하여 자신의 생명을 내어 놓으실 수 있다. 이것은 인간을 향하신 하나님의 극진한 사랑의 표현이다.

『예수께서 그녀에게 말씀하시기를 "나는 부활이요, 생명이니 나를 믿는 자는 죽어도 살 것이며』(요 11:25). 예수님께서는 죽은 자들로부터 부활하셔서 영원한 생명을 보여 주신 살아 계신 분이시다. 뿐만 아니라 이 사실을 믿고 구원받은 사람은 죽어도 다시 살아나 주님과 함께 영생을 누리게 된다.

『예수께서 그에게 말씀하시기를 "나는 길이요 진리요 생명이라. 나로 말미암지 않고는 아버지께로 올 사람이 아무도 없느니라』(요 14:6). 예수님께서는 하나님 아버지께로 가는 길이 되시며, 하나님께서 자신을 나타내시기 위해서 말씀으로 오신 진리이시며, 모든 생명의 원천이신 하나님께서 육신을 입고 오신 분이시다. 예수 그리스도께서는 우리에게 생명을 주시는 분이시다.

『나는 참 포도나무요, 나의 아버지는 농부시라』(요 15:1). 예수님께서는 거짓 포도나무가 아니라 참 포도나무이시다. 하나님 아버지께서는 오직 참 포도나무이신 예수 그리스도를 통해서만 그 열매들을 거두신다. 가지들은 나무를 떠나서는 아무 일도 할 수 없다. 이런 말씀들은 오직 예수 그리스도께서만 독점적으로 사용하실 수 있는 표현들이다. 역사상 그 어떤 종교 창시자나 사상가나 독재자나 제국의 통치자도 이러한 말을 한 사람이 없었다. 이렇게 말하실 수 있는 분은 하나님이신 예수 그리스도 한 분뿐이시다. "주 예수 그리스도" 주님의 이 위대한 이름은 모든 이름 위에 뛰어난 이름이며, 이 세상뿐만 아니라 오는 세상에서도 모든 이름 위에 뛰어난 이름이다. 『**나는 곧 나니라**』라고 하나님께서 말씀하신 이 위대한 성호는 육신을 입고 오실 주 예수 그리스도의 이름이며 그분이 행하실 사역을 예표하고 있다.

5. 이스라엘과 함께하시는 하나님

『내가 그들 가운데 거할 성소를 나를 위하여 그들로 만들게 하라』(출 25:8).

하나님께서 모세에게 성소를 만들게 하라고 명령하신 것은 하나님께서 직접 이스라엘 백성들과 함께하시면서 그들을 보호하시고 인도하시기 위해서 이스라엘 백성들 가운데 거하시려는 목적이었다. 성소는 예수 그리스도를 예표하고 있다.

천사 가브리엘은 요셉과 정혼한 마리아에게 나타나서 『기뻐하라. 은총을 받은 자여, 주께서 너와 함께하시니 너는 여자 중에서 복받은 자로다.』(눅 1:28)라고 말씀을 전했는데, 하나님께서 먼저 함께하시지 않으면 그 누구도 하나님 앞에 앞서 나가거나 함께할 수가 없다.

『"보라, 한 처녀가 잉태하여 한 아들을 낳으리니, 그의 이름을 임마누엘이라 하리라." 하셨으니, 이를 해석하면 '우리와 함께하시는 하나님.'이라』(마 1:23).

우리와 함께하시는 하나님은 임마누엘이신 예수 그리스도이시다. 하나님께서 광야에서는 이스라엘 백성들과 함께하시기 위해 성소를 지으라고 명령하셨고, 마태복음에서는 우리와 함께하시기 위해 사람의 모양을 입으시고 육신으로 나타나셨다. 이스라엘 백성들 가운데 하나님께서 거하시는 성소는 우리와 함께하시는 예수 그리스도를 예표하고 있다.

성막이 세워진 목적은 하나님께서 우리와 함께하시면서 우리와 교제하시려는 것이었다. 성경은 바로 이 목적이 이뤄진 것을 마지막으로 끝이 난다.

『또 내가 들으니, 하늘에서 큰 음성이 나서 말하기를 "보라, 하나님의 성막이 사람들과 함께 있어 그분께서 그들과 함께 거하시리니, 그들은 그분의 백성이 되고 하나님께서는 친히 그들과 함께 계셔서 그들의 하나님이 되시리라』(계 21:3).

사람이 우주를 정복한다 해도 여전히 해결하지 못할 일들이 많이 있다. 즉 고통과 슬픔과 눈물과 죽음을 피할 수 없는 것이다. 그런데 성막은 인간이 지금까지 제거하지 못한 실제적인 문제들, 즉 고통, 슬픔, 눈물, 사망 등을 영구적으로 제거하는 것이다. 예수 그리스도께서 계신 곳에서는 아무도 죽지 않았다.

성막은 사람들이 거룩하시고 죄가 없으시며 불멸하시고 영원하신 하나님과 함께 살 수 있게 한다. 성막의 목적은 "하나님께서 사람과 함께, 사람이 하나님과 함께" 하게 하는 데 있다. 인간에게 있어 자신이 하나님과 함께한다는 것보다 더 위대한 목적과 영광은 없다. 우리와 함께하시는 하나님은 임마누엘 하나님, 곧 우리 주 예수 그리스도이시다.

하나님께서 모세에게 광야에 지으라고 명령하신 성막은 주 예수 그리스도의 완전한 모형이며 형상이었다. 성막은 백성들 가운데 거하시는 하나님의 성소였다(출 25:8)

성막은 하나님께서 내려오셔서 사람을 만나시기 위해서 만들라고 하신 곳이다. 성막은 하나님과 사람이 만나는 장소였다. 사람이 하나님을 만나기 위해서는 성막으로 가는 길밖에 없었다. 성막 말고는 이스라엘 가운데 하나님을 만나 볼 수 있는 다른 장소가 없었다. 성막은 인간이 하나님께 다가갈 수 있고 하나님께서 인간을 만나 주실 수 있는 유일한 장소였다.

예수 그리스도께서는 사람과 함께하시기 위해 자신의 영예를 버리시고 사람과 같은 모양으로 마리아의 몸을 통해 탄생하셨다. 임마누엘 하나님으로 한 처녀인 마리아의 몸을 통해 오신 예수 그리스도께서는 태어나시기 전부터 어린아이일 때까지 마귀의 공격을 받으셨다. 다시 말하지만, 히브리의 남자아이를 죽이라는 파라오의 명령 가운데 태어난 모세는 마귀의 여러 공격에서 살아나신 예수 그리스도를 예표하고 있다.

제2장

광야의 인도자

히브리인이었지만 파라오의 딸의 아들이 된 모세는 파라오의 궁에서 40년 동안 이집트의 학문을 배웠다. 이 시기에 대해서는 성경에 자세하게 기록되지 않았다. 예수님의 경우에도 탄생에 관한 기록과 어린아이일 때의 기록은 성경에 있지만 공생애 활동을 하실 때까지의 생애는 자세하게 기록되지 않았다. 다만 열두 살 되시던 해에 유월절의 관례에 따라 예루살렘에 올라갔을 때의 이야기가 짧게 언급되어 있다. 이때 다른 가족들은 다 돌아갔으나 예수님께서는 예루살렘의 성전에서 박사들과 토론을 하고 계셨다. 성경은 예수님께서 『지혜와 키가 자라고 하나님과 사람의 총애 속에서 자라 가시더라.』라고 말씀하고 있다(눅 2:52).

『그녀가 한 아들을 낳으리니 너는 그의 이름을 **예수**라 하라. 이는 그가 자기 백성을 그들의 죄들에서 구원할 것이기 때문이니라."고 하니라』(마 1:21).

『인자가 온 것은 잃어버린 자를 구원하려는 것이라』(마 18:11).

예수 그리스도께서는 이스라엘을 구원하시기 위한 하나님의 뜻에 따라 보내지셨다.

『하나님께서 자기 아들을 세상에 보내신 것은 세상을 정죄하려 하심이 아니요, 그를 통하여 세상이 구원받게 하려 하심이라』(요 3:17).

예수 그리스도께서는 인간을 구원하시기 위한 하나님의 뜻에 따라 이 땅에 오셨다. 초림 때 예수님께서는 세상을 구원하시기 위해 오신 것이고 세상을 정죄하시는 것은 재림 때이다.

1. 구원으로 이끄는 인도자

모세는 출생부터 출애굽기와 함께하는 인물이다. 출애굽기와 모세는 떼려야 뗄 수 없는 관계이며, 모세는 출애굽기에서 예수 그리스도를 예표하는 인물이다. 이집트에서 노예 생활을 하던 이스라엘 백성들을 이끌고 나와 카나안 땅으로 인도하는 임무를 받은 모세의 생애는 많은 부분에서 죄인들의 구속주로 오신 예수 그리스도를 예표하고 있다.

1) 형제들에게 거부당한 모세

모세는 이집트의 파라오 궁에서 40세까지 성장했다. 모세는 자신이 이스라엘 백성들을 노예 생활에서 이끌어 내도록 부름 받았다는 사실을 감지하고 있었다. 그러다 궁 밖으로 나갔을 때 히브리인을 때리는 이집트인을 죽여서 모래 속에 감추었다. 이튿날 그가 싸우는 히브리인들을 말리려고 하자 그들은 모세를 거부했다.

『그가 말하기를 "누가 너를 우리를 다스릴 통치자와 재판관으로 삼았더냐? 네가 이집트인을 죽인 것같이 나도 죽일 생각이냐?" 하니, 모세가 두려워하여 말하기를 "분명히 이 일이 알려졌도다." 하더라』(출 2:14).

모세는 자기 형제인 이스라엘인을 죽이려는 의도는 전혀 없었다. 그러나 모세는 자기 형제들에게 거부되었고, 오히려 살인한 사실도 탄로가 났다. 파라오가 이 일을 알고 모세를 죽이려 하자 그는 광야로 피신해야 했다.

40년 후에 모세가 하나님의 부르심을 받고 하나님께서 주신 표적을 가지고 이스라엘 백성들에게 갔을 때 백성들은 그 표적을 보고 하나님께서 모세를 보내심을 믿었다(출 4:30-31). 그러나 파라오는 모세의 말을 듣지 않았고 오히려 이스라엘 백성들의 노동 강도를 더 세게 했다. 자신들이 악한 상황에 처한 것을 알게 되자 백성들은 모세와 아론을 향해 적대감을 나타냈다.

『그들이 파라오를 떠나 나올 때 길에 서 있는 모세와 아론을 만나 그들에게 말하기를 "주께서 너희를 살피시고 심판하시리라. 이는 너희가 우리의 평판을 파라오의 눈과 그의 신하들의 눈에 혐오스럽게 하고 그들의 손에 칼을 주어 우리를 죽이려 하기 때문이라." 하니라』(출 5:20,21).

이스라엘 백성들은 모세가 표적을 보여 주면서 하나님께서 그들의 고통을 살피셨다는 것을 들었을 때는 그들의 머리를 숙여 하나님께 경배했지만 파라오의 박해가 거세지자 하나님께서 보낸 모세를 거부했다.

인자로 오신 예수 그리스도께서도 자기 백성들에게 거부당하셨다. 『그가 자기 백성에게 오셨으나 자기 백성이 그를 영접하지 아니하더라』(요 1:11).

하나님께서는 육신을 입고 이 세상의 자기 백성에게 오셨다. 그분이 바로 예수 그리스도이시다. 그러나 세상은 그분을 알지 못했고, 그분의 백성인 이스라엘도 그분을 거부하고 받아들이지 않았다. 이스라엘 백성들은 예수님을 살인자로 취급하여 사형을 구형했다.

『대제사장이 자기 옷을 찢으며 말하기를 "저 사람이 하나님을 모독하였으니, 우리에게 무슨 증인들이 더 필요하리요? 보라, 너희는 방금 그가 하나님을 모독하는 것을 들었도다. 너희는 어떻게 생각하느냐?"고 하니, 그들이 대답하여 말하기를 "그는 사형에 해당한다."고 하더라』(마 26:65,66).

이스라엘 백성들은 성읍에서 난동을 부리고 살인으로 인하여 감옥에 갇힌 바라바는 놓아주고 죄가 없으신 예수 그리스도를 바라바 대신 십자가에 못 박게 했다. 유대인들은 자신들의 메시아로 오신 예수님을 거부하고 빌라도에게 고발했다. 빌라도가 예수님으로부터 죄를 찾을 수가 없다고 말했음에도 유대인들은 그를 십자가에 못 박으라고 소리쳤다. 이스라엘 백성들은 자기들의 조상들이 모세를 거부했던 것처럼 예수 그리스도를 거부했다. 모세는 자기 백성들에게 거부당하시는 예수 그리스도를 예표하고 있다.

이스라엘 백성에게 거부당한 모세는 자기 백성을 그들의 죄들에서 구원하시기 위해 유대인으로 오셨지만 자신의 형제들에게 거부당하시는 예수 그리스도의 모형이었다. 예수 그리스도께서는 이스라엘의 왕으로 오셨지만 거부당하셨고 그분이 가져오신 천국은 연기되었다. 예수님의 육신의 형제들마저도 예수 그리스도를 믿지 않았으니(요 7:5), 그들은 그분께서 하나님의 아들이심을 확신하지 못하는 영적 소경들이었다.

2) 목자가 된 모세

구약성경에서 우리는 목자이신 그리스도의 모형이 되는 인물들을 발견하게 된다. 아벨도 목자였고 아브라함도 이삭도 야곱도 목자였으며, 요셉과 다윗도 양을 치던 목자였다. 이 모형들은 목자의 헌신적인 애정과 의무뿐 아니라 그 특성까지도 보여 준다.

『이제 모세가 그의 장인 미디안 제사장 이드로의 양떼를 치는데, 그가 그 양떼를 광야의 뒤편으로 인도하여 하나님의 산 호렙에 이르렀더니』 (출 3:1).

모세는 양들을 치고 인도하는 목자였다(출 3:1-12). 형제들에게 거부당하고 광야로 피신한 모세는 40년 동안 이드로의 양떼를 치는 목자였는데, 이는 후에 하나님의 양떼를 치는 목자로서 준비되기 위하여 훈련을 받은 것이었다. 광야에서 양을 치던 모세는 광야로 나선 이스라엘 자손들의 목자로서 40년 동안 하나님의 백성들을 이끌어서 약속된 카나안 땅으로 인도했다.

『그때에 주께서 옛적의 날들과 모세와 그의 백성들을 기억하여 말씀하기를 "자기 양무리의 목자와 더불어 그들을 바다에서 데리고 올라온 이가 어디 있느냐? 그 안에 그의 거룩한 영을 둔 이가 어디 있느냐? 그의 영광스러운 팔과 모세의 오른손을 통해 그들을 인도하고, 그들 앞에서 물을 나누고 친히 영원한 이름이 된 이가 어디 있느냐?』(사 63:11,12)

성경은 모세가 이스라엘을 인도한 것을 예수 그리스도께서 이스라엘을 인도하신 것으로 묘사하고 있다. 『양떼 앞에서 걸어가면 양들이 그를 따』랐던(요 10:4) 목자이신 예수 그리스도께서는 양을 치던 목자였던 모세의 위대한 원형이시다.

예수 그리스도께서는 "선한" 목자요(요 10:11,14), "큰" 목자이시며(히 13:20), "목자장"이시다(벧전 5:4). 시편 22편에서 선한 목자는 자기 양들을 값을 주고 사시고, 시편 23편에서 위대한 목자는 자기 양들을 지키시며, 시편 24편에서 목자장은 자기 양들에게 보상하신다. 선한 목자는 처음에 "선자자요 구주"로서 죽기 위해 오셨다. 큰 목자는 지금 제사장이자 중보자로서 중보하고 계신다. 목자장은 앞으로 왕이요 심판주로서 다시 오셔서 신실한 자들에게 보상하실 것이다.

『그는 목자처럼 그의 양떼를 먹이실 것이요, 자기 팔로 어린양들을 모아 그의 품에 안으시며 젖먹이와 함께 있는 것들을 유순하게 인도하시리라』(사 40:11).

예수님께서 자신을 선한 목자로 소개하셨을 때, 그것은 자신이 자기 백성을 해방시켜 줄 약속된 구원자(Deliverer)로서 오셨음을 공표하신 것이었다. 하나님의 심판은 갈보리에서 목자요 구주이신 예수 그리스도 위에 내려졌고, 그로써 양들은 구원받게 되었다.

"선한 목자"는 그리스도의 가장 거룩한 모형이다. 갈보리 위에서 고난 당하신 그리스도보다도 더 위대한 자기희생은 없다(사 53:3-7). 목자이신 예수님께서 양들을 위하여 자신의 생명을 내어놓으신 것이다. 선한 목자이신 그리스도께서는 자기 양들을 위해서 십자가 위에서 "죽기까지" 책임을 다하셨다.

구약성경에서 양들은 목자를 위해서 죽었지만, 신약에서는 목자가 양들을 위해서 죽으셔야 했다. 선지자이며 제사장이었고 여수룬의 왕이었던 모세는 목자로서, 선지자로 오셨고 지금은 제사장으로 계시며 앞으로 목자장이시자 왕으로 오실 예수 그리스도를 예표하고 있다.

3) 보냄을 받는 모세

『그러므로 이제 오라, 내가 너를 파라오에게 보내고 너로 하여금 내 백성 이스라엘 자손들을 이집트에서 데리고 나오게 하리라." 하시더라』(출 3:10).

모세 앞에 나타나신 하나님께서는 그를 이스라엘의 구원자로 이집트의 파라오에게 보내시겠다고 말씀하신다. 모세는 역사상 가장 중요한 일 가운데 하나인 임무를 부여받는다. 모세는 이제 이집트에서 노예 생활을 하고 있는 이스라엘 자손들을 데리고 나와야 한다. 모세는 그의 어머니 요케벳으로부터 아브라함과 이삭과 야곱에 대해 들어서 알고 있었고, 그의 조상들에게 땅을 주기로 하신 하나님의 언약과 맹세를 알고 있었다. 그렇다면 모세는 이제야 그 일을 이룰 때가 되었다고 생각했을까? 그렇지 않았다.

『모세가 하나님께 말씀드리기를 "내가 누구기에 파라오에게 가며, 이집트에서 이스라엘 자손들을 데리고 나올 수 있으리이까?" 하니』(출 3:11).

모세는 자신이 이스라엘의 구원자로서 그 사역을 맡았다고 생각했고 그래서 이집트인을 죽였다가 광야로 피신했지만, 양을 치는 목자로 40년을 살면서 그 사역에 대해 자포자기한 상태이다. 하나님께서 그를 찾아와 이제 이집트의 파라오에게 가라고 하셨지만 그에게 이스라엘 자손들은 자기 백성이 아니었고 그들을 위해 일하고 싶은 마음도 다 없어졌다. 모세가 그런 상태에서 구원자로서의 사역을 부여받자 자기는 아니라면서 가기를 거부한 것이다. 그러나 하나님께서는 그분의 때에 그분의 종들을 보내시어 그분의 뜻을 행하게 하시는 분이시다. 모세와 똑같은 임무가 예수 그리스도께 주어진다.

『그때 내가 말씀드리기를 '오 하나님이여, 보소서, (두루마리 책에 나에 관하여 기록한 것과 같이) 주의 뜻을 행하려고 내가 왔나이다.' 하였노라." 하셨도다』(히 10:7).

이 말씀은 앞으로 오실 예수 그리스도에게 적용되는 예언이며, 이 두루마리 책에 기록된 대로 예수 그리스도께서 이 땅에 오시는 것이다. 이 말씀을 기록한 다윗이 본 두루마리 책들, 즉 모세가 쓴 율법책에 기록된 것은 메시아가 올 것이라는 말씀이었다. 창세기만 보더라도 메시아가 오신다는 것이 분명히 예언되어 있다. 창세기 3:15은 그분이 태어나신다는 것을 말하고 있고, 창세기 22:1-14은 그분이 제물로 바쳐진다는 것을 말해 주고 있으며, 창세기 49:10은 그분이 왕으로 오신다는 것을 보여 주고 있다.

『이것이 나를 보내신 아버지의 뜻이니, 즉 그분께서 내게 주신 모든 사람을 하나도 잃지 않고 마지막 날에 다시 살리는 것이라』(요 6:39).

하나님께서는 하나님의 뜻에 따라 하나님의 백성들을 구원하시기 위해 예수 그리스도를 보내셨고, 예수 그리스도께서는 하나님에 의해 자기 백성들을 이 세상으로부터 데리고 나오도록 보냄을 받으신 것이다. 예수님께서는 아버지 하나님께 이렇게 기도하셨다.

『내가 땅에서 아버지를 영화롭게 하였으며 아버지께서 내게 하라고 주신 그 일을 완성하였나이다』(요 17:4).

예수님께서는 아버지의 뜻을 완성하셨고, 이 땅에서 사역하시는 동안 모든 것을 아버지께로부터 받으셨으며, 모든 점에서 아버지께 순종하는 아들의 자세를 철저히 지키셨다. 주님께서는 심지어 먹는 음식에 대해서도 "나의 음식은 나를 보내신 분의 뜻을 행하고 그분의 일을 완성하는 것이라."(요 4:34)고 말씀하실 정도였다.

이집트로 가라는 하나님의 명령에 모세는 『내가 누구기에 파라오에게 가며, 이집트에서 이스라엘 자손들을 데리고 나올 수 있으리이까?』(출 3:11) 라며 하나님의 뜻에 즉각 순종하지 않았지만 예수 그리스도께서는 하나님의 뜻에 순종하셨다.

『주께서는 우리의 죄들로 인하여 자신을 주셨으니 이는 하나님, 곧 우리 아버지의 뜻에 따라 이 악한 현 세상에서 우리를 구원하시려 함이라』(갈 1:4).

아들이신 예수님께서는 아버지 하나님의 뜻을 행하려고 오셨을 때 그분은, 주인을 사랑하는 종으로서 아버지의 명령에 순종하여 죄인들을 구원하시려는 하나님의 뜻을 행하려고 오신 것이다. 하나님께 보냄 받으신 예수 그리스도께서는 사도라고 칭함을 받기도 하셨다(히 3:1). 모세는 이 세상을 구원하라고 보내심을 받은 예수 그리스도의 예표가 되었다.

4) 표적을 행하는 모세

『유대인들은 표적을 구하고, 헬라인들은 지혜를 찾지만』(고전 1:22) 이 말씀대로 이스라엘 민족은 표적으로 시작한 민족이다. 모세가 이집트로 가라는 하나님의 말씀을 거부하자 하나님께서는 그에게 표적을 행할 수 있는 능력을 부여하셨다.

『주께서 말씀하시기를 "그것을 땅에 던지라." 하시기에 그가 그것을 땅에 던졌더니 그것이 뱀이 된지라, 모세가 그것 앞에서 피하더라. 주께서 모세에게 말씀하시기를 "손을 내밀어 그 꼬리를 잡으라." 하시기에 그가 손을 내밀어 그것을 잡으니, 그것이 그의 손에서 막대기가 되더라』(출 4:3,4). 하나님께서는 이스라엘 자손들이 이 표적을 보면 모세를 믿을 것이라고 말씀하셨다.

『만일 그들이 이 두 표적도 믿지 아니하고 네 음성에도 경청하지 아니하면, 너는 강물을 떠다가 마른 땅 위에 부으라. 네가 강에서 떠온 물이 마른 땅 위에서 피가 되리라." 하시니라』(출 4:9). 표적은 이스라엘 자손이 하나님께서 보내신 모세를 믿게 하시려고 주신 하나님의 방법이었다.

모세와 아론이 이집트로 가서 이스라엘 자손들의 장로들을 모아 놓고 그들 앞에서 하나님의 뜻을 전하고 그것을 입증하기 위해 표적을 보여준다. 표적을 본 이스라엘 자손들은 이전에는 모세를 거부했지만 이제는 모세를 하나님께서 보낸 사람으로 받아들인다.

모세는 보냄 받으면서 표적을 행하는 능력을 받았다. 예수 그리스도께서도 표적을 행하셨다. 모세가 구약에서 처음으로 표적을 행한 선지자였던 것처럼 예수 그리스도께서도 신약에서 제일 먼저 표적을 보이신 분이시다.

요한복음 2장에서 예수님께서는 마리아와 함께 카나의 혼인식에 가셨다. 혼인식에 포도주가 부족한 것을 알게 된 마리아가 예수님께 "그들에게 포도주가 없다."고 말씀드리자 예수님께서는 "아직 나의 때가 이르지 않았다."고 말씀하시면서도 종들을 시켜서 물통에 물을 채우라고 하셨다. 종들이 물통에 물을 다 채우자 그것을 잔치를 주관하는 사람에게 가져다주라고 말씀하셨다.

『그 잔치를 주관하는 사람이 포도주가 된 물을 맛보고 그것이 어디서 났는지 알지 못하나 (그 물을 떠 온 종들은 알더라.)』(요 2:9).

잔치를 주관하는 사람이 물로 된 그 포도주를 맛보고 좋은 포도주라고 평가를 내렸다. 예수님께서 기적을 일으키셔서 물통 속의 물을 포도주로 바꾸신 것이다. 하나님께서 모세를 통해 보여 주신 기적은 물이 피로 변하는 것이었는데 예수님께서 행하신 최초의 공개적인 기적은 물이 포도주로 변하는 기적이었다.

『예수께서 기적들 가운데 이 처음 기적을 갈릴리 카나에서 행하시고 자기의 영광을 나타내시니 그의 제자들이 그를 믿더라』(요 2:11).

『유월절 명절날에 주께서 예루살렘에 계실 때 많은 사람이 그가 행하신 기적들을 보고, 그의 이름을 믿더라』(요 2:23).

예수님께서 기적을 행하시는 것을 본 제자들이 먼저 믿었고, 그 후에는 유월절에 명절을 지키기 위해 예루살렘에 왔던 유대인들이 예수님께서 행하신 기적들을 보고 그들의 메시아로 오신 예수님을 믿게 되었다. 주님께서는 인간들의 시선을 끌기 위해 기적을 행하신 것이 아니라, 사람들로 하나님께서 보내신 주님을 믿게 하시고자 기적을 행하신 것이다.

또한 예수님께서는 하나님의 영광을 나타내시기 위해서 기적을 행하신다. 요한복음 11장에서 나사로가 병들었다는 말을 들으신 예수님께서는 『이 병은 죽음에 이르는 것이 아니라 하나님의 영광을 위한 것이라. 이는 하나님의 아들이 그 일로 인하여 영광을 받게 하려 함이라.』(요 11:4)고 말씀하셨다. 나사로가 죽더라도 주님께서는 그를 살려 내실 것을 이미 작정하고 계셨다. 죽은 나사로를 살려 내심으로써 주님께서는 하나님의 영광을 또 한 번 드러내실 터였다. 하나님의 위대하심과 그분의 온전하심이 드러나는 것이 곧 하나님의 영광이다.

예수님께서 네 사람이 메고 온 중풍 병자에게 "일어나 네 침상을 들고 가라."고 말씀하셨다.

『그가 즉시 사람들 앞에서 일어나 자기가 누웠던 침상을 들고 하나님께 영광을 돌리며 자기 집으로 가니 모든 사람이 놀라 하나님께 영광을 돌리며 두려움에 차서 말하기를 "오늘 우리가 기이한 일들을 보았다."고 하더라』(눅 5:25,26).

하나님의 영광의 광채이신 예수 그리스도께서 이 땅에 오셔서 놀라운 기적을 통해 나타내신 것이 바로 하나님의 영광이었다. 유대인들은 예수님께서 행하신 기적을 보고 예수님을 믿었고 하나님께 영광을 돌렸다.

이스라엘 백성들은 모세가 하는 표적을 보고 모세를 믿었고, 모세를 보내신 하나님께 머리를 숙여 경배했다. 백성들 앞에서 표적을 보여 주고 하나님을 믿게 한 모세는 사람의 몸을 입고 이 땅에 오셔서 기적을 베푸심으로 자신을 믿게 하시고 하나님의 영광을 나타내신 예수 그리스도를 예표하고 있다. 구약은 신약의 그림자이다. 모세가 이스라엘 장로들을 찾아 그들 앞에서 표적을 보인 것은 예수 그리스도께서 자기 백성인 유대인들에게 오셔서 그들 앞에서 보이실 기적에 대한 예표가 되는 사건이었다.

5) 빛과 어두움을 주관하시는 분

하나님의 백성인 이스라엘을 노예로 속박했던 파라오와 이집트에 대해 심판과 재앙이 이어진다. 이 재앙들은 땅에서 시작되어 하늘에서도 내려진다. 어느 시대이든 이 땅에서 사는 모든 사람들은 하나님의 말씀에 유의했느냐 그렇지 않았느냐에 따라 영원한 운명이 결정된다. 이집트에 내려진 재앙들 가운데는 초림하셨던 예수 그리스도에 대한 그림자를 찾을 수 있는 말씀이 있다. 곧 이 세상의 빛으로 오신 예수 그리스도이시다.

『주께서 모세에게 말씀하시기를 "하늘을 향하여 네 손을 내밀어 뻗쳐서 이집트 땅 위에 어두움, 곧 더듬을 만한 어두움이 있게 하라." 하시니라』(출 10:21).

모세가 하나님의 말씀대로 손을 뻗치니 짙은 어두움이 이집트 전역에 있었고 사람들은 서로를 알아볼 수 없었기에 아무도 자기 처소에서 일어나지 못했다.

『그러나 모든 이스라엘 자손들은 그들의 거처에 빛을 가졌더라』(출 10:23).

이 세상을 예표하는 이집트 전역은 어두움뿐이었지만 이스라엘 자손들의 거처에는 빛이 있었다는 것은 하나님의 영께서 그곳에 임재해 계셨다는 것을 의미한다. 왜냐하면 빛은 하나님의 속성이며 하나님께서 계신 곳에는 어두움이란 있을 수 없기 때문이다.

『그때에 예수께서 다시 그들에게 말씀하시기를 "나는 세상의 빛이라. 나를 따라오는 사람은 결코 어두움 속에 다니지 아니하고 생명의 빛을 얻으리라."고 하시더라』(요 8:12).

예수님께서는 "나는 세상의 빛이라"고 말씀하셨다. 이 말씀은 예수님께서 오시기 전까지 이 세상에는 빛이 없고 어두움뿐이었음을 알려 주신 것이다. 예수님께서 오신 이후로 이 세상은 어둠에서 벗어나 그 빛의 혜택을 보게 되었다. 이 세상을 밝게 하는 모든 아름다운 관습과 제도들은 예수 그리스도께서 말씀하시고 행하셨던 것들을 토대로 이룩되었다. 사회적인 빛, 예술과 문화의 빛, 교육과 학문의 빛 등 모든 밝고 좋은 것들은 예수 그리스도로부터 나왔다. 왜냐하면 예수 그리스도 한 분만이 "나는 세상의 빛"이라고 말씀하셨기 때문이다.

나는 세상의 빛이라고 말씀하신 예수님께서는 『나를 따라오는 사람은 결코 어두움 속에 다니지 아니하고 생명의 빛을 얻으리라.』고 하셨다. 이 말씀은 이 세상의 모든 사람들이 세상의 빛으로 인해 혜택을 받지만 어두움 속에서 빠져나와 예수님을 따라가 생명의 빛을 얻는 사람은 따로 있음을 말씀하신 것이다.

이 세상은 영적으로 두 부류로 나뉜다. 한 부류는 영적 어두움에 있는 사람들이다. 그들은 비록 구원받지 못했어도 이성과 예지와 양심으로 도덕적인 가치를 가늠할 수 있고 심지어는 위대한 창조주의 존재와 그 속성에 관한 수많은 증거들을 인지할 수 있는 지적 능력과 도덕적 분별력을 갖고 있다. 그러나 그들은 생명의 빛은 소유하지 못한 채 영적으로 여전히 어두움 속에서 다닌다. 그들은 주님을 따르는 사람들이 아니기 때문이다.

또 한 부류는 예수 그리스도를 따라감으로 생명의 빛을 얻어 구원받은 빛의 자녀들이다. 그리스도인은 자신의 거처인 자신의 몸에 빛을 가지고 있다. 성경은『너희가 한때는 어두움이었으나 이제는 주 안에서 빛이니 빛의 자녀들로서 행하라.』(엡 5:8)고 명령하신다. 빛의 자녀들은 빛을 발하여 이 세상의 어두움을 밝힐 수 있지만 어두움에 머물러 있는 사람들은 빛을 발할 수 없다.

하나님께서 이집트에 재앙을 내리시면서 이스라엘 백성들에게 구별을 두신 것은 예수님께서 이 땅에 오셔서 하실 일들을 미리 보여 주신 것이다. 이 세상의 빛으로 오신 예수님께서는 그 빛을 통해 생명의 빛을 얻은 사람들과 여전히 어두움 속에 있는 자들을 영원히 분리하실 것이다.

『주께서 호령과 천사장의 음성과 하나님의 나팔 소리와 함께 하늘로부터 친히 내려오시리니 그러면 그리스도 안에서 죽은 자들이 먼저 일어나고 그리고 나서 살아남아 있는 우리도 공중에서 주와 만나기 위하여 그들과 함께 구름 속으로 끌려 올라가리니, 그리하여 우리가 영원히 주와 함께 있으리라』(살전 4:16,17).

이렇게 공중에 오셔서 신약 성도들을 데리고 올라가신 주님께서는 대환란 후에 왕으로 재림하셔서 모든 민족들을 모아 놓고 마치 목자가 양들을 염소들에서 갈라놓듯이 그들을 가르실 것이다. 그리고 『왕이 그의 오른편에 있는 사람들에게 말하기를 '오라, 나의 아버지의 복을 받은 자들아, 세상의 기초가 놓인 이래로 너희를 위하여 준비한 그 왕국을 이어받으라.』(마 25:34)고 말씀하실 것이고, 『그때에 왕이 왼편에 있는 자들에게도 말하기를 '너희 저주받은 자들아, 내게서 떠나 마귀와 그의 천사들을 위하여 준비한 영원한 불 속으로 들어가라.』(마 25:41)고 말씀하시며 그들을 영원히 갈라놓으실 것이다.

이스라엘 자손들의 거처에는 빛을 주시고 이집트 땅을 어두움으로 심판하신 하나님께서는 이 세상의 빛으로 오셔서 어두움에 있는 자들을 심판하시고 따르는 사람들에게 생명의 빛을 주신 예수 그리스도이시다.

6) 매우 위대하게 된 모세

『主께서 이집트인들의 목전에서 그 백성에게 은총을 주셨으며, 더욱이 그 사람 모세는 파라오의 신하들의 목전과 그 백성들 목전에서, 이집트 땅에서 매우 위대하게 되었더라』(출 11:3).

모세가 파라오 앞에 설 때마다 재앙이 있었고 그 재앙을 해결한 것도 파라오가 아니라 모세였다. 이제 모세는 파라오와 그의 신하들과 그의 백성들에게 매우 위대한 사람이 되었다. 하나님께서는 이미 모세에게 『보라, 내가 너를 파라오에게 신이 되게 하였으며』(출 7:1)라고 말씀하셨다.

이집트인들이 섬기는 신들을 하나하나 모두 무너뜨리고 군림한 모세는 파라오에게 신이 되었고 이집트 땅에서 매우 위대하게 된 것이다. 모세가 '뛰어!'라고 한마디만 하면 이집트인들은 모두 모세를 쳐다보며 '어느 쪽으로요?', '얼마 만큼이요?'라고 물어봐야 한다. 침묵하는 다수의 이집트 백성들에게 실제로 이집트의 왕은 파라오가 아니라 위대한 모세였던 것이다.

『그가 밤에 예수께 와서 말씀드리기를 "랍비여, 우리는 당신이 하나님께로부터 오신 선생이신 줄을 아나이다. 이는 하나님께서 함께하지 아니하시면 아무도 당신이 행하시는 이런 기적들을 행할 수 없기 때문이니이다."라고 하더라』(요 3:2).

이 말은 유대인 관원이며 바리새인이었던 니코데모가 밤에 예수님을 찾아와 한 말이다. 니코데모는 예수 그리스도께서 하나님께로부터 오신 분이심을 아노라고 고백하면서 이것은 혼자만이 아니라 "우리"가 알고 있다고 실토한다. 다시 말해서 바리새인들이 이 사실을 알고 있다고 고백한 것이다. 그러나 영적으로 눈이 멀어 육신에 매여 있는 죄인에 불과한 바리새인들은 예수님을 위대하신 분으로 받아들일 만한 능력이 전혀 없었다.

『세상이 시작된 이래 누군가가 소경으로 난 사람의 눈을 뜨게 하였다는 것을 들어보지 못하였으니 만일 이 사람이 하나님께로부터 오지 않았다면 그는 아무것도 할 수 없었으리라."고 하니라』(요 9:32,33).

이것은 날 때부터 소경이었다가 예수 그리스도의 능력으로 눈을 뜨게 된 사람의 고백이다. 이 사람은 모세의 제자들이라고 자부하는 바리새인들에게 그처럼 많은 이적을 행했던 모세도 소경의 눈을 뜨게 한 기적은 행한 적이 없었다는 사실을 말하면서 모세보다 더 위대하신 예수 그리스도에 대하여 말하고 있는 것이다. 예수 그리스도께서는 위대하신 분이시다.

『또 그분께서는 이보다 더 위대한 일들을 보여 주시리니 이는 너희로 놀라게 하려 하심이라』(요 5:20). 예수님보다 더 위대한 일을 행한 사람은 없다. 예수님께서는 죽은 자를 일으켜 살리셨는데 생명을 주시는 것은 하나님만 가지신 위대한 능력이다. 예수 그리스도께서는 죽은 자들에게 육신의 생명을 주셔서 살아나게 해 주실 뿐만 아니라 영적인 생명을 주셔서 영적으로도 살아나게 해 주신다. 예수님께서는 아버지 하나님과 동등하신 위대한 분이시다. 하나님께서는 우주 만물을 주관하시고 물을 통제하시고, 땅을 관장하시고, 동물들과 곤충들까지도 다스리시는 분이시다.

예수님께서 파도와 바람을 꾸짖어 잠잠케 하시자 사람들이 『이분이 도대체 누구시기에 바람과 바다까지도 그에게 복종하는가!』(마 8:27)라며 놀라서 말했다. 예수 그리스도께서는 하나님이시며, 만물을 붙들고 계신 분이시다. 하나님께서 모세를 통해 하나님의 능력을 나타내실 때 우리는 기적을 보여 주시는 예수 그리스도의 예표를 볼 수 있다. 이집트에서 위대하게 된 모세는 기적들을 통해 위대하신 분이심을 입증하신 주 예수 그리스도를 예표하고 있다.

2. 흠 없는 어린양

『너희의 어린양은 흠 없는 일 년 된 수컷이어야 하며, 너희는 그것을 양들이나 염소들에서 골라내어서』(출 12:5).

이스라엘 백성들이 유월절에 잡을 이 어린양은 양들이나 염소들에서 골라낸 흠이 없는 일 년 된 수컷이어야 했다. 대속 제물로 오신 예수 그리스도를 예표하는 이 어린양에게는 흠이 없는 일 년 된 수컷이라는 단서가 붙어 있다. 흠 없는 이 어린양은 죄가 없으신 예수 그리스도를 예표하고 있다.

예수님께서는 성령으로 잉태되셔서 동정녀를 통해 탄생하심으로 아담의 죄를 물려받지 않고 죄 없이 탄생하셨다. 이것은 그분 그대로의 "상태"에 죄가 없다는 뜻이다. 예수 그리스도께서는 전 생애 동안 단 한 번도 죄를 짓지 않으셨다. 이것은 그분의 "행동"에도 죄가 없다는 뜻이다. 예수 그리스도에 관해 기록된 그 어떤 책에서도, 또 그분을 보았거나 알았던 사람들 중에 그분께서 그 어떤 죄를 지으셨다고 목격하거나 밝히고 있는 기록은 단 하나도 없다. 예수님께서 죄가 없으신 것은 완전히 하나님의 뜻에 일치하는 삶을 사셨기 때문이다.

『이는 우리의 대제사장은 우리의 연약함을 동정할 수 없는 분이 아니요, 모든 점에서 우리와 마찬가지로 시험을 받으셨지만 죄는 없으신 분이기 때문이라』(히 4:15).

예수님께서 우리와 같은 육신을 입으셨을 때 우리와 같이 연약한 분이셨지만 그 연약함으로 인해 우리와 같이 죄를 짓지는 않으셨다. 주님은 우리와 같이 연약하여 시험을 당하셨을 뿐 죄와는 전혀 상관없는 분이시다. 만약 그분에게 죄가 있었다면 우리는 결코 구원받지 못했다. 왜냐하면 죄인들을 대신해서 죽어야 할 하나님의 어린양은 점과 흠이 없는 어린양이어야 하기 때문이다. 죄가 없으신 예수님께서 자신의 죄가 아니라 우리의 죄를 지고 죽으셨기 때문에 우리가 구원을 얻을 수 있었다. 만약 예수님에게 죄가 있었다면 결코 다른 사람의 죄를 위해 죽으실 수 없었다. 예수님은 죄가 없으신 분이시다.

예수님께서는 마귀로부터 세 가지의 시험을 받으셨다. 그 시험은 사람이 세상에서 당할 수 있는 모든 시험으로 육신의 정욕과 안목의 정욕과 생의 자랑과 연관이 있는 시험들이었다. 예수님께서는 이 마귀의 시험을 말씀으로 이겨내심으로 죄를 짓지 않으신 유일한 분이시다.

유대 종교 지도자인 바리새인들은 인자로 오신 예수 그리스도를 『탐식하는 자요, 술을 즐기는 자며, 세리들과 죄인들의 친구』(마 11:19)라고 비방했고, 또 예수님께서 능력을 행하시면 마귀들의 통치자인 비엘세붑을 힘입은 것이라고 비방했지만(마 12:24), 이 모든 것들은 사실이 아니다. 예수 그리스도의 생애는 흠이나 점이 없는 완벽한 삶이었다. 이 세상에 오직 그분만이 완전한 삶을 사셨다. 예수 그리스도께서는 그 생애 전체에 전혀 죄가 없으셨던 유일하신 분이셨다.

그 어린양을 증오했던 유대인들은 예수 그리스도로부터 흠을 찾아내는 데 실패했다. 예수님을 가장 증오했던 바리새인들에게 주님께서는

『너희 중에 누가 나를 죄에 대해서 힐책하겠느냐? 그러나 내가 진리를 말하는데 어찌하여 너희는 나를 믿지 아니하느냐?』(요 8:46)고 말씀하심으로써 자신이 아무런 죄가 없으심을 당당히 선언하셨다. 이것은 그 어떤 위대한 인간의 발언보다 더 특별한 발언이다. 그 누구도 이렇게 말할 수 없었고, 혹 그렇게 말했다 해도 그 말을 믿을 사람은 아무도 없을 것이다. 그러나 예수 그리스도께서는 흠이 없고 절대적으로 거룩한 분이시다. 예수님의 이 질문에 아무도 대꾸할 수 없었다. 이렇게 외칠 수 있는 분은 예수 그리스도 한 분뿐이시다.

예수 그리스도께서는 하나님의 뜻에 일치하지 않으신 적이 전혀 없으셨고, '외적으로나 내적으로나' 죄가 전혀 없으셨다. 그분께서는 악한 행실로부터 멀리 계셨을 뿐만 아니라 속으로 악한 것을 생각하지도 않으셨고, 항상 선하고 거룩한 것에만 온전히 일치하여 행하셨다. 유월절에 준비된 흠 없는 수컷인 어린양은 흠도 없고 점도 없으신 예수 그리스도를 계시하고 있다.

3. 구름 기둥과 불 기둥

『주께서 낮에는 구름 기둥으로 그들 앞에 가시어 길을 인도하시고, 밤에는 불 기둥으로 그들에게 빛을 주시어 주야로 가게 하시니』(출 13:21).

하나님께서는 낮에는 구름 기둥으로 광야의 뜨거운 햇빛 가운데서 이스라엘을 보호하시며 인도하셨고, 밤에는 불 기둥으로 그들 앞을 비추셔서 인도하셨다. 하나님께서는 이스라엘 백성 앞에서 이 기둥들을 계속 두셨는데, 이 구름 기둥과 불 기둥이 없었다면 이스라엘 백성들은 광야에서 단 하루도 살기 어려웠을 것이다.

『주께서는 주의 여러 가지 자비하심으로 그들을 광야에서 버리지 아니하셨으며 낮에는 구름 기둥이 그들에게서 떠나지 아니하여 그들에게 길을 인도하였고 밤에는 불 기둥이 그들에게 빛을 비추어 그들이 가야 할 길을 가게 하셨나이다』(느 9:19). 느헤미야의 이 말씀대로 하나님께서는 광야를 지나야 하는 이스라엘 백성들 앞에서 그들을 인도해 주셨다. 느헤미야는 이것을 주 하나님의 자비하심이라고 말했는데 이것은 주 하나님의 자비하심만이 아니라 주님의 영광과 임재가 함께하는 것을 예표하는 것이다.

광야는 길이 없고 나무도 없고 쉴 곳도 없다. 말 그대로 사람이 살 수 없는 불모지이다. 광야에 들어선 이스라엘 자손들은 가야 할 방향을 결정하는 데 있어서 절대적으로 구름 기둥을 의지해야만 했다. 그리고 밤이면 불 기둥이 있는 곳에서 쉴 곳을 찾아 장막을 쳤다. 그러다가 구름이 움직이면 다시 장막을 걷고 그 구름을 따랐다. 더 머물고 싶은 곳이 있어도 구름 기둥이 움직이면 그 기둥을 따라 이동해야 했다. 기둥이 멈추는 곳에서만 만나가 내렸고, 그곳에서만 물이 흘렀고, 그곳에서만 하나님의 보호하심을 받을 수 있었다.

『주는 나의 목자시니, 내가 부족한 것이 없으리로다… 정녕, 내가 죽음의 그림자의 골짜기를 지날지라도 악을 두려워하지 않으리니 이는 주께서 나와 함께 계심이요, 주의 막대기와 주의 지팡이가 나를 위로하심이라』(시 23:1,4).

기본적으로 이 양들은 이스라엘 민족이지만 영적으로는 교회 시대에 구원받은 그리스도인들에게 적용된다. 그리스도인들이 이 악한 현 세상에서 믿음의 길을 가는 것은 자기 힘으로가 아니라 광야의 구름 기둥과 불 기둥과 같은 주님의 인도하심과 보호하심 덕분이다.

『무릇 하나님의 영으로 인도함을 받는 이들은 곧 하나님의 아들들이니라』(롬 8:14).

교회 시대에 구원받은 성도는 그리스도 안에 있는 생명의 성령의 법에 따라 주님의 인도하심과 보호하심을 받게 되며 그 최종 목적지는 이미 확정되어 있는 것이다.

하나님의 자녀들에게 이 불기둥은 길을 밝혀주는 빛이다. 성경은『너희는 모두 빛의 자녀들이며 낮의 자녀들이라. 우리는 밤이나 어두움에 속하지 아니하노라.』(살전 5:5)고 말씀한다. 빛의 자녀들은 이 세상의 밤이나 어두움에 속하지 않고 밝은 길을 걷는다. 그러나 구원받지 못한 자들에게 이 세상은 깜깜한 흑암이다. 그들은 눈이 있어도 보지 못하며 빛으로 오신 예수 그리스도를 거부하고 빛으로 나아오지 않는다. 그들은 결국 어둠 속에서 넘어지게 되어 있다.

『그러나 의인의 길은 빛나는 빛같이 점점 더 빛나 완전한 날에 이르거니와 악인의 길은 암흑과 같아서 사람이 무엇에 걸려 넘어지는지도 알지 못하느니라』(잠 4:18,19).

의인의 길은 빛나는 빛과 같기 때문에 옳게 행하고자 염원하는 사람을 위해 설계된 길이며, 하나님의 말씀처럼, 또 주 예수 그리스도께서 가신 길처럼 밝은 길이다. 하나님의 말씀은 발에 등불이요, 길에 빛이다(시 119:105). 하나님의 말씀이신 예수 그리스도께서는 육신을 입고 세상의 빛으로 오셔서 어두움을 밝히신 분이시다.

그러나 성경을 거부하는 악인들의 마음은 암흑과 같아서 어둠 속을 걷다가 무엇에 걸려 넘어지는지도 알지 못하는데 사실 이들은 말씀에 걸려 넘어지게 되는 것이다. 여호와의 증인들, 로마카톨릭과 교단 교회들은 기록된 말씀에 걸려 넘어져서 성경을 변개시키거나 변개된 성서를 사용하고 있다. 하나님을 믿는다고 하면서, 스스로 경건하며 헌신되었다고 하면서 바른 성경보다 변개된 성경을 선호하는 자들은 아직도 어둠 속에 있는 것이고 그들에게는 말씀의 빛이 비추지 않는다.

광야에 나온 이스라엘 백성들은 구름 기둥과 불 기둥의 인도함을 받아 광야를 지날 수 있었다. 출애굽기 14장에서 파라오와 그의 기병들이 이스라엘 백성들을 쫓아올 때 구름 기둥과 불 기둥은 이스라엘 백성들의 진영과 파라오의 진영 사이에 섰는데, 그 불 기둥과 구름 기둥은 이스라엘에게는 빛이 되어 그들을 인도했지만, 이집트 진영에는 구름과 어두움이 되어 그들이 갈 길을 찾지 못해 이스라엘 쪽으로 접근할 수 없었다. 하나님께서는 이스라엘을 보호하시고 인도하신다.

이집트에서 나온 이스라엘 백성을 인도한 구름 기둥과 불 기둥은 구원받은 성도들의 발걸음을 비추고 인도하시는 말씀이신 주 예수 그리스도를 예표하고 있다.

머지않아 예수 그리스도께서 이 땅에 오셔서 자신의 왕국을 세우시면, 만왕의 왕이요 만주의 주이신 주님께서 계시는 곳에 낮에는 구름 기둥이, 밤에는 불 기둥이 다시 일어날 것이다. 출애굽한 이스라엘 민족은 광야 생활 내내 낮에는 무더위로부터 밤에는 추위로부터 구름 기둥과 불 기둥이라는 특별한 방법으로 보호를 받았다. 그 표적이 하나님이신 예수 그리스도께서 계신 자리에 다시 나타나는 것이다. 그때가 바로 천년왕국이다(사 4:5).

4. 마라의 쓴 물을 치유한 나무

『그가 주께 부르짖으니 주께서 그에게 한 나무를 보여 주시는지라, 그가 물에다 던지니 물이 달게 되더라. 그곳에서 주께서 그들을 위한 규례와 율례를 만드시고 거기에서 그들을 시험하시며』(출 15:25).

홍해를 건너온 이스라엘 백성들은 광야에서 삼 일을 갔으나 물을 찾지 못했다. 마라에 와서 물을 찾았는데 그 물은 마라의 물, 즉 쓴 물이었다. 하나님께서는 이스라엘을 시험하신다. 이스라엘 백성들에게 시험은 항상 필요한 과정이었다. 왜냐하면 그들은 광야를 가면서 항상 하나님의 뜻에 따르는 것이 필요했기 때문이다. 하나님의 방법은 단맛 전에 쓴맛이 선행된다. 은혜 이전에 율법이 있다. 영광이 있기 이전에 고난이 있다. 열매를 맺기 전에 인내의 기간이 있어야 한다. 천상에 있는 몸 이전에 땅에 속한 몸이 있어야 한다. 『엘림』(출 15:27)이 있기 전에 마라가 있는 것이다. 이것이 하나님의 방법이며 하나님의 시험이다. 이스라엘 백성들은 그 시험 앞에서 모세에게 "우리가 무엇을 마실까?" 하며 불평했지만 모세는 하나님 앞에 부르짖었다.

하나님께서는 모세에게 한 나무를 보여 주셨고 모세가 그 나무를 물에다 던지자 물이 달게 되었다. 그 나무는 어디서 갑자기 나타난 것이 아니다. 마라의 쓴 물을 달게 하는 데 사용되도록 오래전부터 그 자리에서 자라고 있었다. 하나님께서는 모든 고난에 치료책을 가지고 계신 분이시다. 마라에 던져진 그 나무는 치유의 나무였고 예언하신 대로 오실 예수 그리스도를 예표하고 있다.

예수 그리스도께서 왕국 복음을 전파하시면서 표적으로 모든 질병들과 모든 마귀들린 자들을 치유해 주셨다. 마태복음 4:23은 『예수께서 온 갈릴리에 두루 다니시며 그들의 회당에서 가르치시고, 또 왕국 복음을 전파하시며, 백성 가운데 모든 질병과 모든 허약함을 고쳐 주시더라.』고 말씀하신다. 왕국 복음에는 표적과 이적이 수반되는데 이 기적적인 치유는 이스라엘 민족이 처음 나타날 때부터 그들과 함께했었다. 이 치유는 명백히 문자적이고 가시적인 메시아의 표적과 이적이다. 예수님께서는 주님 앞에 나온 모든 사람들의 질병과 허약함을 다 고쳐 주셨다. 예수님께서는 자신이 메시아이신 것을 믿게 하시려고 치유의 표적과 이적을 나타내 보여주셨다.

그리스도인이 되었다고 해서 어렵던 세상일이 갑자기 잘 풀리고 모든 일들이 잘 되는 것은 아니다. 광야로 나간 이스라엘 백성들이 마실 물이 없어 목마른 고통을 당했듯이 고난을 통과해야 할 때도 있는데 이것은 말씀에 대한 성도들의 믿음을 시험해 보는 하나님의 방법이기도 하다.

『말씀하시기를 "네가 **주** 너의 하나님의 음성에 부지런히 경청하고, 그가 보시기에 옳은 것을 행하며, 그의 계명들에 귀기울이고, 그의 모든 규례들을 지키면, 내가 이집트인들에게 가져왔던 그 질병들의 하나도 너에게 내리지 아니하리라. 이는 내가 너를 치유하는 **주**이기 때문이라." 하시더라』(출 15:26).

하나님께서는 시험을 통해 성도들이 하나님의 음성에 부지런히 경청하고, 하나님께서 보시기에 옳은 것을 행하며, 그분의 계명들에 귀를 기울이고, 그분께서 정하신 그분의 모든 규례들을 지키기를 원하신다. 예수 그리스도 없이는 치유도, 죄의 용서도, 구속도, 평안과 안식도, 영원한 생명도 있을 수 없다. 이것이 예수님께서 이 지상에 내려오신 이유이다. 예수님의 생애는 죄인들의 구원과 성도들을 보호하시고 인도하시는 일에 초점이 맞추어져 있다. 쓴 물을 달게 하는 나무는 치유하시는 예수 그리스도를 예표하고 있다.

5. 하늘에서 내려온 빵

『그때에 **주**께서 모세에게 말씀하시기를 "보라, 내가 너희를 위해 하늘로부터 빵을 비처럼 내리리니, 백성들은 나가서 매일 일정한 양을 거둘 것이요, 이로써 나는 그들이 나의 법도대로 행하는지 행하지 않는지 시험하리라』(출 16:4).

엘림을 떠나 광야로 들어간 이스라엘 백성들은 먹을 것이 없다고 모세와 아론에게 대항하여 불평했다. 그들은 빵을 배불리 먹었다고 이집트 시절을 미화하며 불평했지만 이것은 과장된 것이었다. 그들은 이집트에서 잘 먹지 못했다. 파라오는 그들을 혹독하게 부렸는데, 노예나 포로들을 배불리 먹이는 군주는 없다. 남자아이가 태어나면 죽이라던 파라오가 살아남은 노예들에게 배불리 먹였을 리가 없다. 그러나 그들은 그때가 좋았다며 현재를 불평하는 것이다.

이스라엘 자손들이 배고픔으로 인하여 불평하는 것은 타락한 육신을 지니고 있는 인간의 한계를 보여 주고 있다. 그들은 이집트에서 노예 생활의 고통 가운데 부르짖었다는 것을 잊은 것이다.

그러나 하나님께서는 이스라엘 백성들이 하나님의 법도대로 따라 행하기만 한다면 그들의 모든 필요를 채워 주실 수 있는 분이시다. 하나님께서는 그들을 노예 생활에서 구해 내신 분이시다. 하나님께서는 그들의 뒤를 쫓는 파라오와 그의 기병들의 손에서 그들을 구해 내신 분이시다. 하나님께서는 그들이 목말라 죽겠다고 불평했을 때 그들의 목마름을 해결해 주신 분이시다. 하나님께서는 먹을 것이 없어서 죽게 된 상태에 있는 그들의 배를 채워 주실 수 있는 분이시다. 하나님께서는 이들에게 먹을 것을 주시는 분이시며 그것으로 백성들의 마음을 시험하시는 분이시다.

예수 그리스도께서도 이와 같은 모든 것들을 주실 수 있는 분이시다. 예수님께서 한적한 곳으로 가셨을 때 많은 무리들이 예수님을 보기 위해 몰려들었다.

『예수께서 눈을 들어 큰 무리가 자기에게 오는 것을 보시고 빌립에게 말씀하시기를 "우리가 어디서 이 사람들이 먹을 빵을 사겠느냐?"고 하시니 주께서 이렇게 말씀하심은 그를 시험하기 위함이라. 이는 주께서 하실 일을 친히 알고 계심이더라』(요 6:5,6).

예수님께서는 예수님께 나아온 큰 무리들을 가엾게 여기시고 그들에게 먹을 것을 이미 마련해 놓고 계셨지만 제자들을 시험해 보시기 위해 물으셨다. 주님께서는 이처럼 사람들이 하나님의 능력을 믿는지 믿지 않는지를 시험해 보실 때가 있다. 이런 시험을 받는 성도는 주님께 자신의 믿음을 스스로 증명해 보일 수 있는 기회를 갖게 되는 것이다. 그러나 대부분의 성도들은 그 시험에 통과하지 못한다. 그럼에도 주님께서는 자신의 뜻을 온전히 이루신다.

『그들이 배부르게 먹은 후에 주께서 제자들에게 말씀하시기를 "남은 조각들을 한데 모으고 아무것도 버리는 것이 없게 하라."고 하시니라』(요 6:12).

예수님께서는 오병이어의 기적을 보이시어 오천 명이 넘는 사람들을 다 배불리 먹게 하셨고 남은 조각을 열두 광주리나 걷게 하셨다. 주님께서는 항상 풍성하게 주시는 분이시다. 광야에서 이스라엘의 믿음을 시험하시는 분은 바로 예수 그리스도를 예표하고 있다.

이스라엘 백성들이 배가 고프다고 불평하자 하나님께서는 그들에게 먹을 빵과 고기를 주셨다.

『이에 저녁에는 메추라기가 와서 진영을 덮고 아침에는 진영 주위에 이슬이 깔리더니 깔린 이슬이 없어지고는, 보라, 광야의 지면에 작고 둥근 것이 놓였는데 마치 땅 위의 흰 서리같이 미세하더라. 이스라엘 자손이 그것을 보고, 그들이 서로 말하기를 "이것이 만나다." 하니, 이는 그것이 무엇인지 알지 못함이라. 모세가 그들에게 말하기를 "이것이 主께서 너희에게 먹으라고 주신 빵이니라』(출 16:13-15).

하나님께서는 먹을 것이 없다고 불평하는 이스라엘 백성들에게 저녁에는 메추라기로 고기를 먹게 하셨고 아침에는 하늘로부터 내려온 빵을 주신 것이다. 만나를 처음 본 사람들이 그것을 만나라고 불렀는데 왜냐하면 "그것이 무엇인지 몰랐기" 때문이다. 그래서 성령께서는 이것을 만나라고 기록하셨고, 예수님께서도 이것을 만나라고 하셨다.

예수님께서 육신을 입으시고 처음 이 땅에 오셨을 때에도 사람들은 예수님을 알아보지 못했다.

예수님께서 열두 살이 되셨을 때 유월절이 되어 관례에 따라 예루살렘에 가셨는데 다른 가족들은 모두 돌아갔으나 예수님께서는 예루살렘에 머물며 성전에서 박사들과 말씀을 나누고 계셨다. 삼 일 후에 마리아가 예수님을 찾아 왜 그렇게 했느냐고 묻자 주님께서는 『어찌하여 나를 찾으셨나이까? 내가 나의 아버지의 일을 해야 될 줄을 알지 못하셨나이까?』라고(눅 2:49) 말씀하셨다. 그러나 그들은 주께서 하신 말씀을 깨닫지 못했다. 요한복음 1:10에서 『그가 세상에 계셨고 세상이 그에 의하여 지은 바 되었으나 세상은 그를 알지 못하더라.』라고 했듯이 예수님께서는 세상을 지으신 창조주이셨지만 세상은 예수님이 세상에 오신 것을 알지 못했다. 예수님께서 직접 육신을 입고, 자기 백성인 유대인들을 위하여 율법의 요구를 온전히 충족시키시며 그 저주로부터 그들을 자유케 하여 조상들에게 하셨던 맹세와 언약들에 따라 이스라엘에 그 왕국을 회복하시려고 오셨던 것이다. 그러나 유대인들은 예수님을 알지 못했다.

만나는 이슬처럼 하늘로부터 내려온 빵이었다. 이스라엘 백성들은 광야에서 이 만나를 먹고 살았다. 만나는 위로부터 내려온다. 만나는 지상에 있는 어떤 식물에서 나오지 않았고, 그 어떤 식물과도 관계가 없다. 만나는 초자연적인 재료로서 초자연적으로 공급되었다.

만나는 예수 그리스도의 모형이며, 또 하나님의 말씀에 대한 모형이기도 하다. 요한복음 6:51은 『나는 하늘에서 내려온 살아 있는 빵이니 누구든지 이 빵을 먹으면 영원히 살리라. 또 내가 줄 이 빵은 세상의 생명을 위하여 줄 나의 살이라."고 하시니라.』고 했다. 이스라엘의 조상들이 광야에서 먹은 만나는 하늘로부터 내려온 것은 맞지만 영원한 생명을 주는 진짜 빵이 아니었다. 그것은 생명의 빵이 아니었기 때문에 그것을 먹고도 그들은 모두 죽었다.

그러나 예수님께서는 『나는 하늘에서 내려온 살아 있는 빵이니 누구든지 이 빵을 먹으면 영원히 살리라.』고 말씀하셨다. 예수님을 먹는 사람, 즉 예수 그리스도를 구주로 믿고 영접한 사람은 생물학적으로는 죽더라도 영적으로는 영원한 생명을 얻게 된다. 하늘로부터 내려온 만나는 하늘에서 내려온 살아 있는 빵이신 예수 그리스도를 예표하고 있다.

예수 그리스도께서 『나는 하늘에서 내려온 빵이라.』(요 6:41)고 말씀하시자, 유대인들은 『이 사람이 요셉의 아들 예수가 아니냐? 우리가 그의 아버지와 어머니를 알지 않느냐? 그런데 그가 어떻게 '나는 하늘에서 내려왔다.'고 말할 수 있느냐?』(요 6:42)고 말하며 믿지 않았다.

유대인들의 생각으로는 요셉의 아들 예수라면 도저히 하늘에서 내려온 존재가 될 수 없었던 것이다. 그러나 예수님께서는 요셉의 아들이 아니라 하나님의 아들이셨고 성령으로 잉태되셔서 처녀의 몸에서 인간의 육신을 입고 출생하셨다. 예수님께서는 자신이 요셉의 아들이 아니라 하나님의 아들이라는 것을 입증하기 위해 많은 기적들을 공개적으로 행하셨지만 유대인들은 예수님께서 자신들의 메시아이시고 하나님이신 사실을 받아들이지 않았다.

이 세상에는 예수 그리스도께서 십자가에서 죽으시고 장사되셨다가 성경대로 다시 살아나신 사실을 믿지 않는 사람들이 아직도 많이 있다. 예수님의 제자들도 처음에는 부활하신 예수님을 알아보지 못했다. 하늘에서 내려온 만나를 본 사람들이 그것이 무엇인지 몰랐던 것처럼 지금도 많은 사람들이 예수 그리스도께서 누구신 줄 모르고 있다. 하늘로부터 내려온 만나는 하늘로부터 오신 예수 그리스도를 예표하고 있다.

하늘에서 내려온 만나는 하나님께서 이스라엘 백성들에게 먹으라고 주신 빵이다. 광야에서 200만 명이 넘는 이스라엘 자손들이 먹을 것을 얻는다는 것은 불가능한 일이었다. 그들은 하나님께서 먹으라고 주신 빵을 먹어야만 살 수 있었다. 예수님께서도 나는 생명의 빵이라고 말씀하셨을 뿐만 아니라 말씀을 먹어야 산다고도 말씀하셨다. 『예수께서 그에게 대답하여 말씀하시기를 "기록되었으되 사람이 빵으로만 사는 것이 아니요, 하나님의 모든 말씀으로 사느니라."고 하시더라』(눅 4:4). 예수님께서는 사람이 안 먹으면 죽는 빵, 즉 이스라엘 백성들을 먹인 광야의 만나와 하나님의 말씀을 대조시켜서 말씀하신 것이다.

하나님의 모든 말씀으로 산다는 것은 하나님의 말씀에 순종한다는 말이다. 빵만 먹고 배가 불러서 하나님의 말씀에 순종하지 않는다면 그 사람은 살았으나 죽은 사와 같다. 사람은 누구든지 주 예수 그리스도를 믿음으로 구원을 받고 하나님의 말씀을 공부함으로 진리의 지식에 이르러야 한다. 이것이 우리를 향하신 하나님의 뜻이다. 만나는 주 예수 그리스도만이 아니라 성도들의 영적 양식인 하나님의 말씀을 예표하고 있다.

출애굽기 16장에서 성령께서는 하늘로부터 내려온 빵인 만나를 통해서 하늘로부터 내려오신 생명의 빵이신 예수 그리스도를 예표하고 있으며, 또한 하나님의 말씀이 성도들이 먹어야 할 하늘로부터 주어진 영적 음식이라는 것을 예표하고 있다. 만나는 참된 빵, 즉 하늘에서 내려와 세상에 생명을 주시는 분이 나타날 때까지 잠정적으로 먹을 것을 제공하시는 하나님의 방법이었다.

6. 광야의 인도자

이스라엘 백성들은 이집트에서 나왔지만, 바로 카나안 땅으로 들어갈 수 없었다. 왜냐하면 카나안 땅으로 가는 길은 광야를 통과해야 갈 수 있는 험한 길이었기 때문이다. 하나님께서 말씀하신 대로 이스라엘 자손들은 이집트의 노예 생활에서 벗어났지만, 여전히 목이 굳은 백성들이었다. 그들은 광야에서 먹고 마시며 진군하면서도 무엇이 조금만 부족해도 모세를 향해 불평을 쏟아냈다. 이스라엘 백성들은 예수님께서 그들 가운데 오셔서 표적과 이적을 보여 주셨음에도 불구하고 예수 그리스도를 믿지 못했다. 광야에서 이스라엘 백성들을 이끈 모세는 자기 백성을 구원하러 오신 예수 그리스도의 모형이며 예표가 된다.

1) 돌에 맞을 뻔한 모세

『모세가 주께 부르짖어 말하기를 "내가 이 백성들에게 어떻게 하리이까? 그들이 곧 내게 돌을 던지려고 하나이다." 하니』(출 17:4).

이스라엘 자손이 신 광야로부터 그들의 여정에 따라 이동하여 르피딤에 장막을 쳤으나, 백성이 마실 물이 전혀 없었다. 그들은 모세에게 『우리에게 마실 물을 달라.』고 다투었고, 『어찌하여 네가 이집트에서 우리를 데리고 나와서 우리와 우리 자녀와 우리의 가축을 목말라 죽게 하느냐?』 고 불평했다. 이러한 이스라엘 백성들의 불평 앞에서 모세는 하나님께 부르짖으며 기도를 한다. 왜냐하면 하나님을 시험하며 불평하는 백성들이 그에게 돌을 던지려고 했기 때문이다. 돌을 던진다는 것은 잘못했거나 죄를 지은 사람을 돌로 쳐 죽이는 형벌을 집행하겠다는 것이었다.

성경에는 돌에 맞아 죽었거나 돌에 맞을 뻔한 선지자와 성도들이 많이 나온다. 다윗의 부대가 시글락을 떠나 있을 때 아말렉이 와서 시글락에 있던 다윗의 사람들의 아내들과 아이들을 다 사로잡아갔다. 그때 다윗의 사람들이 슬퍼하다가 다윗을 돌로 치자고 말했다(삼상 30:6). 이스라엘의 왕 아합이 나봇의 포도원을 탐내자 아합의 아내 이세벨이 거짓 증인들을 내세워 나봇을 돌로 쳐 죽였다(왕상 21:13). 스테판이 공회 앞에서 유대인들에게 그들이 율법도 지키지 않고 예수님을 살해한 자들이라고 담대하게 외치자 그들은 자기들의 귀를 막고 그를 성읍 밖으로 끌어내어 돌로 쳐 죽였다(행 7:58-60). 바울이 루스트라에서 복음을 전파할 때 유대인들이 이방인들을 설득하여 돌로 바울을 치게 했다(행 14:19). 이때 바울은 돌에 맞아 죽었고, 그의 혼은 셋째 하늘에 다녀왔다(고후 12:2).

『예수께서 그들에게 말씀하시기를 "진실로 진실로 내가 너희에게 말하노니, 아브라함이 나기 전부터 나는 있느니라."고 하시니라. 그들이 돌을 집어서 주께 던지려고 하였으나 예수께서 피하시고 성전에서 나가 그들 가운데로 가로질러 지나가시더라』(요 8:58,59).

예수 그리스도께서 유대인들 앞에서 자신이 여호와 하나님이심을 선포하시자 유대인들은 이 말씀을 알아들었고 하나님을 모독한 죄로 여겨 즉시 돌을 집어서 예수님을 치려고 했다. 그러자 예수님께서는 잠시 그들을 피하셨다가 성전에서 나가 그들 가운데로 지나가셨다.

『나와 나의 아버지는 하나니라."고 하시니 그때 유대인들이 주를 돌로 치려고 다시 돌을 들더라』(요 10:30,31).

예수님께서 "나와 나의 아버지는 하나니라."고 말씀하신 것은 예수님께서 자신이 곧 하나님이신 것을 선언하시면서 자신의 신성을 분명히 밝히신 것이다. 그러자 유대인들은 예수님의 말씀이 어떤 뜻인지를 정확히 알아들었다. 이때 그들의 반응은 하나님 앞에 엎드리는 것이 아니라 돌을 들어 예수님을 치려는 것이었다. 예수 그리스도께서 분명하게 자신이 여호와 하나님이심을 선포하시자 유대인들은 돌을 들어 예수님을 치려고 했으나 아직 예수님의 때가 되지 않았기에 돌을 던지지는 못했다. 사람은 하나님께서 계획하신 때와 장소를 바꿀 수 있는 능력이 없다. 그러나 어느 시대든지 마귀의 편에 서 있는 인간들은 기회가 주어지는 대로 하나님의 선지자들이나 하나님을 돌로 칠 준비가 되어 있다. 이스라엘 백성들의 돌에 맞을 뻔한 모세는 유대인들의 돌에 맞을 뻔하신 예수 그리스도를 예표하고 있다.

2) 재판하는 모세

『다음 날이 되어 모세가 백성을 재판하려고 앉았고 백성은 아침부터 저녁까지 모세 곁에 서 있더라』(출 18:13).

모세는 여수룬의 왕이었다(신 33:5). 그는 하나님으로부터 왕의 권세를 받았고 재판하는 자리에 앉아 백성들을 심판했다. 재판은 양쪽 당사자들의 잘잘못을 가려서 심판하는 것이다. 모세는 앉아서 재판을 했지만 문제를 가지고 온 백성들은 차례를 기다리면서 저녁까지 모세 곁에 서 있어야 했다. 하나님께서는 이스라엘 자손들의 문제를 재판하는 권세를 모세에게 주신 것이다. 예수 그리스도는 대적하는 자들로 인해 박해받고 고난받으며 피해 다니셔야 했던 생애를 사셨지만 동시에 이스라엘 백성들을 심판하시는 권세도 갖고 계셨다. 백성을 재판하려고 앉은 모세는 심판하는 권세를 받으신 예수 그리스도를 예표한다.

『아버지께서는 아무도 심판하지 아니하시고 모든 심판을 아들에게 맡기셨나니』(요 5:22).

한 번 죽는 사람에게 심판이 정해진 것 같이 하나님께서는 선이든 악이든 모든 행위와 모든 은밀한 것들을 심판하시는 분이시며 그 심판하시는 일을 아들에게 맡기셨다. 왜냐하면 그 아들이 바로 하나님이시기 때문이다.

예수 그리스도께서는 심판에 있어서도 하나님 아버지와 동등한 권세를 갖고 계신다. 이 세상에 태어난 모든 사람들 가운데 예수 그리스도께서 심판하시는 자리에 서지 않을 사람은 한 사람도 없다. 이 세상에 살면서 예수 그리스도를 믿지 않았거나, 그 말씀에 순종하지 않았거나, 예수님을 하나님의 아들로 인정하지 않고 자기 마음에 드는 종교 하나를 골라서 종교 생활을 하던 모든 자들이 예수 그리스도 앞에 서서 심판을 받게 될 것이다.

『또 아버지께서는 아들에게 심판하는 권세를 주셨으니 이는 그가 인자임이라』(요 5:27).

이 구절에서는 아들이 심판하는 권세를 가진 이유를 "그가 인자이심이라."고 말씀하고 있다. 하나님의 아들이신 분께서 사람의 육신을 입고 오셔서 사람들 가운데 거하시게 되었다. 사람들은 그분을 알지 못했기에 그분은 사람들로부터 멸시받으셨고 거부되셨으며 그분의 영광도 짓밟히고 말았다. 그러나 예수 그리스도께서는 하나님으로부터 받으신 심판하는 권세를 갖고 계신 분이시다. 멸시받으신 그분께서는 지극히 높으신 영광과 권위의 자리에서 만물을 심판하셔야만 하는 것이다. 비록 육신을 입고 오셨지만, 그분은 하나님이셨기 때문이다.

나귀 새끼를 타고 예루살렘에 왕으로 입성하신 예수님께서 성전에 들어가셔서 성전 안에서 장사하는 자들을 모두 내쫓으시고 환전하는 자들의 자리를 뒤엎으셨다. 그리고 주님께 나오는 눈먼 자들과 절름발이들을 고쳐 주셨다. 마태복음 21:23은 『그후 주께서 성전으로 들어오셔서 가르치시니, 선임 제사장들과 백성의 장로들이 주께 와서 말하기를 "무슨 권세로 당신은 이런 일을 행하느뇨? 누가 당신에게 이 권세를 주었느뇨?" 라고 하니』라고 했는데 이 종교적 위선자들은 항상 권세에만 관심이 있었다. 그들은 예수 그리스도의 사역과 그 결과에는 전혀 관심을 보이지 않았다. 수천 명을 먹이고, 수십 명이 치유되고, 죽은 자들이 살아났음에도, 그들이 알고자 하는 것은 오직 "무슨 권세로 이런 일을 행하느뇨? 누가 당신에게 이 권세를 주었느뇨?"였다. 그들은 예수 그리스도께서 행하신 사역을 보고도 끝까지 예수 그리스도께서 하나님이신 것을 믿지 않고 거부하는 자들이었다.

예수님께서는 그 권세를 제자들에게 주셨다. 베드로와 요한이 백성을 가르치며 죽은 자들로부터의 부활을 예수 그리스도를 통하여 전파하자 제사장들과 사두개인들이 그들을 가두었다가 다음날 관원들과 장로들과 서기관들이 모두 함께 모여서 그들을 재판하려고 했다.

『두 사도를 가운데 세워 놓고 그들이 묻기를 "너희가 무슨 권세와 누구의 이름으로 이 일을 하였느냐?"고 하더라』(행 4:7).

종교 지도자들이나 세상 사람들은 권세의 결과가 중요한 것이 아니라 그 권세가 어디서 왔느냐가 더 중요하다. 무슨 교단, 무슨 학교, 무슨 교파, 무슨 협회 소속인가에 더 관심이 많다. 그러나 그리스도인은 하늘과 땅에 있는 모든 권세를 받으신 주 예수 그리스도로부터 모든 민족들에게로 가서 복음을 전파하여 가르치고 지키게 하라는 권세를 위임받았다(마 28:19,20). 그리스도인은 주님이 주신 이 권세를 잘 사용할 수 있어야 한다. 백성을 재판하는 권세를 받은 모세는 하나님으로부터 권세를 받으셔서 심판하시는 예수 그리스도를 예표하고 있다.

3) 선지자로 보냄받은 모세

『모세가 하나님께 올라가니 주께서 산에서 그를 불러 말씀하시기를 "너는 이같이 야곱의 집에게 말하고 이스라엘 자손에게 고할지니라』(출 19:3).

출애굽기 19장은 이스라엘 백성들이 시내 산에 왔을 때의 일을 기록하고 있다. 하나님께서는 그 산에 내려오셔서 이스라엘 백성들과 언약을 맺으신다. 하나님께서는 모세를 부르셔서 그에게 야곱의 집과 이스라엘 자손에게 고할 말씀을 넣어 주신다. 하나님께서는 이스라엘 자손들이 어떻게 이집트에서 나오게 된 것인지를 알려 주시고 그들이 하나님의 음성에 복종하고 언약을 지키면 그들을 하나님의 백성으로 세워 주실 것을 말씀하신다. 하나님께서는 이스라엘 자손들이 하나님의 언약을 지키면 그들을 독특한 보물, 제사장들의 왕국, 거룩한 민족이 되게 하실 것이라고 모세에게 말씀하시고 그 말을 전하게 하셨다.

모세와 같이 하나님께서는 예수님을 이스라엘 자손들에게 보내셨다. 이스라엘은 하나님의 백성이다. 하나님께서는 성경에서 이스라엘을 자기 백성이라 말씀하신다. 마태복음 1:21은 『그녀가 한 아들을 낳으리니 너는 그의 이름을 예수라 하라. 이는 그가 자기 백성을 그들의 죄들에서 구원할 것이기 때문이니라."고 하니라.』 했는데 이 말씀대로 예수님께서는 처음에 자기 백성에게, 즉 야곱의 집인 유대인들에게 오셨다.

예수님께서는 이스라엘 백성들에게 전파하실 때 "회개하라, 천국이 가까이 왔느니라."(마 4:17)고 말씀하셨다. 천국은 하나님의 백성들인 유대인들에게 약속된 왕국이고, 이스라엘 백성들은 이방인들에게 제사장들의 왕국 사역을 해야 하는 민족이다. 예수님께서는 자기 딸을 고쳐달라는 이방 여인에게 『나는 이스라엘 집의 잃어버린 양 외에는 보냄을 받지 아니하였노라.』(마 15:24)고 냉정하게 말씀하셨고, 제자들을 보내실 때에도 『이방인들의 길로도 가지 말고, 또 사마리아인의 성읍에도 들어가지 말고, 다만 이스라엘 집의 잃어버린 양에게로 가라.』(마 10:5,6)고 말씀하셨다. 이스라엘 자손들에게 보냄을 받은 모세는 이스라엘에게 오신 예수 그리스도를 예표하고 있다.

『모세가 와서 백성의 장로들을 소집하여 그들의 면전에 主께서 자기에게 명령하신 이 모든 말씀들을 제시하자 모든 백성이 다같이 대답하여 말하기를 "主께서 말씀하신 모든 것을 우리가 행하리이다." 하니, 모세가 백성의 말을 主께 고하니라』(출 19:7,8).

모세는 장로들 앞에서 하나님께서 명령하신 모든 말씀을 제시했고 모든 백성들은 모세가 전한 하나님의 말씀을 모두 행하겠다고 말했다. 모세는 아버지의 말씀을 전하는 예수 그리스도를 예표하고 있다.

『나를 사랑하지 않는 자는 나의 말들을 지키지 아니하느니라. 너희가 듣는 말은 내 말이 아니요, 나를 보내신 아버지의 말씀이니라』(요 14:24).

예수님께서는 백성들에게 오셔서 자신의 말씀이 아니라 예수 그리스도를 보내신 아버지의 말씀을 전하는 것이라고 말씀하셨다. 아버지의 말씀은 진리이기 때문이다. 예수 그리스도를 사랑하는 사람은 그분께서 하신 말씀들을 지킨다. 말씀을 지킨다는 것은 그분의 말씀들에 순종하는 것 이상으로 그 말씀들을 굳게 붙잡고 그 말씀들을 신뢰하고 의지하면서 끝까지 그분의 말씀들을 손에서 놓지 않고 매달리는 것을 의미한다. 그러나 예수님을 사랑하지 않는 사람은 예수님께서 하신 말씀들을 지키지 않는다.

예수님께서는 말씀을 듣지 않으려는 유대인들에게 『"나의 교리는 나의 것이 아니요 나를 보내신 분의 것이라. 만일 누구든지 그분의 뜻을 행하려고 한다면, 그 교리가 하나님으로부터 온 것인지 아니면 내가 내 자신에 관하여 말하는 것인지 알게 되리라.』(요 7:16,17)고 말씀하기도 하셨다. 예수 그리스도께서 하신 말씀들은 예수님을 보내신 하나님께서 하신 말씀이다.

예수님께서는 『아버지께서 내게 주신 그 말씀들을 그들에게 전하였으니, 그들은 그 말씀들을 영접하여 내가 아버지께로부터 온 것을 분명히 알았으며, 또 아버지께서 나를 보내신 것을 믿었나이다.』(요 17:8) 하셨는데 아버지께서 자신에게 주신 그 『말씀들(words)』을 전해 주셨다고 말씀하신다. 예수 그리스도께서 이 땅에 오셔서 하신 일은 하나님의 말씀들을 전해 주시는 일이었다. 누구든지 하나님께서 무슨 말씀들을 하셨는지 알고 싶다면, 그분께서 예수 그리스도를 통하여 하신 말씀들을 들어 보면 된다. 열한 명의 제자들뿐만 아니라 교회 시대의 모든 그리스도인들은 그분의 말씀들을 영접하였고, 주님께서 하나님께로부터 오신 분이심을 그 말씀들을 통하여 알게 되었으며 또 믿은 사람들이다.

『그러므로 믿음은 들음에서 나오며 들음은 하나님의 말씀에 의해서니라』(롬 10:17). 이 믿음이 나온 것도 말씀을 들은 데서였지만, 이 믿음이 더욱 굳건해지고 더욱 깊어지며 더욱 커지는 것 역시 오직 하나님의 말씀에 대한 영적 지식에 의해서인 것이다. 하나님의 말씀을 장로들에게 제시하고 백성들로 하여금 믿게 한 모세는 선지자였고, 하나님의 말씀을 사람들에게 전하시고 영접하게 하신 예수 그리스도를 예표하고 있다.

『주 너의 하나님께서 네 가운데로부터 네 형제들 가운데서 나와 같은 한 선지자를 네게 일으키시리니 너희는 그에게 경청할지니라』(신 18:15).

예수 그리스도께서는 모세와 같은 선지자이셨다. 예수 그리스도께서는 사마리아 여인으로부터도 『주여, 당신이 선지자이신 것을 내가 아나이다.』(요 4:19) 이런 고백을 들으신다. 예수님께서는 자신에 대해 친히 증거하시기를 『선지자는 자기 고향에서 존경을 받지 못하느니라.』(요 4:44)고 말씀하셨다. 예수님께서는 요한복음 9장에서 소경으로 태어난 사람의 눈을 뜨게 해 주셨는데 어떻게 눈을 뜨게 되었느냐고 묻는 바리새인들에게 그는 예수님을 선지자라고 말했다(요 9:17).

예수님께서 행하신 기적들을 보고 말씀을 들은 많은 사람들이 예수님을 선지자로 알고 있었다. 예수님께서 보리 빵 다섯 덩어리와 작은 물고기 두 마리로 오천 명을 배불리 먹이신 기적을 행하셨을 때도 그것을 본 사람들이 『이분은 참으로 세상에 오셔야 할 그 선지자시라.』(요 6:14)고 말했다. 그들이 예수님을 모세가 말한 선지자로 말했다는 것은 그들의 메시아를 제대로 알아본 것이었다. 이 사람들은 자신들이 알고 있는 성경의 내용을 잘 알고 있었을 뿐만 아니라 성경이 예언하고 있던 예수 그리스도를 제대로 알아본 사람들이었다. 그러나 그들 역시 예수 그리스도께서 행하신 기적들을 보고도 그분이 하나님의 아들이신 것을 여전히 믿지 못했기 때문에 예수님을 억지로 데려다가 왕으로 삼으려고 했던 것이다. 예수님께서는 초림 때 선지자로 오신 것이지 아직은 왕으로 오신 것이 아니었다. 선지자들은 고난과 박해를 받았는데 예수님께서도 생애 가운데 다른 선지자들과 비교할 수 없을 정도로 고난을 받으시고 죽임을 당하셨다. 선지자로서 하나님의 말씀을 백성들에게 전하고 백성들의 말을 하나님께 고했던 모세는 하나님께서 보내신 선지자로 오셔서 생애를 보내신 예수 그리스도의 예표가 된다.

구약에 계시된 예표들, 특히 예수 그리스도에 대한 예표들은 반드시 이루어진다. 그러나 성경 전체를 보지 않고 한 군데만 알고 있다면 예표들을 계시한 대로 적용하지 못하는 잘못을 범하게 된다. 예수 그리스도께서는 구약에서 왕으로, 제사장으로, 선지자로 계시되었지만 각각 적용되는 시기가 다르다. 그래서 예표를 잘 공부하면 하나님의 말씀대로 진리의 말씀을 올바로 나누어 "세대적 진리"를 알 수 있게 된다. 세대적 진리란 시대에 따른 하나님의 경영 방침, 즉 시대에 따른 하나님의 계획과 목적을 깨닫는 것이다. 세대적 진리를 모르면 성경을 해석할 수 없다. 세대적 진리는 휴거와 전천년주의를 성경적인 교리로 믿고 있다. 그러나 언약 신학을 신봉하고 무천년주의를 주장하는 프로테스탄트 교회들은 성경적인 교리를 믿지 않고 있다. 그들은 성경의 계시를 공부하지 않기 때문에 하나님의 말씀들을 온전히 믿을 수 없는 사람들이다.

4) 중재자로 세워진 모세

『모든 백성들이 천둥과 번개와 나팔 소리와 연기나는 산을 보았는데 백성이 그것을 보고 이동하여 멀리 떨어져 서서 모세에게 말하기를 "당신이 우리에게 말씀하소서. 우리가 들으리니 하나님께서 우리에게 말씀하시지 않게 하여 우리로 죽지 않게 하소서." 하니』(출 20:18,19).

출애굽기 20장은 하나님께서 이스라엘 백성들에게 주신 십계명이 기록되어 있는 장이다. 십계명은 율법, 증거, 언약, 계명들이라는 말로 불려진다. 이 계명들은 이스라엘 자손들이 구원받은 이후에 주어졌고 모든 도덕적인 판단을 하는 데 기준이 되었다. 이스라엘 자손들은 천둥과 번개와 나팔 소리와 연기가 나는 산을 바라보면서 십계명을 들었다. 이스라엘 백성들이 푸른 하늘에서 불과 연기, 천둥과 번개가 치는 가운데 하나님의 계명인 "내 앞에 다른 신들을 있게 하지 말라." "살인하지 말지니라." "간음하지 말지니라." "도둑질하지 말지니라."는 말씀을 하나님께 직접 듣는 것은 정말 죽을 것 같은 두려움이었다. 백성들은 하나님께 듣는 것보다는 같은 말씀이라도 모세에게 듣기를 원해서 모세가 중재해 줄 것을 요청했다.

『모세가 백성에게 말하기를 "두려워 말라. 하나님께서 내려오심은 너희를 시험하시고 그를 두려워함이 너희 얼굴 앞에 있게 하여 너희로 죄를 짓지 않게 하려 하심이라." 하니라. 백성은 멀리 떨어져 서 있고 모세는 하나님이 계신 짙은 흑암 속으로 가까이 다가가더라』(출 20:20,21).

하나님께서는 이스라엘 자손들에게 하나님의 백성으로서 독특한 보물, 제사장들의 왕국, 거룩한 민족이 되기를 원하셨다. 그러나 그들이 이 복을 받기 위해서는 하나님의 음성에 복종하고 언약을 지켜야 하는 조건이 붙었다. 하나님께서는 이스라엘 백성들이 이 약속을 지키고 죄를 짓지 않게 하시려고 그들을 두렵게 하셨다. 하나님께서 시내 산에 내려오실 때 천둥과 번개와 짙은 구름이 산 위에 있고 나팔 소리가 심히 컸으며 시내 산은 온통 연기로 자욱했다. 하나님께서는 그 불 가운데 내려오셨다. 산에 연기가 용광로의 연기처럼 솟아오르고 온 산이 크게 진동할 때 하나님께서는 이스라엘 백성들에게 십계명을 들려주셨다. 이스라엘 백성들은 두려워 떨며 모세를 중재자로 세웠다. 그러나 모세가 죄를 용서해 줄 수는 없다.

중재자로 세워진 모세는 죄인들을 위해 중재하시는 예수 그리스도를 예표하고 있다(딤전 2:5). 예수 그리스도께서는 영원한 중재자로 오신 분이시다. 죄를 용서해 주실 수 있는 분이시다. 예수님께서 이 지상에 오신 것은 세상을 심판하시려는 것이 아니라 예수님을 통해 세상이 구원받게 하시려는 것이었다(요 3:17). 예수님께서도 『인자가 온 것은 잃어버린 자를 구원하려는 것이라.』(마 18:11)고 말씀하셨다.

죄를 지은 인간이 아무리 선하게 살면서 하나님 앞에 나아가고자 해도 그렇게 할 수 없다. 거듭나지 않은 인간이 영이신 하나님께 나아간다거나 그분과 교제한다는 것은 불가능하다. 왜냐하면 죄성을 지닌 인간과 하나님 사이에는 어떠한 연결 고리도 존재하지 않기 때문이다. 그렇기에 인간이 하나님과 관계를 맺고 그분과 교제하기 위해서는 둘 사이를 연결해 주는 중보자가 필요한데, 바로 하나님의 아들이신 예수 그리스도이시다.

『하나님은 한 분이시요, 하나님과 사람 사이에 중보자도 한 분이시니, 곧 사람이신 그리스도 예수시라』(딤전 2:5).

죄인인 인간이 하나님께 나아가는 일은 두려운 일일 뿐만 아니라 불가능한 일이다. 만일 하나님께서 심판하신다면 그 앞에 설 사람은 아무도 없다. 그러므로 인간과 하나님 사이에는 중보자가 반드시 필요하다. 그 중보자가 하나님 앞에 나갈 수 있기 위해서는 하나님께 인정받아야 하고 죄가 없어야 한다. 또한 인간의 문제를 잘 알고 있어야 한다. 그래서 하나님께서는 아들 예수님을 완전한 사람으로 이 세상에 보내셔서 중보자의 역할을 감당하게 하셨다. 하나님께서는 예수 그리스도를 인간이 하나님께 나아갈 수 있는 길이 되게 하신 것이다. 하나님과 사람 사이를 연결해 주시는 중보자이신 예수 그리스도께서는 완전한 하나님과 완전한 사람으로서 중보자의 역할을 담당하고 계신다. 하나님 앞에 선 모세는 죄인들의 중재자로 서신 예수 그리스도를 예표하고 있다.

7. 사랑으로 자신의 귀를 뚫은 종

『만일 종이 분명히 말하기를 '내가 내 주인과 내 아내와 내 자식들을 사랑하여 자유로이 나가지 않겠노라.' 하면 그때 그의 주인은 그를 재판관들에게 데리고 갈 것이며 그는 또한 그를 문이나 문설주로 데리고 가서 그의 주인이 송곳으로 그의 귀를 뚫으리니 그가 영원히 그 주인을 섬기리라』(출 21:5,6).

히브리인은 빚을 갚기 위해서나 자신이 훔친 것의 대가를 지불하기 위해서, 또는 심히 가난한 상태에 있다면 재정적인 이유로 자신을 팔 수 있다. 그 사람은 자기를 산 사람의 종이 되는데 이러한 종살이는 칠 년을 넘기지 못한다. 칠 년의 주기와도 관계없이 환희의 해가 이르렀다면 칠 년을 못 채웠다 하더라도 종살이는 끝나게 된다. 그런데 종살이 기간 중에 주인이 그 종에게 아내를 주어 아이를 낳게 되면 아내와 아이는 주인의 것이고, 그 종의 아내와 자녀들은 평생 종이 된다. 이때 히브리인 종이 스스로 나가지 않겠다고 하면 그 주인은 그의 귀를 뚫어 그를 영원히 종으로 삼게 된다.

히브리인 종은 자유로울 수 있었지만 그의 아내와 자녀들을 사랑함으로 인해 떠나지 않고 평생 종이 되겠다고 스스로 원하여 주인의 종이 되는 것이다. 이 히브리인 종은 하늘의 영광을 버리고 자원하여 종으로 오신 예수 그리스도를 예표하고 있다.

『너희 안에 이 생각을 품으라. 곧 그리스도 예수 안에도 있는 생각이라. 그는 하나님의 형체로 계시므로 하나님과 동등하게 되는 것을 탈취라 생각지 아니하셨으나 오히려 자신의 영예를 버리고 종의 형체를 입으시어 사람들의 모습을 취하셨느니라. 그리하여 사람과 같은 모양으로 나타나셔서 자신을 낮추시고 죽음에까지 순종하셨으니 십자가의 죽음에까지라』(빌 2:5-8).

예수 그리스도께서는 종들의 종들인 죄인들을 위해 종이 되셨다. 예수님께서는 하나님과 동등하신 분이시지만 죄인들을 구원하시기 위해 자신의 영예를 버리고 종의 형체를 입으시고 사람의 모습으로 나타나셔서 사람처럼 사셨다. 예수님께서는 『인자도 섬김을 받으려고 온 것이 아니라 섬기러 왔다.』(마 20:28)고 말씀하셨다. 제자들과의 마지막 유월절 만찬 자리에서는 옷을 벗어 한쪽에 놓으시고 대야에 물을 부으신 후 제자들의 발을 씻어 주신 다음, 또 허리에 두른 수건으로 그들의 발을 닦아 주셨다. 마치 한 집안의 노예처럼 종의 신분이 되신 것이다.

그 히브리인 종이 아내와 자식들을 위해 종이 되었던 것처럼 예수님께서는 인자로 오셔서 섬기심으로써 아내와 자녀들을 얻게 되셨다. 예수님께서는 히브리인 종이 자기 아내와 자식들을 사랑한 것처럼 교회와 성도들을 사랑하신다(엡 5:25, 요 13:1).

에베소서 5:25은 『남편들아, 너희는 자기 아내를 사랑하되 그리스도께서 교회를 사랑하셔서 교회를 위하여 자신을 주신 것같이 하라.』고 했다. 이 교회는 건물이 있는 지역 교회가 아니라 그리스도의 몸된 교회, 즉 유기체적인 교회를 말하는 것이다. 그리스도께서는 이 교회를 위하여 자신을 내어주셨던 것이고, 이 교회는 그리스도의 몸값으로 사셨기 때문에 그분을 위해 순결한 한 처녀처럼 자신의 정결함을 지켜야 하는 것이다. 누구든지 구원받고 하나님의 자녀가 되어서 주님의 사람들 안에 포함되면 그 순간부터는 주님의 소유가 된다. 새로운 피조물들이 된 그리스도인들은 이 세상에 속한 사람들이 아니다. 주님께서는 아버지께로 가시기 전에 마지막 기도를 하실 때 아버지께서 주신 그들을 아버지의 이름으로 지켜 주실 것을 기도하셨다(요 17:11). 이처럼 아내와 자식들을 사랑해서 스스로 영원한 종이 되기 위해 귀를 뚫은 히브리 종은 종으로 오셔서 자신의 피로 값을 치르고 교회와 성도들을 사 주신 예수 그리스도를 예표하고 있다.

히브리 종이 자원하여 귀를 뚫은 것에서 우리는 주 예수 그리스도의 상처에 대한 아름다운 예표를 볼 수 있다. 예수님께서는 종들의 종으로서 자원하여 종이 되셨다. 이로 인해 예수 그리스도께서는 자신의 몸에 뚫린 자국을 가지신 것이다. 예수님께서 부활하신 후에 제자들에게 나타나셨을 때 제자들은 예수님의 부활을 믿지 못했다. 그때 예수님께서는 부활의 증거를 보여 주셨다. 『이 말씀을 하신 후 주께서 그들에게 손과 옆구리를 보여 주시니, 제자들이 주를 보고 기뻐하더라』(요 20:20). 의심 많은 도마 앞에서 주님께서는 『네 손가락을 이리 내밀어 나의 손을 보고 너의 손을 내밀어 내 옆구리에 넣어 보라. 그리하여 믿음 없는 자가 되지 말고 믿는 자가 되라.』(요 20:27)고 말씀하셨다. 주 예수 그리스도께서는 못에 박히고 창에 찔린 자국을 몸에 갖고 계신다. 어린양의 혼인식에 서게 될 그리스도인들은 그때 신랑이신 주 예수 그리스도의 손목에 있는 붉은 못 자국을 보게 될 것이다. 그 자국은 영원히 남아 있을 것이다. 그 못 자국은 그리스도의 몸 된 교회를 위한 사랑의 정표로 영원히 남아 있을 것이다. 자신의 사랑하는 아내와 자식을 위해 평생을 종이 되려고 귀를 뚫은 히브리인 종은 자신의 몸을 주시기까지 우리를 사랑하신 주 예수 그리스도의 위대한 예표이다.

8. 과부와 고아들을 돌보시는 분

『너희는 어떤 과부나 아비 없는 아이도 괴롭히지 말지니라. 만일 네가 그들을 어떻게든 괴롭혀서 그들이 조금이라도 내게 부르짖으면 내가 반드시 그들의 부르짖음을 들으리라. 나의 진노가 뜨겁게 달아올라서 내가 너희를 칼로 죽이리니 너희 아내들은 과부가 되고 너희 자식들은 아비 없는 자가 되리라』(출 22:22-24).

온 우주의 창조주이시며 주인이신 하나님께서는 하찮게 보이는 들의 백합화와 공중의 새들을 돌보실 뿐만 아니라 아버지를 잃은 고아들을 돌보시며 과부에게 관심이 있으시다. 만일 누군가가 과부들이나 아비 없는 아이를 괴롭히거나 억압하여 그들로 부르짖게 한다면 하나님께서는 괴롭히는 자들을 재판관에게 넘기지 않고 하나님께서 직접 칼을 사용하셔서 벌하신다고 말씀하신다. 야고보는 『하나님 곧 아버지 앞에서 순수하고 더럽혀지지 않은 종교 *행위*는 이것이니, 즉 고난 중에 있는 고아들과 과부들을 돌아보는 것』(약 1:27)이라고 기록했다. 고난 중에 있는 고아들과 과부들을 돌아보지 않는 종교들은 하나님의 저주 아래 있는 것이다.

예수님 당시에 유대인들은 유대교라는 종교를 믿었던 사회였고 서기관들과 바리새인들과 제사장들은 유대인 사회의 종교 지도자들이었다. 당연히 그들은 고아들이나 과부들을 돌아봐야 했지만 그렇게 하지 않았다. 오히려 과부들을 등쳐 과부의 집을 빼앗는 자들이었다. 『위선자인 서기관들과 바리새인들아, 너희에게 화 있으리라! 이는 너희들이 과부들의 집을 삼키며 남들에게 보이고자 길게 기도하기 때문이라. 그러므로 너희는 더 큰 심판을 받으리라』(마 23:14). 유대교의 종교 지도자들은 먼저 죽은 과부의 남편을 위해 길게 기도하는 척하면서 과부들을 속여 집을 빼앗았다. 그들은 예수님으로부터 직접적인 저주를 받았다. 예수님께서는 고아와 과부를 가엾게 여기시지만 과부를 속이는 자들을 저주하셨다.

이 시대의 종교 지도자들은 이 말씀을 보는 것이 너무 괴로워 예수님께서 직접 말씀하신 이 구절을 통째로 삭제해서 교인들에게 이런 말씀이 있다는 것조차 모르게 해 버렸다. 오직 변개되지 않은 〈한글킹제임스성경〉만이 이 구절을 그대로 보존하여 예수님의 마음을 알게 했다.

『주께서 성문 가까이 이르렀는데, 보라, 사람들이 어떤 죽은 자를 메고 나오는데 그는 자기 어머니에게는 외아들이며 그 여인은 과부더라. 그 성읍에 사는 많은 사람들이 그녀와 함께 있더라. 주께서 그 여인을 보신 후 가엾게 여기셔서 그 여인에게 말씀하시기를 "울지 말라."고 하시고』(눅 7:12,13).

이 구절들은 예수님께서 과부와 고아를 돌아보시는 하나님이심을 알 수 있게 해 주시는 말씀이다. 예수님께서 나인성 가까이 이르셨을 때 어떤 과부의 죽은 외아들을 메고 나오는 사람들과 마주치셨다. 과부가 외아들까지 죽는 아픔을 겪고 있었으니 이 여인은 얼마나 슬펐을까? 그러나 죽음의 세력을 가진 자는 이 과부의 꿈과 희망을 짓밟고 외아들을 죽인 것이다. 이 여인은 땅이 꺼질 듯이 통곡했을 것이다. 그리고 그녀를 만나신 주님께서도 매우 가엾게 여기셨음이 분명하다. 예수님께서는 그 과부를 가엾게 여기셔서 그녀에게 울지 말라고 말씀하시고, 관을 멈추게 하신 후 그 과부의 외아들을 살리셔서 그녀에게 돌려주셨다.

주님께서 과부에게 울지 말라고 하신 말씀은 교회 시대의 마지막인 지금에도 성도의 휴거와 관련된 말씀으로 생생하게 살아 있는 말씀이다. 성경은 휴거를 말씀하신 후에 『그러므로 이러한 말로 서로 위로하라.』(살전 4:18)고 권면하신다. 주님께서는 공중 재림하실 때 주님 안에서 먼저 잠든 가족과 친지, 친구, 동료 성도들을 부활시키셔서 끌어올리실 것이다. 우리가 휴거 때까지 살아 있다면 그들이 먼저 부활하여 올라가고, 우리도 영광스러운 모습으로 변모되어 그 뒤를 따라 공중으로 끌려 올라갈 것이다. 주님께서는 현재 사별한 성도들에게도 울지 말라고 위로

하신다. 그때 앞서간 성도들을 부활한 모습으로 다시 만날 것이기 때문이다.

성경에서 가장 짧은 구절인 요한복음 11:35은 『예수께서 우시더라.』라고 되어 있다. 예수님의 동정심은 자신을 따르던 사람들에게 따뜻하게 나타났고, 주 예수 그리스도께서는 백성들의 필요에 대한 관심을 표시하셨다. 죄인들을 가엾게 여기신 예수님께서는 소경을 치료해 주셨고(마 20:34), 마귀에게 사로잡힌 자들을 가엾게 여기셔서 마귀를 쫓아내 주셨으며(막 9:25), 불쌍한 문둥병자를 고쳐 주셨다. 예수님께서는 잃어버린 양들에게 목자가 되셨으며, 멸망 받을 자들에게 구세주가 되어 주셨다. 예수님께서 모든 병든 자들과 모든 마귀 들린 자들을 고쳐 주신 것은 가엾은 자들을 동정하시는 그분의 사랑 때문이었다. 고아들과 과부를 괴롭히지 말라는 말씀은 공생애 가운데 고아들과 과부들을 가엾게 여기시고 약자들에게 선을 베푸신 예수 그리스도의 성품을 잘 보여주고 있다.

제3장

성막과 대제사장

출애굽기 25장부터는 이스라엘 민족이 하나님을 경배하는 것에 대해 상세히 말씀하신다. 하나님께서는 모세를 부르셔서 그에게 성막에 대한 모든 것을 보여 주시며 그 성막의 모양과 그 모든 기구들의 모양에 따라 성막과 성막의 기구들을 만들라고 명령하셨다. 성막은 죄인들을 위해 하나님께서 마련하신 것이었고, 율법을 지키지 못한 죄인들에게 필요한 하나님의 구원 계획이었다.

1. 성막으로 계시된 예수 그리스도

이스라엘 자손들을 이집트의 노예 생활에서 구출해 주신 하나님께서는 그들이 하나님의 백성으로 살 수 있는 길을 제시하셨다. 그것은 그들이 하나님의 말씀에 복종하는 것이었다. 이스라엘의 모든 백성들은 『주께서 말씀하신 모든 것을 우리가 행하리이다.』(출 19:8)라고 대답했고, 이에 따라 하나님께서는 그들에게 십계명을 주셨으며 그들이 지켜야 할 규례들과 율례들을 알려 주셨다.

그러나 하나님께서는 이스라엘 백성들이 하나님의 계명들과 율법과 규례들을 지킬 수 없다는 것을 잘 알고 계셨다. 하나님께서는 계명과 율법을 지킬 수 없는 이스라엘 백성들을 위해 하나님의 은혜를 베푸셨는데 그것이 바로 성막이었다. 하나님께서는 이스라엘 백성들에게 율법을 주신 다음에 성막도 함께 주셨다. 율법은 죄의 무서움과 하나님의 공의와 의로우신 심판이다. 만일 하나님께서 율법만 주셨다면 이스라엘 백성들은 벌써 멸망했어야 했다. 그러나 하나님께서는 이스라엘의 실패를 미리 아셨으며 그들에게 피가 필요함도 알고 계셨다. 성막은 하나님께서 주신 은혜로서 죄의 용서와 구속과 구원에 관해서 말씀하고 있다. 성막은 믿음을 통하여 구속하시는 하나님의 구원 계획에 대한 은혜와 구속의 계시였던 것이다. 즉 하나님께서는 성막을 통해서 주 예수 그리스도의 구속 사역을 예표하시는 것이다.

성막의 모든 것은 죄에 대한 하나님의 해결책을 보여 주는 것이다. 성막으로 인해 이스라엘은 죄들에 대한 용서를 받았고 율법에서 은혜로, 자기들의 의에서 하나님의 의를 의지하게 된 것이다. 이스라엘 백성만이 아니라 모든 인간들은 여전히 선을 행하고 율법을 지키는 것으로 구원받으려고 노력하고 있다. 자기들의 힘으로 하나님의 의를 만족시키겠다고 나서는 것이다. 그러나 하나님께서는 이미 그렇게 할 수 없다는 것을 알고 계셨기에 하나님의 독생자이신 예수 그리스도를 이 세상에 보내셔서 성막의 모형을 성취하셨던 것이다. 『다 이루었다.』(요 19:30)고 말씀하신 주 예수 그리스도의 사역은 성막에서 계시되었던 것이다. 성막은 처음부터 끝까지 오직 주 예수 그리스도를 예표하고 있는 모형으로 지어진 것이다.

이 성막이 지어지기 위해서는 이스라엘 백성들이 자원하여 성막에 쓰일 재료들을 가져오거나 만들어야 했다. 성막에 쓰일 예물은 기꺼이 마음으로부터 우러나온 대로 드려야 했던 것이다. 이것이 경배의 기본자세이다. 하나님께서는 억지로 내게 하시거나 없는 것을 빼앗을 생각이 없으시고 자원하는 마음으로 드리는 경배를 기쁘게 받으시는 것이다. 하나님께서는 성막을 통하여 예수 그리스도를 계시하셨지만 성막 그 자체는 하나님께서 거하시는 처소에 대한 예표로서 첫째 하늘, 둘째 하늘, 셋째 하늘의 모형을 나타내고 있다. 성막의 구조는 우주의 모양과 같이 안뜰과 성소와 지성소, 이렇게 세 부분으로 나누어져 있다. 성막은 하나님의 구원 계획에 따라 하나님의 사랑을 나타내신 주 예수 그리스도를 계시하고 있는 가장 중요한 모형물이다.

1) 성막

『내가 너에게 보여 주는 모든 것대로 성막의 모양과 그 모든 기구들의 모양을 따라 너희는 그것을 만들지니라』(출 25:9).

이 구절은 성경에서 성막이라는 용어가 처음 언급된 곳이다. 하나님께서 모세에게 보여 주신 모양을 따라 만들라고 명령하신 성막은 백성들 가운데 거하시기 위해 오신 임마누엘 하나님이신 주 예수 그리스도의 완전한 모형이며 형상이다.

성막은 거룩하신 하나님께서 지상에 임재하셔서 거하시는 곳을 말하는데 시대에 따라 다른 이름들이 있다. 성막은 일반적인 이름으로 거룩하신 하나님의 처소를 나타낸다. 증거의 장막이라고 불리기도 하는데 이때는 율법의 돌판이 들어 있는 언약궤가 그 안에 있었기 때문이다. 회중의 성막이라고도 하는데 절기 때나 제사 때 회중들이 모두 성막의 문 앞에 모였기 때문이다. 성전이라고 불려질 때도 있었는데 이때는 하나님의 궤가 실로의 성막에 있을 때였다(삼상 1:9). 다윗 시대에는 장막, 솔로몬 시대에는 성전으로 불렸다. 느부갓넷살 시대와 예수님의 초림 사이에는 헤롯 성전이 있었고, 예수님께서는 성전을 자신의 몸에 비유하셨다(요 2:19-21).

예수님께서 유월절을 지키시기 위해 예루살렘에 올라가셔서 성전에 가셨을 때 성전 안에는 소와 양과 비둘기를 파는 자들과 환전상들이 자리를 차지하고 앉아 있었다. 성전이 장사하는 자들로 더럽혀진 것을 보신 예수님께서 노끈으로 채찍을 만들어 장사하는 자들을 몰아내시고 환전상들의 돈을 쏟고 상들을 뒤엎으시며 『이것들을 여기서 가져가라. 내 아버지의 집을 장사하는 집으로 만들지 말라.』(요 2:16)고 말씀하셨다. 예수님께서 성전을 "내 아버지의 집"이라고 부르신 것은 성막이 세워질 때부터 성전은 백성들 가운데 하나님께서 거하시기 위해 만들어졌기 때문이다. 성전은 거룩하신 하나님께서 거하시는 곳이다. 이것을 본 유대인들이 예수님께 그와 같은 일을 해도 되는 사람인가를 입증하는 표적을 보여 달라고 요구했다.

『예수께서 대답하여 말씀하시기를 "이 성전을 헐라. 그러면 내가 삼 일 만에 이것을 다시 일으키리라."고 하시니라. 그러자 유대인들이 말하기를 "이 성전을 짓는 데 사십육 년이 걸렸는데 네가 이것을 삼 일 만에 세우겠단 말이냐?"고 하더라. 그러나 주께서는 성전 된 자기 몸에 관하여 말씀하신 것이라』(요 2:19-21). 예수님께서는 앞에서 성전을 "내 아버지의 집"이라고 말씀하셨는데 여기서는 성전을 "자기 몸"이라고 말씀하신다.

또 예수님께서 공생애가 끝나기 전 마지막으로 나귀 새끼를 타고 예루살렘에 입성하셔서 성전에 가셨을 때에도 이와 똑같은 장면이 언급된다. 이때 예수님께서는 『그들에게 말씀하시기를 "기록되었으되 '내 집은 기도하는 집이라 불리리라.' 하였거늘, 너희가 강도들의 소굴로 만들었도다."』(마 21:13) 하시면서 성전을 "내 집"이라고 말씀하셨다. 예수님께서는 성전 자체이시다.

하나님께서 모세에게 만들라고 하신 이 성막은 예수 그리스도를 예표하고 있다. 예수 그리스도께서는 완전한 성전이시다. 골로새서 2:9은 『그분 안에는 신격의 모든 충만함이 몸의 형태로 거하시나니』라고 말씀하셨는데 예수 그리스도께서 성육신하셨을 때 예수님께서는 임재하신 하나님으로서 성전이셨다. 예수님의 공생애를 기록한 사복음서의 중심 장소는 예루살렘에 있는 성전이 아니라 예수님 자신이었다. 왜냐하면 예수님께서 곧 성전이셨고, 예수 그리스도께서는 이스라엘 가운데 임재하신 하나님이셨기 때문이다.

『그러나 그리스도께서는 다가올 선한 것들의 대제사장으로 오셔서, 손으로 짓지 아니한, 곧 이러한 건물이 아닌 더 크고 더 온전한 성막을 통하여 염소와 송아지의 피로 아니하고 오직 자신의 피로 한 번 성소에 들어가셔서 우리를 위하여 영원한 구속을 이루셨느니라』(히 9:11,12).

이 구절은 모세가 지었던 것보다 더 크고 더 온전한 성막이 하늘에 있다는 사실을 보여 주는데, 성경은 모세가 지은 성막은 하늘들에 있는 것들의 모형이라고 말씀하신다(히 9:23,24). 예수 그리스도께서는 모세가 지은 성막이 아니라 하늘에 있는 참된 성소에 한 번 들어가셔서 자신의 피로 우리 죄인들을 위하여 온전하고도 영원하신 구속을 이루셨다. 예수 그리스도께서 흘려 주신 피는 하나님의 피이며 예수 그리스도의 단번 속죄 사역을 증거하는 피이다.

예수 그리스도께서 부활 승천하신 후에는 구원받은 성도들이 하나님의 성전이 된다. 고린도전서 3:16은 성도들에게 『너희가 하나님의 성전인 것과 하나님의 영께서 너희 안에 거하시는 것을 알지 못하느냐?』고 말씀한다. 지금 교회 시대에는 누구든지 예수 그리스도를 구주로 믿고 영접하면 그 순간 하나님의 영께서 그 사람 안으로 들어오신다. 그러므로 구원받은 성도들은 누구나 하나님의 성전이 되는 것이다. 성도 안에 내주하시는 성령께서는 성도에게서 떠나지 않으시며 구원의 영원한 보장이 되어 주신다. 개신교 목사들 가운데 교회 건물을 지으면서 성전

건축이라 빙자해서 교인들의 돈을 빼앗기도 하는데, 교회 건물은 그 개념이 광야의 성막이나 구약의 성전과는 다르다는 것을 알아야 한다. 하나님께서는 이 교회 시대의 경륜 아래서는 사람의 손으로 만든 성전들에는 계시지 않으며(행 17:24), 특히 마지막 교회인 라오디케아 교회 시대의 교회 안에는 계실 수가 없으므로 교회 밖에 계신다고 말씀하셨다(계 3:20). 교회 시대의 성전은 그리스도인의 몸이며, 이 성전이 그리스도인의 휴거와 함께 이 지상에서 사라지게 되고, 대환란 후에 주 예수 그리스도께서 재림하신 천년왕국 시대에는 예루살렘에 성전이 있게 되는 것이다. 성전 안에 자리하시는 하나님의 임재는 왕으로 임하시는 예수 그리스도이시다. 이때는 제사도 회복되고 안식일도 회복되고 제사장 제도도 회복되는데 이때의 대제사장은 왕이신 주 예수 그리스도이시다.

『내가 보니, 성 안에는 성전이 없더라. 이는 전능하신 주 하나님과 그 어린양이 그곳의 성전임이라』(계 21:22).

천년왕국 뒤에 오는 영원 시대에 하늘에서 내려오는 새 예루살렘 도성에는 더 이상 성전이 없다. 왜냐하면 주 하나님과 그 어린양이신 주 예수 그리스도께서 친히 성전이 되시기 때문이다. 성막이 세워질 때부터 성전은 하나님께서 인간과 함께하시기 위한 장소였으며 결국 주님 자신이 영원한 성전이 되실 것이다. 하나님의 혼이 계신 곳, 하나님의 영이 계신 곳, 하나님의 몸이 거하시는 곳이 성전이다. 성막의 시작과 끝은 거룩하신 하나님의 임재이며 곧 주 예수 그리스도의 임재하심을 예표하고 있다. 예수 그리스도께서는 원래의 성전이시며 하늘에 있는 영원한 성전이시다. 성막은 아직 오시지 않은 예수 그리스도에 대한 예표이며 하늘에 있는 참된 성소의 모형이다.

2) 싯팀 나무로 만든 언약궤

『그들은 싯팀 나무로 궤를 만들지니, 즉 그 길이가 이 큐빗 반, 그 너비가 일 큐빗 반, 그 높이가 일 큐빗 반이 되게 하고』(출 25:10).

하나님께서는 성막에 대해 자세하게 말씀하시는데 첫 번째 언급 대상은 싯팀 나무로 만들어야 하는 궤이다. 하나님께서 중요한 사실을 말씀하실 때 그 순서는 매우 중요하다. 이 궤는 성막 전체의 구조보다도 또 성막을 둘러싸고 있는 뜰보다도 더 중요한 것이다. 하나님께서는 성막의 그 어떤 기구보다 이 궤를 더 중요하게 여기신다. 하나님께서 보시기에 성막에서 가장 중요한 것이 이 싯팀 나무로 만든 궤이다. 왜냐하면 이 궤는 하나님께서 이스라엘 자손들과 "만나시는" 장소와 관련이 있고, 육신을 입고 오신 예수 그리스도의 가장 강력한 모형이기 때문이다.

하나님께서 먼저 어떤 조치를 취하시지 않는다면 인간은 하나님께 다가갈 방법이 없다. 인간의 구원에 관한 일은 하나님께서 먼저 시작하신다. 하나님은 구원의 창시자요 완성자이시기 때문이다. 화해에 관한 모든 일은 하나님께로부터 시작되어 사람에게 향한다. 이 순서가 바뀌면 안 된다. 노아의 방주라는 궤가 인간을 구했듯이(창 6-9장), 성막에 있는 궤는 하나님께서 이스라엘 민족을 구원하시기 위한 속죄의 장소로 만들어졌다. 이 두 경우 모두 하나님께서 궤를 어떻게 만들 것인지에 대해 그 방법을 설명해 주셔야만 했다. 두 경우 모두 초자연적인 계시에 의해 궤가 만들어졌고, 인간을 구원하시기 위한 하나님의 계획과 뜻에 따라 만들어졌다.

『그녀가 한 아들을 낳으리니 너는 그의 이름을 **예수**라 하라. 이는 그가 자기 백성을 그들의 죄들에서 구원할 것이기 때문이니라."고 하니라』 (마 1:21).

예수 그리스도께서는 이스라엘을 구원하시기 위한 하나님의 뜻에 따라 보내지셨다. 구원에 관한 한 사람이 먼저 할 수 있는 일이란 있을 수가 없다. 예수 그리스도께서는 인간을 구원하시기 위한 하나님의 뜻에 따라 이 땅에 보내지신 것이다.

『하나님께서 자기 아들을 세상에 보내신 것은 세상을 정죄하려 하심이 아니요, 그를 통하여 세상이 구원받게 하려 하심이라』(요 3:17).

예수님께서 세상을 구원하시기 위해 오셨다. 세상을 정죄하시는 것은 재림 때이다. 성막에서 제일 먼저 언급된 언약궤는 세상을 구원하시기 위해 지상에 오신 예수 그리스도를 예표하고 있다. 하나님께서 먼저 움직이셔야 다른 조처가 취해지기 때문이다.

이 궤는 하나님께서 거주하시는 장소 안에서의 하나님의 실체를 상징한다. 이 궤 앞에서 모세는 하나님과 만나 하나님의 말씀을 들었고 이 하나님의 궤는 광야에서 날아다니며 이스라엘이 쉴 곳을 찾아 주기도

했다. 예수 그리스도께서도 이스라엘 땅에 거하시면서 백성들에게 말씀하시고 듣기도 하셨으며, 그들이 해야 할 일들을 알려 주기도 하시면서 공생애를 보내셨다.

이 궤는 싯팀 나무로 만들어졌는데 성경에서 나무는 종종 사람을 예표하는 표현으로 쓰인다. 싯팀 나무는 이집트와 시내 반도의 어디에서나 볼 수 있는 아카시아 나무로 추정된다. 이 나무는 건조한 사막에서 자라므로 나뭇결이 곱고 단단해서 내구성이 있고 벌레가 잘 먹지 않고 썩지 않는 특성이 있다는 점에서 예수 그리스도의 예표가 된다(시 16:10, 행 2:27). 예수 그리스도께서는 장사되어 무덤에 묻히셨지만 썩지 않고 부활하셨다. 싯팀 나무로 만든 궤는 백성들 안에 임재하시는 예수 그리스도의 인성을 나타내고 있다. 이 궤는 사람의 모양을 입고 완전한 인간으로 오신 예수 그리스도를 예표한다.

『너는 순금으로 그것을 입히되, 안과 밖을 싸고, 주위에 금테를 두르고』(출 25:11).

성경에서 금은 하나님의 신성을 상징하고 있다. 성경에서 처음으로 금을 언급한 곳이 창세기 2:11,12에 언급된 하윌라의 온 땅인데 그 땅의 금이 좋다고 기록된 곳이었다. 성경에서 금은 고귀한 물질로서 "신성"을 의미한다. 다니엘서 5:26에서 벨사살 왕은 성령의 예표인 다니엘의 목에 금목걸이를 걸어 줄 것이며 그가 셋째 치리자가 될 것이라고 말했다. 창세기 41:42에서 이집트의 왕 파라오는 예수 그리스도의 예표인 요셉의 목에 금사슬을 걸어 주고 둘째 병거에 태웠다. 성경에서 금은 하나님의 신성을 의미하는 귀한 보석이다.

하나님께서는 싯딤 나무로 만든 궤에다 순금으로 안과 밖을 싸라고 명령하신다. 이 궤는 안이나 바깥이나 똑같이 순금으로 싸여 있다. 그리고 그 주위에 금테를 둘렀다. 금테는 금으로 된 왕관을 의미한다. 언약궤는 금으로 만들어진 왕관을 쓰고 있다. 왕관은 왕들이 쓰는 것으로 주권과 권력의 상징이다. 금테를 두른 궤는 왕으로 오신 예수 그리스도를 예표하고 있다.

『종려나무 가지들을 들고 주를 맞이하러 가서 "호산나, 주의 이름으로 오시는 이스라엘의 왕은 복이 있도다."라고 외치더라』(요 12:13).

예수님께서 어린 나귀 새끼를 타고 예루살렘에 입성하실 때 백성들은 예수님을 왕으로 찬양했다. 예수님께서도 빌라도가 『네가 유대인의 왕이냐?』(요 18:37)라고 물었을 때 왕으로 오셨다고 말씀하셨다. 순금으로 싸여져 있고 주위에 금테를 두른 언약궤는 왕이신 예수 그리스도를 예표하고 있다. 그러나 예수님께서 왕이 되시는 것은 재림하실 때의 일이다. 초림 때 예수 그리스도께서는 하나님이시지만 사람들 가운데 거하시기 위해 완전한 인간으로 사람의 몸을 입고 오신 분이시다.

『경건의 신비는 논쟁의 여지없이 위대하도다. 하나님께서는 육신으로 나타나셨고 성령으로 의롭게 되셨으며, 천사들에게 보이셨고 이방인들에게 전파되셨으며, 세상에서 믿은 바 되셨고 영광 가운데로 들려 올라가셨음이라』(딤전 3:16).

싯팀 나무로 만들어져 순금으로 입혀진 궤는 하나님께서 육신으로 나타나신 경건의 신비이다. 인간으로 오신 하나님은 신비이다. 신비는 알아도 이해할 수 없다. 오직 믿음으로만 받아들여져야 한다. 예수 그리스도께서는 참 하나님이시며 완전한 사람이셨다. 싯팀 나무로 만들어져 금으로 싸여 있고 금테를 두른 이 언약궤는 예수 그리스도의 두 가지 성품, 즉 완전하신 인간의 성품과 완전하신 하나님의 영원한 신성을 상징하고 있다. 예수 그리스도께서는 완전한 하나님이셨지만 완전한 인간으로서의 본성을 가지신 분이시다.

『너는 내가 네게 줄 증거판을 그 궤에다 넣어 둘지니라』(출 25:16).

하나님께서는 궤 안에다 증거판을 넣어 두라고 명령하신다. 궤의 용도는 증거판을 넣어 두는 것이다. 성경에는 "증거"라는 말이 자주 쓰인다. 언약궤도 증거궤라 부르고(민 17:4), 성막도 증거의 성막이라 부른다(민 17:7). 증거란 어떠한 사실을 확실히 나타내 보여 주는 것으로서 성막은 하나님께서 이스라엘의 하나님이시라는 사실을 증거해 준다. 이스라엘이 하나님의 백성이기에 하나님만을 섬기며 살아야 한다는 당위성을 증거해 준다. 하나님께서 어떻게 그들을 하나님의 백성으로 삼아 주셨는지 그분의 은총을 증거해 준다. 그들이 심판받는 것은 하나님 말씀에 불순종했기 때문이라는 사실을 증거해 준다. 한마디로 하나님과 이스라엘 백성 간의 관계성을 증거해 주는 것이다.

기록된 말씀이 증거판이라면 예수 그리스도께서는 말씀 자체이시다.

『태초에 말씀이 계셨고, 그 말씀이 하나님과 함께 계셨으니, 그 말씀은 하나님이셨느니라』(요 1:1). 하나님께서는 말씀이라는 수단을 통해서 자신을 나타내셨고 예수 그리스도로 나타나셨다. 예수님께서는 하나님이시며 말씀이시다.

『그 말씀이 육신이 되어 우리 가운데 거하시므로, (우리가 그의 영광을 보니, 아버지의 독생자의 영광으로) 은혜와 진리가 충만하더라』(요 1:14). "그 말씀이 육신이 되어"라는 말씀의 명백한 의미는 거룩한 구주께서 인간의 모습을 입으셨다는 것이다. 베들레헴에서 나신 분은 하나님이시며 영원한 말씀이셨다. 우리 가운데 거하신다는 의미에서 "임마누엘"이라는 단어는 "성막"과 동일한 단어이다. 하나님께서 쓰신 증거판은 성육신하셔서 백성들과 함께하시는 아들 하나님을 예표한다. 하나님께서 처음에 직접 손가락으로 쓰신 돌판은 사람인 모세에 의해 깨뜨려졌다. 사람들은 하나님께서 쓰신 기록들을 무시한다. 하나님의 말씀이신 예수님께서도 사람들에게 무시당하시고 죽임까지 낭하셨다. 하나님께서 다시 쓰신 돌판이 궤에 넣어졌듯이 예수님께서도 다시 오셔서 영광의 보좌에 앉아 왕국을 통치하실 것이다. 언약궤 안의 증거판은 육신으로 오셔서 백성들과 함께하시는 예수 그리스도를 예표하고 있다.

3) 자비석

『너는 순금으로 자비석을 만들되 그 길이는 이 큐빗 반, 그 너비는 일 큐빗 반이 되게 하고』(출 25:17). 하나님께서는 순금으로 자비석을 만들라고 하셨는데 보통의 보좌가 왕이 앉는 자리라면 이 자비석은 하나님께서 앉으시는 자리이다. (그래서 사탄은 늘 이 자비석에 앉으려고 했고, 마침내 대환란 중에는 이곳에 앉을 것이다). 바로 이 자리가 하나님께서 강림하시는 곳이다. 이 자비석은 하나님께서 쓰신 돌판을 담은 궤 위에 얹힌다.

『너는 자비석을 궤 위에다 얹고 내가 네게 줄 증거판을 궤 안에다 넣을지니라』(출 25:21). 자비석이 증거판이 든 궤 위에 얹혀진다는 것은 하나님과 율법 사이에 놓여지는 것을 말한다. 율법은 그것을 범하는 사람들에게 심판과 죽음을 요구했다. 율법은 절대로 죄를 없애거나 사람을 구원할 수 없고, 오히려 죄들을 지적하고 들춰냄으로써 사람을 정죄할 뿐이다. 우리의 죄들을 제거하시기 위해 오신 예수님께서는 이 율법에 의해 죽임을 당하셔야 했다. 이 율법이 있는 곳은 언약궤이기 때문에 언약궤 자체는 심판의 자리이며 죄인을 정죄하는 곳이다. 그러므로 언약궤에 있는 율법을 통과하여 하나님께로 나아가기 위해서는 죄를 해결해야 하는 곳이 있어야 했다. 이 죄를 해결하는 곳이 바로 자비석이다. 이 자비석은 죄를 용서해 주시기 위해 오신 예수 그리스도를 예표하고 있다.

『그런데, 보라, 사람들이 침상에 누운 한 중풍 병자를 주께 데려오니, 예수께서 그들의 믿음을 보시고 그 중풍 병자에게 말씀하시기를 "아들아, 기운을 내라. 네 죄들이 용서받았느니라."고 하시더라』(마 9:2). 예수님께서 중풍 병자의 죄들을 용서해 주시겠다고 말씀하시자 이것을 본 서기관들은 마음속으로 예수님이 하나님을 모독하는 자라고 생각했지만, 예수님께서는 그들의 생각을 아시고 그들이 마음에 악한 생각을 한다고 말씀하셨다. 그리고 『인자가 땅 위에서 죄들을 용서하는 권세를 가진 것을 너희로 알게 하려 함이라.』(마 9:6)고 말씀하셨다. 예수님께서는 자신을 십자가에 못박은 자들에게도 『아버지시여, 저들을 용서해 주옵소서. 그들은 자기들이 하는 것을 알지 못하나이다.』(눅 23:34)라고 말씀하셨다. 예수님께서는 백성들의 죄들을 용서해 주시기 위해 백성들 가운데 오신 분이시다.

『거기에서 내가 너와 만나고 또 내가 자비석 위, 증거궤 위에 있는 두 그룹 사이로부터 내가 이스라엘 자손에게 계명들로 줄 모든 것들에 관해 너와 교제하리라』(출 25:22).

이 자비석은 하나님께서 임재하셔서 모세와 교제하시는 곳이었다. 하나님께서는 자비석에 앉으셔서 모세를 만나 주시고 계명들과 규례들을 말씀하셨다. 하나님께서 성막을 만들고 자비석을 만들라고 하신 것은 하나님께서 직접 이스라엘 가운데 내려오셔서 그들과 함께 거하시면서 교제하시려는 것이었다. 사람은 성막을 통해서, 곧 자비석을 통해서 하나님께 나아갈 수 있는 것이다. 이 자비석은 하나님께서 사람들과 만나고 말씀하시기 위해 만드신 곳이다. 하나님께서는 예수 그리스도를 통해서만 죄인들을 만나 주시고 말씀하신다.

『하나님께서 세상의 기초를 놓으시기 이전에 우리로 사랑 안에서 그분 앞에 거룩하고 흠 없게 하시려고 그리스도 안에서 우리를 택하시어』(엡 1:4) 하나님께서는 사람이 예수 그리스도 안에 있을 때에 그 사람을 만나주시고 그와 교제하신다. 하나님께서는 변형산에서 제자들에게 『이는 내 사랑하는 아들이요, 그 안에서 내가 기뻐하노니 너희는 그의 말을 들으라.』(마 17:5)고 말씀하신 대로 예수 그리스도를 통해서 말씀하신다. 하나님께서는 자비석에서 모세를 만나 주시고 모든 것들에 관해 교제하셨던 것처럼 예수 그리스도 안에서 우리를 만나 주시고 말씀하시며 교제하기를 원하신다. 자비석은 하나님께서 사람을 만나시는 통로인 예수 그리스도를 예표하고 있다.

자비석은 하나님께서 인간들의 죄를 용서해 주시기 위해서, 또 사람들과 교제하시기 위해 하나님께서 만드신 곳이다. 하나님께서 거기 계셔야 인간이 하나님을 만날 수 있기 때문이다. 하나님께서 속죄와 구원 계획을 마련해 놓지 않으셨다면 인간은 하나님을 찾을 수도 만날 수도 없다. 이것은 인간이 하나님께 나아가려면 먼저 하나님께서 그 일을 시작하셔야 함을 보여준다. 하나님께서 은혜와 자비를 베풀어 주시려고 아들을 제물로 내놓을 마음을 정하지 않으셨다면 인간의 구속 사역은 불가능했다.

『나는 길이요 진리요 생명이라. 나로 말미암지 않고는 아버지께로 올 사람이 아무도 없느니라』(요 14:6). 죄인인 인간이 예수 그리스도의 십자가를 의지하지 않고서는 하나님의 임재 앞에 이를 수 없다. 주 예수 그리스도께서 오시지 않았다면 그 누구도 하나님의 자비를 바랄 수 없다.

자비를 베푸시고 죄를 용서하시는 분은 하나님이시다. 그래서 자비석인 것이다. 교회 시대에는 예수 그리스도를 구세주로 믿고 영접하여 구원받은 성도들은 예수 그리스도께서 십자가에서 흘려 주신 보혈에 근거해서 하나님의 임재 앞으로 나아갈 수 있게 된 것이다. 그리스도인은 주님 안에서 죄를 자백하고 예수 그리스도의 피로 깨끗하게 되어 주님과 교제가 있는 것이다. 자비석은 죄인들을 용서해 주시고 하나님 앞으로 인도하시는 예수 그리스도를 예표하고 있다.

4) 빵 차리는 상

『너는 싯딤 나무로 상도 만들되 그 길이가 이 큐빗이요 그 너비가 일 큐빗, 그 높이가 일 큐빗 반이 되게 하라. 너는 그것에 순금을 입히고 주위에다 금테를 두를지니라』(출 25:23,24).

이 상은 빵을 차려 놓는 상이다. 하나님께서는 언약궤와 같은 재료인 싯딤 나무로 빵 차리는 상을 만들라고 하셨는데 궤가 예수 그리스도를 상징하는 모형이었고 이 빵 차리는 상 또한 예수 그리스도를 예표하고 있다. 빵 차리는 상이 의미하는 것은 양식이다. 이 상은 빵을 차려 놓기 위해 만들어졌다. 이스라엘 백성들이 광야를 지나면서 하나님께서 이 광야에서 식탁을 마련할 수 있겠느냐고 불평했을 때 하나님께서는 광야에서 그들에게 그들이 원하는 대로 식탁을 마련해 주셨다. 다윗은 『주께서 내 원수들의 면전에서 내 앞에 식탁을 마련하시나이다.』(시 23:5)라고 말했다. 이 상은 이스라엘 백성들과 함께하시면서 그들에게 식탁의 필요를 채워 주시려는 하나님의 뜻이다. 이 빵 차리는 상은 성도들의 모든 필요를 채워 주시는 예수 그리스도를 예표하고 있다.

『그러나 나의 하나님께서 그리스도 예수를 통하여 영광 가운데서 그의 풍요함을 따라 너희의 모든 필요를 채워 주실 것이라』(빌 4:19). 그리스도인들은 모든 필요를 예수 그리스도를 통하여 하나님으로부터 공급받는다. 하나님께서는 성도들을 돌보시고 먹이신다. 하나님께서는 항상 풍성하게 주시는 분이시다. 성소의 빵을 차려 놓는 상은 성도들의 필요를 공급해 주시는 예수 그리스도를 예표하고 있다.

『너는 상 위에다 차려 놓은 빵을 놓아 항상 내 앞에 있게 할지니라』(출 25:30).

성소의 상 위에 차려 놓은 빵이 항상 있게 하라는 것이 하나님의 명령이다. 이 빵을 차려 놓은 빵이라고 부르는 것은 이 빵이 보여지기 위해서 차려진 것이기 때문이다. 제사장들은 하나님께서 보실 수 있도록 주님 앞에 빵을 차려 놓아야 했다.

『너는 주 앞 정결한 상 위에 한 줄에 여섯 개씩 두 줄로 그것들을 차려 놓을지니라』(레 24:6). 이 빵은 여섯 개씩 두 줄로 열두 개다. 열두 덩어리의 빵은 이스라엘 열두 지파를 의미한다. 이 말은 하나님께서 그들을 먹이신다는 말이다. 하나님께서는 그들을 광야에서 돌보시고 먹이셨다. 차려 놓은 빵은 하나님께서 열두 지파에게 매일 먹을 빵을 공급하심을 보여 준다. 또한 이 차려 놓은 빵은 제사장들이 열두 지파에 의존해서 살아간다는 사실을 보여 준다. 이를 통해 알 수 있는 것은 제사장들이 부르심을 받은 것은 섬김을 받으려는 것이 아니라 섬기라는 것이다.

『안식일마다 그는 그 빵을 主 앞에 계속해서 차려 놓을지니 이는 영원한 언약에 의하여 이스라엘 자손에게서 취한 것이니라』(레 24:8).

이 차려 놓은 빵은 하나님께서 일곱으로 일하시는 것을 예표한다. 빵은 안식일마다 새로 구워져서 상위에 차려진다. 여덟 번째 날은 새로운 것이 시작된다는 사실을 보여 준다.

『예수께서 그에게 대답하여 말씀하시기를 "기록되었으되 사람이 빵으로만 사는 것이 아니요, 하나님의 모든 말씀으로 사느니라."고 하시더라』(눅 4:4).

여섯 개씩 두 줄로 차려 놓은 빵은 성경 66권을 상징한다. 즉 영적 양식인 하나님의 말씀을 상징한다. 66권을 상징하는 이 차려 놓은 빵은 하나님의 말씀을 예표한다. 성도들이 살아가는 데 필요한 빵은 하나님의 입에서 나오는 모든 말씀인 기록된 말씀이다.

성소에 차려 놓은 이 빵은 하늘에서 내려오신, 살아 있는 빵이신 예수 그리스도를 예표하고 있다.

『나는 그 생명의 빵이라... 나는 하늘에서 내려온 살아 있는 빵이니 누구든지 이 빵을 먹으면 영원히 살리라. 또 내가 줄 이 빵은 세상의 생명을 위하여 줄 나의 살이라."고 하시니라』(요 6:48,51).

빵은 누구에게나 반드시 필요한 것이다. 빵은 음식 가운데 가장 기본적인 필수 식품이다. 빵은 왕이나 평민이나 가난한 사람이나 유식한 사람이나 무식한 사람이나 누구든지 먹는 음식이다. 예수 그리스도께서 바로 이런 분이시다. 예수 그리스도께서는 모든 계층, 모든 성격, 모든 환경에 처해 있는 모든 사람들의 필요를 충족시켜 주실 수 있는 분이시다. 이 말씀은 예수 그리스도께서 이 땅에 유대인만을 위해서가 아니라 생명의 빵이 필요한 모든 죄인들을 위해 오셨음을 말씀하고 있다. 빵을 차리는 상과 상 위에 차려 놓은 빵은 살아 있는 말씀이신 예수 그리스도와 기록된 말씀인 성경을 말하고 있다.

이 빵은 금으로 덮인 상 위에 놓여진다. 금은 하나님의 성품을 상징하는 것이다. 빵은 사람에게 필요한 것이고 사람이 굽는다는 사실을 통해서는 인간의 성품을 보여 준다. 영원한 말씀이신 예수 그리스도께서 하나님의 신성과 사람의 인성을 가지셨던 것처럼 하나님의 말씀인 성경도 신성과 인성의 두 가지 성품을 가지고 있다. 성소의 상과 차려놓은 빵은 기록된 하나님의 말씀과 살아 계신 말씀이신 예수 그리스도를 예표하고 있다.

5) 순금 촛대

『너는 순금으로 촛대를 만들되, 그 촛대를 두들겨서 만든 것으로 만들지니, 그 대와 그 가지들과 그 대접들과 그 꽃받침들과 그 꽃들을 같은 데서 나오게 하고, 여섯 가지를 촛대 옆쪽에서 나오게 하되 촛대의 세 가지는 이쪽에서 나오게 하고 촛대의 세 가지는 저쪽에서 나오게 하며,.... 그 꽃받침들과 그 가지들이 같은 데서 나오게 하고, 그 모든 것을 순금으로 두들겨 만든 하나의 세공품이 되게 할지니라』(출 25:31,32,36).

하나님께서 만들라고 명령하신 이 순금 촛대는 한 덩어리의 금을 두들겨서 만드는데 가운데에 한 대를 세우고 그 양쪽에 세 가지씩 뻗어 나오게 하여 일곱 개의 촛대가 달려 있지만 촛대는 하나이다. 한가운데 똑바로 서 있는 촛대를 중심으로 해서 양쪽으로 각각 세 개씩 뻗어있다. 이 금촛대의 중심 촛대는 하나님의 아들이신 예수 그리스도를 예표하고 있다.

신명기 6:4은 『오 이스라엘아, 들으라. 주 우리 하나님은 한 분 주시니』라고 했는데 성경에서 하나라는 숫자는 하나님의 신성과 주권을 나타내는 숫자이다. 이 말씀에서 한 분이라는 단어는 일반적으로 '복수이면서도 연합된 하나의 개체'를 의미한다. 즉 단일 개체가 아니라 '하나의 단일 연합체'로 삼위일체이신 하나님을 묘사하고 있는 것이다. 금촛대의 모형과 기능은 기본적으로 성령의 예표이다. 일곱 촛대가 달려 있지만 한 덩어리의 금으로 만들어진 금촛대는 한 분이신 하나님을 나타내고 있다.

『그 말씀이 태초에 하나님과 함께 계셨느니라. 만물은 그에 의하여 지은 바 되었으며, 이미 지음받은 것 가운데 그가 없이 지어진 것은 아무것도 없더라』(요 1:2,3).

하나님께서는 한 분이시며 모든 것의 시작이 되시는 분이시다. 말씀이신 그분은 태초에 하나님과 함께 계셨고, 하나님의 창조 사역은 그분을 통하여 이루어졌으며, 따라서 그 어떤 창조물도 그분 없이 만들어진 것이 없다고 분명히 말씀한다. 창세기 1장에서 하나님께서 행하신 모든 일들이 주 예수 그리스도를 통하여 이루어졌다. 『태초에 하나님께서 하늘과 땅을 창조하셨느니라.』(창 1:1)고 말씀하셨을 때, 이 하나님이 바로 예수 그리스도이시다.

『그는 몸인 교회의 머리시라. 그는 시작이시며 죽은 자들로부터 첫 번째로 나셨으니 이는 그가 만물 안에서 으뜸이 되려 하심이라』(골 1:18).

금촛대의 중심 촛대는 교회의 머리가 되시는 주 예수 그리스도를 예표하고 있다. 이 촛대는 한 덩어리의 금을 두들겨서 중심을 세우고 그 중심에서 여섯 가지가 나와 일곱 촛대가 결합된 형태의 한 촛대를 만들었다. 촛대의 맨 가운데 똑바로 뻗어 있는 것은 몸의 머리이신 예수 그리스도를 예표하고 있으며 양쪽으로 세 개씩 뻗어 나온 여섯 개의 가지들은 그리스도의 몸인 지체들과 교회를 예표하고 있다. 교회는 예수 그리스도께서 상처받으신 옆구리에서 나온 새로운 피조물이며 주님의 몸에서 쏟아져 나온 피로 구속받아 예수 그리스도와 한 몸이 된 주님의 지체들이다. 예수 그리스도만이 교회의 주인이시며 머리가 되시는 분이시다. 교회 위에 교단을 두고 있는 교회들은 교회의 머리이신 주 예수 그리스도로부터 나온 가지들이 아니라 다른 머리에서 나온 가지들이다.

『나는 포도나무요, 너희는 그 가지들이라. 그가 내 안에 내가 그 안에 거하면 그 사람은 많은 열매를 맺느니라. 이는 나를 떠나서는, 너희가 아무것도 할 수 없기 때문이라』(요 15:5).

예수 그리스도께서 직접 하신 이 말씀은 그리스도인이 꼭 간직하고 있어야 할 말씀이다. 예수 그리스도는 포도나무이며 구원받은 성도들은 포도나무에 붙어 있는 가지들이다. 중심 촛대에서 나와 양쪽에 붙어 있는 촛대들과 같다. 구원받은 우리는 예수 그리스도 안에 거하고 주님을 통해서만 열매를 맺을 수 있다. 우리가 나무에 붙어 있으면 주님께서는 우리를 보존하시고 가지들마다 열매를 맺게 해 주신다. 그러나 우리가 그분을 떠난다면 사람은 아무것도 할 수 없다는 것이 주님의 말씀이다. 이 촛대는 기둥 하나에 여섯 가지가 붙어 있다. 여섯이라는 숫자는 사람의 숫자이다. 주님과 떨어져 있다면 사람은 아무것도 할 수 없는 것이다. 여섯 가지는 믿음으로 그리스도께 연합되어 한 몸이 된 그리스도인을 의미하고 있다. 이 촛대의 가지는 일곱 개지만 오직 하나의 촛대이다. 일곱은 완성을 의미하는 숫자이다. 모든 그리스도인이 그리스도께 연합됨으로 주님 안에서 한 몸으로 완전하게 되는 것이다. 일곱 가지이지만 한 덩어리로 만들어진 금촛대는 교회의 머리이신 주 예수 그리스도를 예표하고 있다.

6) 오소리 가죽 덮개

『너는 붉게 물들인 숫양의 가죽으로 장막 덮는 것을 만들고 오소리의 가죽으로 위에 덮는 것을 만들지니라』(출 26:14).

하나님께서는 모세에게 성막을 덮을 덮개들을 만들라고 하셨는데 성막의 덮개는 한 번 덮는 것이 아니라 네 번 덮게 된다. 첫 번째 덮개는 가늘게 꼰 베실과 청색, 자색, 주홍색 실로 만든 것인데 정교한 솜씨로 만든 그룹들이 그려져 있는 휘장이다(출 26:1). 두 번째 덮개는 염소털로 만든 휘장이며(출 26:7), 세 번째 덮개는 숫양 가죽으로 만든 휘장이고(출 26:14), 네 번째 덮개는 오소리 가죽으로 만든 휘장이다(출 26:14).

오소리의 가죽은 제일 마지막 네 번째 덮개이다. 오소리 가죽으로 만든 이 덮개는 두꺼우며 비바람에도 잘 견딜 수 있는 층으로 만들어진 보호막이었다. 이것은 성막 안에 있는 귀중한 기구들을 강한 햇빛과 모래 폭풍과 비바람으로부터 보호하는 역할을 하였다. 바깥 덮개가 성막 내부의 아름다움을 나타내거나 금빛 찬란한 영광을 짐작하게 해 주는 점이라곤 전혀 없다.

성막은 황폐하고 삭막한 광야에 있다(신 32:10). 마치 커다란 회색빛의 관을 보는 것 같다. 외부에서 성막을 본다면 우중충하고 어둡게 보이며 매력도 없고 평범한 천막에 불과하다. 성막의 맨 위를 덮고 있던 오소리 가죽은 그 모습이 투박하여 성막의 외양을 실로 볼품없게 했다. 그러나 바로 그 성막 안 지성소에는 하나님께서 임재하여 계신다. 투박한 가죽 덮개로 덮인 성막의 겉모습은 하나님이시지만 육신을 입고 오신 예수님의 겉모습과 같다.

『이는 그가 그 앞에서 연한 싹 같고 마른 땅에서 나온 뿌리같이 자랄 것이며, 그는 모양도 우아함도 없으시니 우리가 볼 때에 그를 흠모할 아름다움도 없음이라』(사 53:2).

예수님께서 초림 당시 인간의 몸을 입고 이 땅에 오셨을 때는 모양도, 우아함도, 흠모할 아름다움도 없으셨다. 이 때문에 사람들에게서 멸시받고 거부되셨으며, 슬픔의 사람이요 질고에 익숙한 분으로 여겨지셨다(사 53:3). 유대인들은 그들의 메시아로 오신 분을 그분의 외모만 보고 "어떻게 당신 같은 사람이 하나님의 아들이냐?"라며 배척하거나 외면했고, 그 분을 존중하는 사람이 거의 없었다. 그분은 그냥 요셉의 아들 나사렛 예수였다. 세상적으로 볼 때 예수 그리스도는 흠모할 만한 부분이 전혀 없다. 그러나 믿음의 눈으로 볼 때 예수 그리스도께서는 "골짜기의 백합화"(솔 2:1)이고 "일만 명 가운데 가장 뛰어난 자"(솔 5:10)이시며 참으로 모든 것이 사랑스러운 분이시다(솔 5:16). 예수 그리스도를 올바로 알기 위해서는 그분 안에 들어가야만 한다(골 2:10-12).

『나다나엘이 그에게 말하기를 "나사렛에서 무슨 좋은 것이 나올 수 있느냐?"고 하니, 빌립이 그에게 말하기를 "와서 보라."고 하더라』(요 1:46).

예수님을 만났던 빌립이 나다나엘에게 가서 요셉의 아들 나사렛 예수를 전하자 나다나엘은 이렇게 반응했다. 예수님을 요셉의 아들로 알고 있던 바리새인들과 유대인들은 그분이 하신 말씀을 듣거나 행하신 기적을 보고도 예수님을 믿지 못했다. 유대인들은 예수님의 겉모습 안에 있는 감추어진 그분의 신성을 볼 수 없었다. 자기 백성들을 구원하시기 위해 오신 예수님의 겉모습은 오소리 가죽으로 덮인 성막처럼 볼품이 없었다. 말 그대로 목수의 아들이었고, 보통의 사람들처럼 모친인 마리아가 낳은 그의 형제자매들이 있었다.

성경에는 외모 때문에 존중받지 못한 인물들이 나온다. 선지자 엘리사는 아이들에게 대머리라는 놀림을 받았고(왕하 2:23), 사도 바울 역시 그의 외모 때문에 『너희는 모든 것을 외모로만 보느냐?』(고후 10:7)라고 항변해야 했다.

사람은 외모로 모든 것을 판단하려 하지만 때론 외모와 달리 대단한 존재인 것을 알게 돼 무척 놀라기도 한다. 산헤드린 공회의 장로들과 관원들은 베드로와 요한을 배우지 못한 무식한 어부라고 무시했다가 그들이 전하는 말을 듣고서 놀랐고(행 4:13), 엘리사는 그 어떤 선지자들보다도 많은 기적을 행했으며, 바울은 가장 위대한 사도임이 판명되었고, 사람들이 볼 때에 흠모할 아름다움이 없으셨던 예수 그리스도께서는 그분의 부활을 통해 인류를 구원하시는 하나님의 아들이심이 입증되었다(롬 1:4). 하나님은 사람을 외모로 보지 않으신다.

이것은 이 시대의 그리스도인에게도 해당이 된다. 그리스도인이라고 해서 특별한 표시가 나는 것은 아니다. 어쩌면 바울처럼 보통 사람들보다 더 형편없는 외모나 지위를 가지고 있을 수도 있다. 그러나 그리스도인의 안에는 성령이 계신다. 사람들에게 어떻게 보이든지 그리스도인은 이 시대의 성전으로서 자신의 몸을 정결하게 하고 주님으로부터 받은 빛을 세상에 비추어야 한다. 오소리 가죽으로 덮인 성막의 볼품없는 겉모습은 육신을 입고 오신 예수 그리스도를 예표하고 있다.

7) 세 개의 휘장 문

『뜰의 문에는 청색, 자색, 주홍색 실과 가늘게 꼰 베실로 바느질해서 만든 이십 큐빗의 막이 있게 할지니, 그 기둥이 넷이요, 그 받침도 넷이며』(출 27:16).

모든 건축 구조물에 문이 있듯이 성막에도 들어오고 나가는 문이 있다. 죄인이 밖에서 성막의 세마포 울타리를 넘어가거나 그 밑으로 뚫고 들어갈 수는 없다. 성막 뜰의 문은 죄인이 밖에서 접근하여 지성소에 계신 하나님께 나아갈 수 있는 유일한 통로이다. 그 문은 폭이 9m, 높이가 2.25m로 넓은 문이었다. 이 문은 하나님께로 다가가는 유일한 길인 예수 그리스도를 예표하고 있다

『나는 그 문이라. 누구든지 나를 통하여 들어가면 구원받을 것이며 또 들어가며 나오며 초장을 찾으리라』(요 10:9).

누구든지 하나님께 용서받고 구원받기 위해서는 예수 그리스도를 통하여 들어가야만 한다. 죄인들은 예수 그리스도라는 문을 통해 성막의 뜰을 밟을 수 있고 제물을 드리고 죄를 용서받을 수 있다. 성막으로 들어가는 다른 문이란 있을 수 없다.

『그러므로 다른 이에게는 구원이 없나니 이는 하늘 아래서 우리가 구원을 받을 수 있는 다른 이름을 인간에게 주신 적이 없음이라."고 하더라』(행 4:12).

세상에는 불교, 유교, 천주교 등 많은 종교들이 있지만 이것들은 모두 마귀가 사주하여 그의 종들인 사람이 만들어 낸 것이다. 사람들은 자신들이 믿는 종교를 통해 구원받을 수 있으리라고 생각하고 그 신을 믿는다고 열성을 다할지 모르지만 하나님께서는 다른 종교에는 구원이 없다고 분명히 밝히셨다. 종교가 존재하는 이유가 무엇인가? 종교에서 가장 중요한 것은 구원에 관한 문제이다. 종교는 믿는 사람들을 죄의 형벌과 죽음과 지옥의 심판으로부터 구원할 수 있어야 하는 것이다.

예수 그리스도께서는『인자가 온 것은 잃어버린 자를 구원하려는 것이라.』(마 18:11)고 말씀하심으로써 자신이 이 땅에 오신 목적을 분명히 밝히셨다. 예수 그리스도께서는 이 일을 완성하셨고 그것을 믿는 사람들은 구원을 받게 되는 것이다. 죄인이 구원받을 수 있는 길이 여럿이라면, 예수 그리스도께서는 오실 필요가 없으셨다. 성막의 뜰로 출입하는 유일한 문은 구원의 길로 인도하시는 주 예수 그리스도를 예표하고 있는 것이다. 죄인들을 구원으로 인도하는 이 문은 누구에게든지 넓게 열려 있다.

장막 뜰의 문은 폭이 9m나 되는 넓은 문이다. 그 문은 자신의 죄 문제를 용서받고 해결하려는 죄인들이라면 누구든지 들어갈 수 있는 문이다. 그 누구도 그 문으로 들어가는 사람을 막지 않는다. 하얀 세마포로 울타리가 처진 벽으로는 아무도 들어갈 수 없지만, 동쪽의 넓은 문으로는 누구든지 들어갈 수 있다. 이 문은 하나뿐이다. 그 문은 주 예수 그리스도이시다. 하나님의 아들이신 예수 그리스도를 통해 들어가지 않으면 그 누구도 하나님께 나아갈 수 없다.

『"진실로 진실로 내가 너희에게 말하노니, 양우리에 문으로 들어가지 아니하고 다른 길로 넘어 들어가는 자는 도둑이요 강도라』(요 10:1).

양우리로 들어가는 문은 하나뿐인데 사탄은 사람이 다른 길로도 하나님께 갈 수 있다고 주장하면서 많은 길을 만들어 냈다. 복음을 전하다 보면 모든 종교가 같다거나 가는 길은 달라도 모든 교회가 한 장소로 가고 있다고 말하는 자들이 많이 있는데 마귀에게 속은 자들이다. 주 예수 그리스도 이외의 모든 길은 기만의 길이며 멸망으로 인도하는 길이고 사망으로 인도하는 길이며 죽는 즉시 지옥으로 곧장 가는 길이다. 성막 뜰의 문은 모든 죄인들을 구원에 이르게 할 수 있는 유일한 문이 되시는 예수 그리스도를 예표하고 있다.

『너는 장막문에 막을 만들되, 청색, 자색, 주홍색 실과, 가늘게 꼰 베실로 바느질해서 만들지니라』(출 26:36).

성막의 휘장 문을 지나 뜰에 들어가면 성소가 나타난다. 성소로 들어가는 문은 청색, 자색, 주홍색 실과 가늘게 꼰 베실로 바느질해서 만든 휘장이다. 이 성소의 휘장은 기둥이 다섯 개다. 성경에서 "다섯"은 죽음을 나타내는 숫자이다.

제사를 드리기 위해 성소에 들어가는 제사장은 항상 자신을 돌아봐야 한다. 이 성소는 성막의 첫 번째 부분으로 성막의 외부와 차단되어 있다. 이 휘장은 성소의 문이다. 성소에 들어가려면 누구나 이 휘장을 통과해서 들어가야 한다. 이 휘장 안에는 아무나 들어갈 수 없고 이스라엘의 제사장들만 들어갈 수 있다. 성소로 들어가는 장막문의 휘장은 예수 그리스도를 예표하고 있다.

『그러므로 예수께서 다시 그들에게 말씀하시기를 "진실로 진실로 내가 너희에게 말하노니, 나는 양들의 문이라』(요 10:7).

이 말씀은 예수 그리스도로 말미암지 않고는 그 누구도 하나님 앞에 나아갈 수 없다는 뜻이다. 육신을 입고 오신 예수 그리스도가 아니시고는 그 누구도 이런 말을 할 수 없다. 성소로 들어가 하나님께 나아갈 수 있는 길은 오직 한 문밖에는 없다. 가늘게 꼰 베실로 바느질해서 만든 하얀 세마포는 하나님의 의이신 예수 그리스도와 관계가 있다. 죄인들은 자신의 선행이나 의나 도덕적인 삶으로는 하나님께 접근할 수 없다. 그러나 예수 그리스도께서 그 문이 되어 주심으로써 그 문을 통과해 하나님께 나아갈 수 있게 된 것이다. 성소의 휘장은 양들을 위하여 자신의 생명을 내놓으려고 오신 예수 그리스도를 예표하고 있다.

『너는 청색, 자색, 주홍색 실과 정교한 솜씨로 가늘게 꼰 베실로 휘장을 만들되, 그것을 그룹들과 더불어 만들지니라』(출 26:31).

성막은 성소와 지성소로 나누어지는데 그 기준은 지성소 앞의 휘장이다. 성소의 휘장은 기둥이 다섯 개였는데 지성소의 휘장은 기둥이 네 개이며 지성소의 휘장에는 정교한 솜씨로 그룹들이 새겨져 있다. 지성소의 휘장은 성막의 뜰이나 성소의 휘장과 똑같이 청색, 자색, 주홍색 실과 베실을 재료로 썼지만 똑같지는 않다. 다른 휘장에는 그룹들이 없었지만, 지성소의 휘장에는 그룹들이 새겨져 있다. 그룹들은 하나님의 임재하심을 나타내는 것이고, 지성소는 임마누엘이신 주님께서 하나님의 백성들과 함께하시는 장소이다. 지성소는 대제사장이 일 년에 한 번 속죄일에 들어가 이스라엘 백성들의 죄를 용서받기 위해 피를 뿌리는 장소이다. 지성소의 휘장 문은 대제사장이신 주 예수 그리스도를 예표하는 모형이다.

네 가지 색으로 만든 성막의 휘장 문들은 예수 그리스도의 생애 중에서 네 가지 사역을 상징하고 있다. 청색, 자색, 주홍색 실과 가늘게 꼰 베실로 바느질해서 만든 휘장의 네 가지 색은 각 색마다 예수 그리스도의 특성과 성품에 대해 예시하고 있다. 청색은 하늘을 상징하는 색으로서 하나님이신 예수 그리스도의 신성을 나타낸다. 자색은 왕권의 표시로서 왕을 의미하는 색이다. 주홍색은 피의 색으로 희생을 나타낸다. 베실의 하얀색은 완전함과 의를 상징하는 색이다.

이 네 가지 색은 성경에 기록된 네 가지의 복음을 계시하고 있다. 청색은 하나님으로부터 보내심을 받은 하나님의 아들, 즉 하나님의 신성을 강조하는 요한복음을 나타낸다. 자색은 유대인의 왕으로 오신 예수 그리스도를 증거하는 마태복음을, 주홍색은 고난받는 종으로 오신 예수 그리스도를 기록한 마가복음을, 하얀색은 사람으로 오셨지만 죄가 없으셨던 예수 그리스도의 인성을 나타내는 누가복음을 예표하고 있다. 이 네 가지 복음서의 기록들이 합쳐져서 예수 그리스도의 생애를 증거하고 있다.

성막은 시작부터 끝까지 의로 심판하시는 하나님의 임재하심과 죄에 대한 용서와 구속에 대해 말씀하고 있다. 사람들의 의와 심판과 구속을 완성하시는 분은 주 예수 그리스도이시다. 성막의 휘장 문들은 구속의 주체이신 예수 그리스도를 예표하고 있다.

성막의 뜰로 들어가는 문에는 성소 앞에 걸려 있는 휘장(출 26:36)과 같은 휘장이 있다. 그러나 뜰로 들어가는 문은 제물을 드리는 사람들에게 열려 있다는 점이 다르다. 누구든지 죄를 용서받기 위해서는 성막 뜰의 휘장 문으로 들어 갈 수 있다. 그러나 성소에 있는 휘장 문은 레위인들과 제사장들만 들어갈 수 있다. 일반 백성들이 잘못 들어가면 죽음을 면치 못한다. 그리고 지성소에 있는 휘장 문은 대제사장만 들어갈 수 있다. 이스라엘의 대제사장인 아론의 원형은 주 예수 그리스도이시다. 예수 그리스도께서 그 휘장 안으로 들어가셔서 우리의 죄 문제를 해결하심으로 우리는 셋째 하늘과 하나님의 보좌로 들어갈 때 하나님의 의와 거룩함을 가지고 들어갈 수 있는 것이다.

성막의 뜰에 있는 휘장 문은 예수 그리스도의 모형이 된다. 죄 문제를 해결하고 구원받기 원하는 사람은 반드시 예수 그리스도 앞으로 나와 구원받아야 한다. 성소에 있는 휘장 문은 구원받은 성도들과 함께 동행하시는 주 예수 그리스도의 모형이다. 주님께서는 하나님의 말씀들과 성령의 인도하심 앞으로 성도들을 이끌어 주시는 분이시다. 예수 그리스도께서는 자신의 피로 한 번 이 참된 성소에 들어가셔서 영원한 구속을 이루셨다. 성소와 지성소 사이에 있는 휘장 문은 우리의 대제사장의 역할을 담당하시는 주 예수 그리스도의 모형이다.

2. 대제사장 아론의 의복

『너는 이스라엘 자손 가운데서 네 형 아론과, 그의 아들들을 그와 함께 네게로 오게 하여 그가 제사장 직분으로 나를 섬기도록 할지니, 아론과 아론의 아들들인 나답, 아비후, 엘르아살과 이다말이라』(출 28:1).

하나님께서는 이스라엘 자손들의 대제사장으로 아론을 선택하셨다. 아론은 하나님 앞에서 이스라엘을 대표하여 대제사장 직분으로 하나님을 섬기기 위해 기름부음을 받은 것이다.

『사람들 중에서 택함을 받은 대제사장마다 사람들을 위하여 임명을 받아 하나님께 속한 일들을 하게 되나니, 이는 그로 예물과 속죄를 위한 희생제물을 드리게 하려는 것이라... 이런 존귀는 아무나 스스로 취하는 것이 아니라 아론과 같이 하나님께 부르심을 입은 자라야 하느니라』(히 5:1,4).

아론이 이스라엘을 위해 대제사장으로 선택을 받았다면 예수 그리스도께서는 그리스도인들을 대표하시기 위해 하나님의 택하심을 받으신 분이시다. 그리스도인은 예수 그리스도와 함께 죽었고 그리스도와 함께 살아났고, 그리스도께서는 성도들을 위해 하나님께 중보하신다. 예수 그리스도께서는 우리를 살리시기 위해 그분 자신을 드리셨다. 자신에게는 아무런 죄가 없으셨지만 대제사장의 직분에 따라 자신을 드리셨고 이로 인해 그리스도의 대제사장 직분은 변하지 않으신다. 이스라엘의 레위인 대제사장 아론은 멜키세덱의 계열에 따른 영원한 대제사장이신 주 예수 그리스도를 예표하는 인물이다.

1) 영광과 아름다움을 위한 거룩한 의복

『너는 네 형 아론을 위하여 영광과 아름다움을 위한 거룩한 의복을 만들지니라』(출 28:2).

하나님께서는 모세에게 대제사장 아론이 입을 의복을 만들라고 말씀하셨는데, 하나님께서 말씀하신 아론의 의복은 영광과 아름다움을 위한 거룩한 의복이라고 말씀하셨다. 이 의복은 아론이 제사장의 직무에서 섬길 수 있도록 만들어질 것이었다. 아론은 이 높고 거룩한 직무를 위한 그의 의복 때문에 대제사장으로서 적합하게 되었다.

이 거룩한 의복은 아론이 소유하지 않았던 영광과 아름다움으로 그를 덮어 아론에게 대제사장으로서의 위엄을 부여했다. 영광과 아름다움을 위한 거룩한 의복은 거룩하고 아름다우신 주 예수 그리스도를 예표하고 있다.

『과연 주께서 기름부으신 주의 거룩하신 아들 예수를 대적하여 헤롯과 폰티오 빌라도가 이방인들과 이스라엘 백성들과 함께 모였으니... 주의 손을 펴시어 병을 낫게 하시며, 또 표적들과 이적들이 주의 거룩하신 아들 예수의 이름으로 일어나게 하소서." 하더라』(행 4:27,30).

"주의 거룩하신 아들"이라는 이 표현은 예수님께서 태어나실 때부터 거룩하고, 순수하고, 죄 없으시며, 악이 없으심을 보여 준다. "주의 거룩하신 아들"이라는 말씀은 예수 그리스도께서 거룩하신 하나님의 아들이시라는 예수 그리스도의 신성과 죄 없으심을 동시에 말씀하신 것이다.

예수 그리스도께서는 흠도 없고 허물도 없고 죄가 없으신 거룩하신 분이시다. 예수 그리스도께서는 그분의 생애 가운데 죄가 전혀 없으셨던 유일한 분이시다. 예수 그리스도에 관해 쓰여진 그 어떤 책에서도 예수님께서 죄를 지으셨음을 목격했다거나 밝히는 기록이 전혀 없다.

그리스도인들은 거룩하신 예수 그리스도로 옷 입은 사람들이다. 로마서 13:14은 『오직 주 예수 그리스도로 옷입고 정욕을 채우려고 육신을 위해 계획하지 말라.』고 말씀하고 있다. 주 예수 그리스도로 옷입는다는 것은 교리적인 표현이 아니라 비유적인 표현이다. 왜냐하면 교리적으로 주 예수 그리스도께서는 이미 그리스도인 안에 들어와 계시기 때문이다. 그럼에도 이렇게 말씀하시는 것은 예수 그리스도께서는 마치 옷과 같아서 누구든지 구원받는 순간 예수 그리스도라는 새 옷으로 갈아입는 것처럼 되기 때문이다. 구원받을 때 성도는 하나님의 영광과 아름다움을 위한 거룩한 의복인 주 예수 그리스도로 옷을 갈아입게 된다.

『하나님을 따라 의와 참된 거룩함 안에서 창조된 새 사람을 입으라』(엡 4:24).

새 사람은 예수 그리스도이시다. 새 사람은 성도 안에 계신 주 예수 그리스도이시다. 성도 안의 새 사람은 날마다 새로워지고 다시는 썩어진 옛 사람의 상태로 돌이킬 수 없다. 새 사람을 입기 위해서는 먼저 옛 사람을 벗어야 한다. 그리스도인은 분노와 성냄과 악의와 하나님을 모독하는 것과 입에서 나오는 추잡한 말들과 거짓말하는 옛 사람을 벗어 버리고, 창조하신 분의 형상을 따라 지식 안에서 새롭게 된 새 사람을 입게 된 것이다. 사람이 자기가 입은 옷으로 식별되는 것처럼, 그리스도인들은 자기가 그리스도로 옷 입고 자기의 전 생애 동안 새로운 성품으로 그리스도를 나타내는 삶을 사는 것으로 식별되어야 한다. 입는 옷이 매일 다른 사람에게 보이는 것처럼 그리스도인들도 매일 주 예수 그리스도로 옷 입어야 한다. 아론을 위하여 만들어진 영광과 아름다움을 위한 거룩한 의복은 구원받은 성도들을 의와 참된 거룩함 안으로 옷 입혀 주시는 주 예수 그리스도를 예표하고 있다.

2) 정교한 솜씨로 만들어진 에봇

『그들이 금실과 청색, 자색, 주홍색 실과 가늘게 꼰 베실을 써서 정교한 솜씨로 에봇을 만들되』(출 28:6).

에봇은 겉옷 위에 입는 조끼 같은 옷이지만 측면이 없고 앞과 뒤만 있는 옷이다. 에봇은 두 개의 어깨띠로 대제사장의 가슴과 등에 매달려 있는 모양을 하고 있다. 에봇은 금실과 청색, 자색, 주홍색 실과 가늘게 꼰 베실로 만든다. 에봇을 만들 때 들어간 실들은 순서대로 신성, 하늘, 왕권, 피, 의를 상징하고 있다.

『그들은 금을 두들겨서 얇은 판들을 만들고, 그것을 잘라서 철사들을 만들어 청색, 자색, 주홍색 실과, 가는 베실에 섞어 정교한 기술로 만들었더라』(출 39:3).

에봇이 만들어진 재료들은 예수 그리스도의 두 가지 성품을 예표하고 있다. 금은 예수 그리스도의 신성을, 베실은 예수 그리스도의 인성을 예표한다. 에봇은 금실과 베실로 짜여져 있다. 베실을 찢거나 손상하지 않고서는 베실에서 금을 분리할 수 없다. 마찬가지로 금을 구부리거나 비틀지 않고는 베실을 분리할 수 없을 것이다. 에봇을 파괴하지 않고서는 두 가지 재료를 분리할 수 없다. 이것은 어떤 식으로든 예수 그리스도의 두 가지 본성을 분리할 수 없다는 것을 보여 주고 있다. 예수 그리스도의 인성과 그분의 신성은 완벽하게 혼합되어 있다. 예수님께서는 "인자"로 오신 분이시며(눅 19:10), 또한 "하나님의 아들 예수님"이시다 (히 4:14).

에봇은 예수 그리스도의 직분을 예표하고 있다. 사무엘상 2:18은 『그러나 사무엘은 아이였을 때 세마포 에봇을 입고 주 앞에서 섬겼더라.』고 했는데 사무엘은 선지자로서 에봇을 입었다. 사무엘상 22:18은 『그러자 왕이 도엑에게 말하기를 "네가 돌이켜 제사장들을 처치하라." 하니 에돔인 도엑이 돌이켜 제사장들을 처치하여 그 날에 세마포 에봇을 입은 팔십오 명을 죽이니라.』고 했는데 제사장들도 에봇을 입었다. 사무엘하 6:14은 『그때 다윗이 주 앞에서 그의 온 힘을 다하여 춤을 추었는데 그가 베 에봇을 입었더라.』고 했는데 다윗은 왕으로서 에봇을 입었다. 이와 같이 에봇은 선지자, 제사장, 왕으로 오신 예수 그리스도의 세 가지 직분에 대한 완전한 예표를 나타내고 있다.

3) 에봇 위에 있는 정교한 허리띠

『에봇 위에 있는 정교한 허리띠는 그 방법대로 같은 것으로 만들지니, 금실과 청색, 자색, 주홍색 실과 가늘게 꼰 베실로 할지니라』(출 28:8).

정교한 허리띠 역시 에봇을 만들 때 언급된 같은 색깔의 실들로 만들어진다. 허리띠는 흔히 매는 벨트와 같다. 이 허리띠가 에봇을 제사장의 허리에 고정시켜 준다. 요즈음 바지에 매는 허리띠도 바지의 한 부분이듯이 "정교한 허리띠"는 에봇의 한 부분이라는 면에서 "정교한" 허리띠이다. 제사장들인 아론의 모든 아들들은 보통의 허리띠들을 띠고 있다(출 28:40). 제사장들의 이 허리띠들은 아론의 의복들처럼(출 28:2) "영광과 아름다움"을 위한 것이다.

『저녁 식탁에서 일어나시어 옷을 벗어 한쪽에 놓고 수건을 가지고 허리에 두르시더라. 대야에 물을 부으신 후 제자들의 발을 씻어 주시며, 또 허리에 두른 수건으로 닦아 주시기 시작하고』(요 13:4,5).

아론의 정교한 허리띠는 생애 가운데 제자들을 섬기시는 예수님에 대한 예표가 된다. 이 말씀에서 예수님께서는 종들의 종으로서 섬김을 실행하시는 모습을 보여 주신다. 예수님께서는 제자들과의 마지막 유월절의 저녁 식사 자리에서 일어나셔서, 그분의 의복을 따로 놓으시고, 수건을 취하셔서 자신의 허리에 두르셨다. 대야에 물을 부으시고 제자들의 발을 씻기신 다음 허리에 두르셨던 수건을 가지고 그들을 닦아 주심으로 섬기는 종의 모습을 보여 주셨다.

하나님께서는 『내가 드높이는 나의 종을 보라.』(사 42:1)고 말씀하셨고, 바울도 예수 그리스도를 『자신의 영예를 버리시고 종의 형체를 입으』신 분이(빌 2:7)라고 말했으며, 예수님께서도 『나는 섬기는 자로 너희 가운데 있느니라.』(눅 22:27)고 말씀하셨다.

예수님께서 육신을 입고 오셨을 때 그분의 허리는 베들레헴 구유에 놓여 포대기로 싸여 있었다. 그 허리는 섬김으로 본을 보이실 때 수건으로 싸여 있었다. 정교한 허리띠는 허리를 강하게 하는 의미이며 섬김의 상징으로 예수 그리스도를 예표하고 있다.

4) 심판의 흉배

『너는 심판의 흉배를 정교한 솜씨로 만들되 에봇의 솜씨에 따라 만들며 금실과 청색, 자색, 주홍색 실과 가늘게 꼰 베실로 그것을 만들지니라』(출 28:15).

흉배는 에봇과 허리띠와 같은 재료로 만들었고 동일하게 예수 그리스도의 신성과 인성을 예표한다. 흉배의 크기는 가로와 세로가 똑같이 한 뼘인 정사각형이며 대제사장이 가슴에 착용하기 전에는 두 겹의 상태이다. 흉배에는 네 줄이 있는데 한 줄에 세 개씩 총 열두 개의 보석이 달려 있다. 이 보석들은 금에다 끼우게 되어 있고 이 흉배는 두 개의 금사슬로 지탱되며 이 두 금사슬은 대제사장의 어깨 위에 있는 얼룩마노에 고정되어 있다.

『이 보석들에 이스라엘 자손의 이름들을 있게 할지니, 열둘을 그들의 이름들에 따라 인장을 새기듯이 할 것이요, 각 보석에 열두 지파에 따라 그 이름이 있게 할지니라』(출 28:21).

흉배에 달려 있는 열두 가지의 보석들은 이스라엘의 열두 지파를 상징하고 있다.

『아론이 성소에 들어갈 때는, 그의 가슴 위, 심판의 흉배에 이스라엘 자손의 이름들을 지녀, **주** 앞에 지속적인 기념을 삼으라』(출 28:29).

그들의 조상으로 인해 선택받은 이 민족은 하나님의 마음 안에 있었고 하나님의 백성으로서 또한 하나님의 아내로서 사랑받는 민족이다. 이스라엘의 대제사장 아론은 하나님 앞에 나아갈 때 그의 가슴에 이스라엘 열두 지파의 이름이 새겨진 옷을 입고 들어갔다. 하나님께서는 그가 드리는 제물을 받으시고 이스라엘의 죄들을 용서해 주셨다. 하나님께서 그들을 사랑하신다고 해서 그들의 죄가 그냥 용서받는 것은 아니다. 하나님께서는 그들의 죄를 미워하셨고 그들의 죄를 담당하는 자로 하나님께 부름받은 아론의 가슴 위에 심판을 내리심으로 그들의 죄를 용서해 주신 것이다.

아론은 이스라엘 백성들의 죄를 담당하는 자로서 흉배를 입고 하나님 앞에 나아갔다. 아론의 가슴에 있는 흉배는 예수 그리스도의 성도들에 대한 사랑을 예표하고 있다.

『그러자 그가 예수의 가슴에 의지한 채 주께 말씀드리기를 "주여, 그가 누구니이까?"라고 하니』(요 13:25).

아론의 가슴에는 이스라엘이 있었다. 예수 그리스도의 가슴에는 교회를 예표하는 사도 요한이 기대어 있었다. 지금 예수 그리스도의 가슴에는 교회가 기대어 있다.

『이것은 위대한 신비라. 그러나 나는 그리스도와 그 교회에 관하여 말하노라. 그러므로 너희도 각기 자기 아내를 자신처럼 사랑하고 또 아내도 그 남편을 경외하라』(엡 5:32,33).

아론의 가슴에 있는 흉배는 교회를 사랑하시는 예수 그리스도를 예표하고 있다. 아론이 이스라엘의 죄를 담당하는 대제사장으로서 심판의 흉배를 입고 하나님 앞에 나아갔듯이 우리의 위대한 대제사장이신 주 예수 그리스도께서는 주 하나님의 오른편에서 그분의 사랑하는 성도들의 죄를 감당하시고 중보하시는 분이시다.

5) 우림과 둠밈

『너는 심판의 흉배 안에 우림과 둠밈을 넣어, 아론이 주 앞에 들어갈 때에, 그것들이 아론의 가슴에 있게 하라. 또한 아론은 주 앞에서는 지속적으로 그의 가슴 위에 이스라엘 자손의 심판을 지닐지니라』(출 28:30).

성막에 있는 모든 기명들은 다 사람이 만들었지만 우림과 툼밈은 사람이 만들지 않았다. 우림과 툼밈에 대해서는 단지 그것을 흉배 안에 "넣으라."고만 말씀하셨다. 이 우림과 툼밈은 레위기 8:8, 신명기 33:8, 민수기 27:21, 사무엘상 28:6, 에스라 2:63, 느헤미야 7:65에 언급된다. 이것들은 앞으로 일어날 일을 알아보는 것과 분명하게 관계가 있다.

민수기 27:21은 『그는 제사장 엘르아살 앞에 설 것이요, 엘르아살은 그를 위하여 주 앞에서 우림의 판결에 따라 물을 것이며 그와 온 이스라엘 자손, 곧 온 회중이 그의 말에 따라 나가고 그의 말에 따라 들어올 것이니라." 하시니라.』라고 했는데 이때는 모세가 여호수아를 후계자로 임명할 때이다. 이때 제사장 엘르아살이 먼저 "우림의 판결"에 따라 묻고 온 회중 앞에서 여호수아에게 안수함으로써 이루어졌다(민 27:23).

"우림"이란 하나님의 뜻을 보여 주시기 위해 대제사장인 아론의 흉배에 넣어두라고 말씀하신 도구이다. 제사장이 하나님의 뜻을 물을 때 우림에서 빛이 나와 그 뜻을 알려 주시는 것이다. 하나님께서는 여호수아가 하나님의 택하신 자라는 사실을 온 백성 앞에서 이렇게 선포해 주셨다. 하나님께서는 우림과 툼밈을 통하여 하나님의 뜻을 묻는 이스라엘 백성들에게 단순한 "예," "아니오" 이상의 답변을 들을 수 있게 하신 것이다. 우림과 툼밈은 하나님께서 예언을 하실 때 사용하신 것으로서 사람이 만든 것이 아니다.

우림과 툼밈은 "빛"과 "온전함"이라는 뜻인데, 이것은 흉배에 단 열두 가지 보석 외에 추가로 넣어진 것이며, 특별한 방법으로 이스라엘 백성들에 대한 하나님의 뜻이 제시되는 도구이다. 구체적인 상황은 알 수 없으나, 이스라엘 백성들은 종종 대제사장의 옷을 통해 제시되는 하나님의 뜻을 기다리곤 했다. 이러한 우림과 툼밈은 초림하신 예수님께서 백성들의 질문에 대답하시는 것과 앞으로 있을 일들에 대해 예언하시는 것에 대한 예표가 된다.

예수 그리스도의 초림 당시 주님께서는 지상 사역을 하시면서 많은 질문을 받으셨는데, 그중에는 주님을 시험하는 질문들도 있었다. 누가복음 20:21,22에서는 선임 제사장들과 서기관들이 보낸 정탐꾼들이 예수님께 물었다. 『선생님, 우리는 당신께서 올바로 말씀하시고 가르치시며, 누구도 외모로 받아들이지 아니하시고, 하나님의 길을 진실하게 가르치시는 줄 아나이다. 우리가 카이사에게 세금을 내는 것이 옳으니이까, 옳지 아니하나이까?』 그러자 예수님께서는 『카이사의 것은 카이사에게, 하나님의 것은 하나님께 바치라.』(눅 20:25)라고 분명하게 답변하셨다. 사람의 속마음을 훤히 아시는 주님께서는 그들의 간계(눅 20:23)에 걸려들지 않으셨던 것이다.

또한 정직하지 못하고 의심이 많은 사람들의 질문에는 대답조차 하지 않으셨는데, 헤롯의 경우가 그러했다. 『그가 많은 말로 주께 묻되, 주께서는 아무 대답도 아니하시더라』(눅 23:9). 예수님께서는 선임제사장들과 장로들이 주님을 고소할 때에도 아무 대답도 아니하셨고(마 27:12), 빌라도가 물을 때에도 단 한마디도 대답하지 않으셨다. 그러나 제자들이 하나님의 뜻을 알고자 물을 때에는 많은 것을 대답해 주셨다. 우림과 툼밈은 하나님의 뜻을 알려 주시는 예수 그리스도를 예표하는 하나님의 도구이다.

『예수께서 그들에게 말씀하시기를 "너희가 인자를 들어올리는 그때에야 너희는 내가 그인 줄 알게 되리라. 나는 스스로 아무것도 하지 아니하나 오직 내 아버지께서 내게 가르치신 대로 이런 것들을 말하노라』(요 8:28).

아론의 흉배에 넣어진 우림과 툼밈은 선지자이신 예수 그리스도를 예표한다. 선지자들이 하나님의 말씀을 전한 것처럼 인자로 오신 예수님께서도 아버지의 말씀을 전하셨고 앞으로 다가올 일들에 대해서도 말씀하셨다.

초림하셨을 때 예수 그리스도께서는 선지자로서 말씀을 선포하셨고 예수님께서 말씀하신 일들은 다 이루어졌다. 예수 그리스도께서는 진정한 선지자이셨던 것이다.

예수님께서는 이 땅에 오셔서 무슨 일을 행하시고 무슨 말씀을 하시더라도 오직 하나님 아버지께서 가르치시고 원하시는 것만을 하셨다. 그러므로 아버지 하나님께서는 늘 예수 그리스도와 함께하셨다. 이것이 예수님의 생애이다.

이것은 우리 성도들의 삶이 어떠해야 하는지 말씀하고 있다. 성도들이 무슨 말을 하든지, 무슨 일을 행하든지, 오직 하나님께서 원하시고 하나님께서 기뻐하시는 일만을 말하고 행해야 한다. 우리가 그렇게 산다면 하나님께서는 항상 우리와 함께하시며 우리가 해야 할 모든 것들을 알게 해 주실 것이다. 우림과 툼밈은 하나님의 말씀을 전하시고 가르쳐 주셔서 올바른 길을 가게 하시는 예수 그리스도를 예표하고 있다.

3. 이스라엘의 중보자

『**주**께서 모세에게 말씀하시기를 "가라, 너는 내려가라. 이는 네가 이집트 땅에서 데리고 나온 네 백성이 부패하였음이라... 그러므로 이제 나대로 하게 하라. 그들에 대한 내 진노가 맹렬해져 나로 그들을 진멸하게 하라. 내가 너로 큰 민족이 되게 하리라." 하시니』(출 32:7,10).

모세가 하나님의 계명들이 기록된 돌판을 받기 위해 산으로 올라간 사이에 이스라엘 백성들은 금송아지를 만들어 놓고 그것을 자기들의 신이라 부르며 그 위에 번제를 드리고 경배했다. 이러한 배교에 대해 하나님께서 진노하셔서 그들을 진멸하려고 하셨으나 모세의 중보로 돌이키셨다. 타락한 이스라엘 백성들의 중보자로 나선 모세는 우리의 중보자이신 주 예수 그리스도를 예표하고 있다.

1) 이스라엘을 구원한 모세

『모세가 **주** 그의 하나님께 간구하여 말씀드리기를 "**주**여, 주께서 위대하신 능력과 능하신 손으로 이집트 땅에서 데리고 나오신 주의 백성에 대하여 어찌하여 주의 진노가 맹렬하시나이까? 어찌하여 이집트인들로 말하여 이르기를 '주가 그들에게 악을 가져와서 그들을 산에서 죽이고 지면에서 진멸하려고 데리고 나왔도다.' 하게 하시나이까? 주의 맹렬한 진노에서 돌이키시고 주의 백성을 향한 이 재앙에서 마음을 돌리소서』(출 32:11,12).

모세는 주의 백성인 이스라엘의 구원을 위해 하나님의 진노 앞에서 기도했다. 모세의 중보 기도로 약 2백만 명이나 되는 이스라엘 민족이 한순간에 멸망당하는 것으로부터 구원받게 된 것이다. 모세와 그의 중보는 예수 그리스도의 중보 사역을 예표하고 있다.

『그녀가 한 아들을 낳으리니 너는 그의 이름을 예수라 하라. 이는 그가 자기 백성을 그들의 죄들에서 구원할 것이기 때문이니라."고 하니라』(마 1:21).

예수 그리스도께서는 모세처럼 이스라엘을 구원하시기 위해 오신 분이시다. 이 구절에서 "자기 백성"은 이스라엘 백성들을 가리키는 말이기 때문이다. 여기 이 구절은 역사적으로 또 교리적으로 단 하나의 의미만을 갖는데 예수 그리스도께서 유대인들을 그들의 죄로부터 구원하실 것이라는 사실이다.

예수님께서는 제자들을 보내시면서 『이방인들의 길로도 가지 말고, 또 사마리아인의 성읍에도 들어가지 말고, 다만 이스라엘 집의 잃어버린 양에게로 가라.』(마 10:5,6)고 명령하셨고, 자기 딸을 고쳐 달라고 예수님 앞에 나온 카나안 여인에게 『나는 이스라엘 집의 잃어버린 양 외에는 보냄을 받지 아니하였노라.』(마 15:24)고 대답하셨다. 이스라엘은 주의 백성이고 예수님께서는 일차적으로 그분의 백성을 구원하시기 위해 오신 분이시다.

『하나님께서 그의 아들 예수를 일으키사 너희를 복 주시려고 먼저 너희에게 보내어 너희 각자가 자기의 악한 행실로부터 돌아서게 하셨느니라."고 하더라』(행 3:26).

주님의 제자인 베드로도 이스라엘 백성들에게 예수님께서 유대인들을 그들의 죄로부터 구원하시기 위해서 오신 분이라는 것을 선포했다. 예수님께서는 "자기 백성"을 구원하시려고 왕으로 오셨으나 당시에 그들이 영접하지 아니하였기 때문에 이 말씀은 예언적으로 재림 때 이루어질 것이다. 주님은 분명히 "자기 백성"인 이스라엘의 구원주로 오신 분이시다. 이스라엘 백성들을 하나님의 진노에서 구해 낸 모세는 예수 그리스도를 예표하고 있다.

『주의 종들, 아브라함과 이삭과 이스라엘을 기억하소서. 주께서는 스스로 맹세하여 그들에게 말씀하시기를 '내가 너희 씨를 하늘의 별들처럼 번성시키고 또 내가 말한 이 모든 땅을 너희 씨에게 주리니 그들이 그것을 영원히 유업으로 받으리라.' 하셨나이다." 하니』(출 32:13).

모세가 하나님께 간구한 것은 막무가내로 기도한 것이 아니라 하나님의 약속을 기억하면서 하나님의 약속을 붙잡고 하나님의 뜻이 이루어지기를 간구했다. 예수 그리스도께서도 하나님의 뜻에 따라 오셨고 하나님의 뜻이 이루어지기를 간구하셨다.

예수님께서는『이는 내가 하늘에서 내려온 것은 내 자신의 뜻을 행하려는 것이 아니요, 나를 보내신 분의 뜻을 행하려는 것임이라.』(요 6:38)고 말씀하셨다. 하나님께서 예수님을 이 땅에 보내신 것은 하나님의 뜻에 따라 세상을 구원하시려는 것이었다. 예수님께서는 그 뜻을 행하시기 위해 오셨고 마지막까지 그 일을 완수하시기 위해 기도하셨다.

『말씀하시기를 "아버지시여, 원하시면 이 잔을 내게서 옮겨 주옵소서. 그러나 내 뜻대로 하지 마옵시고 아버지의 뜻대로 하옵소서."라고 하시더라』(눅 22:42).

예수님께서는 자신을 보내신 아버지의 뜻이 무엇인지 아셨고 아버지 뜻대로 하시기를 하나님께 기도하셨다. 모세도 그들의 조상들에게 약속하신 하나님의 뜻을 알고 있었고 그 맹세의 말씀을 붙잡고 기도했다. 모세의 중보 기도는 하나님의 뜻이 이루어지기를 기도하신 예수님의 기도를 예표하고 있다.

2) 의로운 분노를 표출하는 모세

『그가 진영에 가까이 오자 송아지와 그 춤추는 것을 본지라, 모세가 격노하여 자기 손에서 돌판을 던져 산 아래서 깨뜨리니라』(출 32:19).

하나님의 진노와 재앙 앞에서 중보 기도로 이스라엘 백성들을 구해낸 모세는 하나님께서 직접 써 주신 돌판을 받아서 산 중간에서 그를 기다리던 여호수아와 함께 산에서 내려왔는데 이스라엘 백성들이 금송아지 앞에서 춤추는 것을 보고 분노했다.

성경은 모세에 대해 『모세는 매우 온유하여 지면 위의 모든 사람보다 더 온유하더라.』(민 12:3)고 말씀하신다. 그러나 이렇게 온유한 모세도 금송아지 앞에서 번제를 드리고 춤추는 자기 백성들을 보고 격노하여 하나님께서 주신 돌판을 던져 깨뜨린 것이다. 모세는 산에서 하나님의 진노에 대하여 백성들의 편에 서서 용서를 빌었으나, 막상 백성들의 범죄 현장을 보고서는 하나님의 편에 서서 이처럼 화를 낸 것이다. 이는 그만큼 우상을 섬기는 백성들의 죄가 심했고 참을 수 없었음을 보여 준다. 이러한 모세의 의로운 분노는 죄를 보고 노하시는 예수 그리스도를 예표하고 있다.

『그런데 성전 안에서 소와 양과 비둘기를 파는 자들과, 환전상들이 앉아 있는 것을 보시고 노끈으로 채찍을 만들어 그들 모두를 양과 소와 함께 성전에서 몰아내고, 또 환전상들의 돈을 쏟고 상들을 뒤엎으시며 비둘기 파는 자들에게 말씀하시기를 "이것들을 여기서 가져가라. 나의 아버지의 집을 장사하는 집으로 만들지 말라."고 하시더라』(요 2:14-16).

이때는 예수님께서 공생애 가운데 첫 번째 유월절에 제자들과 함께 예루살렘에 올라가셨을 때의 일이다. 예수님께서는 장사하는 자들로 인해 성전이 더럽혀져 있는 것을 보시고 노끈으로 채찍을 만들어 짐승들을 몰아내시고 환전상들의 상을 뒤엎으셨다. 이것은 하나님의 성전을 더럽힌 것에 대한 예수님의 의로운 분노였다.

성경에는 예수님께서 노하셨다는 말씀이 있다. 마가복음 3:5은 『주께서 노하셔서 그들을 둘러보시며, 그들의 마음이 완악함을 슬퍼하시고,

그 사람에게 말씀하시기를 "네 손을 펴라."고 하시자, 그가 손을 펴니 그 손이 다른 쪽 손과 같이 온전하게 회복되더라.』고 했다. 하나님의 말씀들을 무시하고 장로들의 전통을 더 따르려는 유대인들에게 노하셨던 것이다.

이와 마찬가지로 그리스도인들은 하나님이 미워하시고 진노하시는 것에 대해서 똑같이 미워하고 노할 수 있어야 한다. 이것은 단순히 자신의 화를 참지 못하는 것이 아니라 의로운 분노이다. 그리스도인이라면 하나님의 말씀이 멸시당하고 하나님의 영광이 더럽혀질 때 화를 내는 것이 당연한 것이다. 하지만 육신적이 되어 죄를 지어서는 안 된다. 이런 상황을 에베소서 4:26에서는 『화를 내되 죄는 짓지 말고 해가 지도록 분노를 품지 말며』라고 말씀하신다. 오늘날 이러한 의로운 분노는 찾아볼 수 없다. 혹 이런 의로운 분노를 발하는 그리스도인이 있다 해도 현대의 자유주의자들은 "바리새인적인" 행동이라느니, "고리타분한 성품"이라느니, "겸손하지 못한 사람"이라느니 하면서 격하시켜 버린다.

라오디케아인들의 교회 시대인 이 마지막 때에는 교회도 하나님의 말씀을 믿지 않기 때문에 예수님께서는 교회 안이 아니라 교회 밖에 서 계신다. 그러나 그리스도인은 하나님의 말씀이 최종권위가 되어야 한다. 말씀을 기준 잣대로 삼아 선과 악을 판단하고 진리와 비진리를 판단할 수 있도록 하나님의 말씀을 올바로 나누어 공부해야 한다. 모세의 분노는 하나님을 위한 의로운 분노를 나타내신 예수 그리스도의 성품을 예표하고 있다.

3) 중보하는 모세

『모세가 주께로 돌아와서 말하기를 "오, 이 백성이 큰 죄를 지었고, 자기들에게 금으로 신들을 만들었나이다. 지금이라도 주께서 그들의 죄를 용서하시기를 원하나이다. 만일 그렇게 하지 않으시려거든 간구하오니 주께서 기록하신 주의 책에서 나를 지워 버리소서." 하니』(출 32:31,32).

모세는 금송아지 앞에서 벌거벗고 춤추던 자들을 이스라엘 자손들에게서 끊어 냈다. 약 삼천 명을 죽였으나 이것으로 죄가 용서된 것은 아니다. 죄를 용서해 주시는 분은 하나님이시다. 모세는 하나님께 지은 이스라엘의 죄들을 속죄받기 위해 다시 하나님의 산으로 올라간다.

모세는 이스라엘이 지은 죄를 하나님께 자백하고 그 죄를 용서해 주시기를 기도했다. 그리고 만일 하나님께서 백성들의 죄를 용서해 주시기를 원치 않으신다면 자신이 백성들의 죄를 대신해서 받겠다고 나섰다. 하나님께서 이스라엘의 죄를 용서하실 수 있는 길이 그 길뿐이라면 자신이 이스라엘의 입장에서 저주를 받겠다는 것이다. 모세는 자신의 생명을 죗값으로 내놓고 이스라엘을 용서해 달라고 기도하는 것이다. 주의 책에서 이름을 지워 버리는 것은 구원 문제와 직접적으로 관련이 있는 표현이다. 이스라엘의 죄를 위해 중보하는 모세는 죄인들의 중보자로 오신 예수 그리스도를 예표하고 있다.

『나는 선한 목자라. 선한 목자는 양들을 위하여 자기 생명을 내어 놓으나』(요 10:11).

선한 목자로 오신 예수 그리스도께서는 죄인들을 위하여 자신의 생명을 내어 놓으셨다. 이것은 인간을 향하신 하나님의 극진한 사랑의 표현이다. 죄는 값을 치르기 전에는 용서받을 수 없다. 죄의 삯은 사망이다. 그러나 하나님께서는 죄를 처벌하기만을 기뻐하시는 분이 아니시다. 그 분은 죄를 용서하시는 분이시다. 하나님께서는 인간의 죄들을 위하여 구원 계획을 마련하셨는데, 그것은 하나님이신 동시에 인간이신 예수 그리스도의 피흘림인 것이다. 왜냐하면 피흘림이 없이는 죄사함이 없기 때문이고, 죄의 완전한 제거를 위해서는 짐승의 피가 아니라 죄가 없으신 하나님의 피가 반드시 있어야 했기 때문이다.

골로새서 1:20은『그의 십자가의 보혈을 통하여 화평을 이루고 땅에 있는 것이나 하늘에 있는 것이나 그에 의하여 모든 것이 자신과 화해하게 하시려는 것이라.』고 했다. 십자가 보혈을 통해서만 진정한 화평이 오고, 보혈이 흘려져야만 그 보혈을 통하여 온전한 구속이 있을 수 있는 것이다(골 1:14). 완전한 중보자의 일을 하실 수 있는 분은 오직 예수 그리스도 한 분뿐이시다. 디모데전서 2:5은『하나님은 한 분이시요, 하나님과 사람 사이에 중보자도 한 분이시니, 곧 사람이신 그리스도 예수시라.』고 했는데 이것은 예수 그리스도께서 완전한 중보자로서의 생애를 사셨기 때문에 가능한 것이다. 하나님과 사람 사이에 중보자는 오직 예수 그리스도 한 분이시며, 모세는 한 분 중보자이신 예수 그리스도의 예표이다. 하나님의 산에 올라 이스라엘 백성들의 죄를 용서받기 위해 주의 책에 기록된 자신의 이름을 내놓은 모세는 인류의 죄를 담당하시기 위해 육신을 입고 오셔서 십자가에서 보혈을 흘려 주신 예수 그리스도를 예표하고 있다.

예수 그리스도를 따르던 바울은 항상 기뻐하는 삶을 살았지만, 그 마음에 큰 근심과 그치지 않는 슬픔이 있다고 고백했다. 그것은 주 예수 그리스도를 거부하는 그의 동족인 유대인들 때문이었다. 바울은 『육신에 따른 내 형제들, 내 동족을 위해서라면 차라리 내 자신이 그리스도로부터 저주받기를 바랐겠노라.』(롬 9:3)고 자신의 심경을 토로했다. 바울은 동족인 유대인들의 구원을 위하여 자신이 저주받기를 바랄 수 있기라도 했으면 좋겠다고 말하고 있다. 왜냐하면 바울은 이 세상의 그 누구도 다른 사람을 위하여 스스로 저주받기를 자청할 수 없다는 것을 알고 있었기 때문이다.

인류 역사상 죄인들을 위하여 저주받을 수 있는 분은 오직 한 분, 곧 주 예수 그리스도뿐이시다. 그분이 아니고서는 그 누구도 구원받지 못한 죄인들을 위하여 저주받을 자격도 없고 받을 수도 없다. 하나님의 아들이시요, 어린양이신 주 예수 그리스도, 그분이 아니시고는 저주받기는커녕, 저주받기를 바랄 수조차도 없다. 그래서 바울은 그것을 자기가 "바랄 수 있기라도 했으면 얼마나 좋겠는가!"라는 뜻으로 말하고 있는 것이다. 이것이 사랑하는 육신의 지체들의 구원을 위해 기도하는 그리스도인들의 심경인 것이다. 하나님 앞에서 이스라엘의 죄 용서를 위하여 중보하고 있는 모세는 죄인들의 중보자로 오실 주 예수 그리스도를 예표하고 있다.

4. 새로운 돌판

『주께서 모세에게 말씀하시기를 "너는 처음 것과 같은 돌판 둘을 깎으라. 그러면 네가 깨뜨렸던 처음 돌판에 있던 말들을 내가 이 돌판 위에다 쓰리라』(출 34:1).

하나님께서 처음에 하나님의 손가락으로 써 주신 두 증거판인 돌판은 모세에 의해 깨뜨려졌다. 그러나 하나님께서 쓰신 것은 인간이 없앴다고 해서 없어지지 않는다. 하늘과 땅이 없어지기 전에는 율법의 일점 일획도 모든 것이 이루어질 때까지 결코 없어지지 아니하기 때문에(마 5:18), 그리고 성경은 폐기될 수 없기 때문에(요 10:35), 하나님께서는 깨진 돌판에 기록된 말씀들을 다시 쓰시겠다고 말씀하신다. 하나님께서 다시 쓰시겠다고 말씀하신 돌판은 예수 그리스도를 예표하고 있다. 예수 그리스도는 율법이 깨어진 다음에 나타나셔서 율법을 회복시키고 완성하시는 분이시다.

예수님께서는 『내가 율법이나 선지서들을 폐기하러 온 줄로 생각하지 말라. 폐기하러 온 것이 아니라 이루려고 왔노라.』(마 5:17)고 말씀하셨는데 예수님께서 율법이나 선지서들을 이루려고 왔다고 말씀하신 것은 예수님께서 이 땅에 오신 목적을 언급하신 것이다. 예수님께서는 율법을 지키는 사람이 아무도 없을 때, 즉 율법이 깨뜨려졌을 때 그 율법을 회복시키시고 완성하시기 위해서 오신 것이다. 예수 그리스도께서는 율법을 온전히 이루심으로써 율법의 의를 완성하셨고, 또한 믿는 모든 사람에게 의가 되시고자 율법의 끝이 되셨다.

『그리스도께서는 믿는 모든 사람에게 의가 되시고자 율법의 끝이 되셨느니라』(롬 10:4).

예수 그리스도께서는 자기 의를 요구하는 율법에 대하여 그 끝이 되셔서 율법에 종지부를 찍으시고 그리스도 자신이 모든 사람에게 의가 되셨다. 그러므로 구원받지 못한 자들에게 하나님께서 제공하시는 것은 다름 아닌 그 온전하신 분, 곧 예수 그리스도 한 분뿐이시다. 하나님께서 다시 쓰신 돌판은 모세의 율법 다음에 오신 예수 그리스도를 예표하고 있다.

이러한 하나님의 뜻에 따라 이 지상에 오신 예수 그리스도께서는 자신의 온 생애를 하나님의 뜻을 이루시기 위해서 사셨고 마침내 모든 일의 완성을 이루시기 위해 고난과 죽음이 기다리고 있는 예루살렘으로 가신다.

요한복음 17장에 기록된 주님의 기도는 예수 그리스도께서 지상 사역 기간에 드리셨던 가장 긴 기도이며, 이제 갈보리에서의 그 위대한 사역을 눈앞에 두시고 제자들 앞에서 드린 기도였다.

『예수께서 이러한 말씀들을 하시고 눈을 들어 하늘을 보시며 말씀하시기를 "아버지시여, 그 시간이 왔나이다. 아버지의 아들을 영화롭게 하셔서, 아들도 아버지를 영화롭게 하게 하옵소서』(요 17:1).

『그 시간이 왔나이다.』 주님께서 이제 십자가에 처형되실 시간이 다가오고 있다. 『그 시간』이야말로 하나님의 의가 나타나고 인간의 모든 죄가 용서되며 하나님의 화해가 선포되는 시간이다. 주 예수 그리스도께서는 바로 그 위대한 역사가 성취되는 찰나가 다가왔음을 아버지께 고하시면서 『그 시간이 왔나이다.』라고 말씀하심으로 기도를 시작하신다. 예수 그리스도께서 이렇게 기도를 시작하시는 까닭은 『그 시간』이야말로 그분께서 이 땅에 오셨던 목적이 이루어지는 아주 중대한 시간이기 때문이다. 이 중대한 시간을 놓고 주님께서는 아버지 하나님께 간구를 드린다.

이 기도에서 주님께서는 자신에 의해 구속받게 될 제자들을 위해서 그들을 지켜주실 것을 하나님께 기도하셨고(11절), 그 다음 그들에게 기쁨이 충만케 해주실 것을 기도하셨고(13절), 악에서 보호해주실 것을 또 기도하셨다(15절). 그런 다음 그들을 아버지의 진리로 거룩하게 해주실 것을 기도하셨다(17절). 그리고 예수님께서는 제자들을 위한 중보기도만이 아니라 제자들을 통해서 예수님을 믿게 될 사람들을 위해서도 중보 기도하신다.

『그러나 나는 이들만을 위하여 기도하는 것이 아니옵고 그들의 말을 통하여 나를 믿을 사람들도 위한 것이옵니다』(요 17:20).

사실상 주님의 기도는 갈보리 십자가에서 하나님의 피로 값을 치르고 사신 하나님의 교회와 그리스도인들을 위한 것이다. 주님께서는 장차 구원받게 될 성도들을 미리 내다보시면서 지금 아버지께 기도하시는 것이다. 이것이 예수 그리스도께서 이 세상에 오신 목적이고, 예수님께서는 그 모든 일을 성취하시기 위한 생애를 사신 것이다.

마귀의 예표인 파라오에게 속박되어 노예로 살고 있던 이스라엘 백성들을 이집트에서 이끌고 나온 모세는 죄인들을 구원하시기 위해 이 땅에 오신 예수 그리스도의 생애를 잘 보여 주고 있다.

『내가 그들 가운데 거할 성소를 나를 위하여 그들로 만들게 하라』(출 25:8).

이스라엘을 이끌고 광야로 그들을 인도하신 하나님께서 모세에게 성막을 지으라고 말씀하신 것은 하나님께서 이스라엘 백성들 가운데 거하시기 위한 성소를 만들기 위해서였다. 하나님께서는 이스라엘 백성들을 보호하시고 인도하시고 함께하시기 위해서 이스라엘 백성들 가운데 거하시려는 것이다. 이것은 임마누엘 하나님을 말씀하고 있다. 하나님께서 구약에서는 광야에 있는 이스라엘 백성들과 함께하시기 위해 성소를 지으라고 명령하셨고, 신약의 마태복음에서는 우리와 함께하시기 위해 사람의 모양을 입으시고 육신으로 나타나셨다. 이스라엘의 출애굽을 이끈 모세와 광야의 성막은 예수 그리스도의 생애를 잘 보여 주는 예표와 모형이다.

5. 대속 제물인 어린양

예수 그리스도께서 사람의 육신을 입으시고 이 지상에 오신 목적은 죄인들을 구원하시려는 것이었다. 그러므로 예수 그리스도께서는 죄인들의 죄들을 대속하시는 희생제물이 되셔야 했고 이를 이루기 위해서 죽으셔야 했다. 왜냐하면 죄인들의 온전한 구속은 죄가 없으신 예수 그리스도의 피와 그 피의 능력에 의해서만 이루어질 수 있기 때문이다. 예수 그리스도의 죽으심은 구속의 완성이다. 출애굽기는 구속의 책이다. 이 책에는 예수 그리스도의 죽으심과 관련된 예표와 모형들이 많이 있다.

구약에는 예수 그리스도의 죽으심과 십자가를 발견할 수 있는 곳이 많다. 그 가운데서도 출애굽기 12장은 더욱 선명하게 십자가를 발견할 수 있는 곳이다. 이 말씀을 누가 기록했든 간에, 그 사람은 예수 그리스도께서 탄생하기 1,400년 전에 예수 그리스도께서 십자가에 못박히시는 내용을 상세히 알고 있어야 했다. 출애굽기 12장에 계시된 어린양의 죽음은 예수 그리스도의 죽으심을 예표하고 있다.

1) 예비된 어린양

『너희는 이스라엘의 온 회중에게 고하여 말하기를 '이 달의 십 일째 되는 날, 그들 각자는 그들 아비들의 집에 따라 어린양 한 마리를 취할지니, 한 집에 어린양 한 마리라』(출 12:3).

『이 달의 십 일째 되는 날』에서 "이 달"은 한 해의 시작이 되는 첫째 달로 니산월이다. 이렇게 첫째 달 십 일째 되는 날 취해진 이 어린양은 "같은 달 십사일까지 간수하였다가... 저녁 때에 그것을 잡을지니라."(출 12:6)라고 하나님께서 명령하셨는데, 이 말씀은 예수 그리스도께서 그분의 장례를 위해 기름부음을 받은 날부터 십자가에서 죽으신 날까지를 계시하고 있다.

『마리아가 매우 값진 감송 향유 한 리트라를 가지고 와서 예수의 발에 붓고 자기의 머리카락으로 그의 발을 닦으니, 그 집이 향유 냄새로 가득 차더라... 그러자 예수께서 말씀하시기를 "그녀를 가만두어라. 그녀는 나의 장례 날을 위하여 이것을 간직해 둔 것이라』(요 12:3,7).

이 일은 니산월의 십 일째 되는 날, 예수님께서 베다니에 있는 나사로의 집에 오셨을 때 마리아로부터 장례를 위한 기름부음을 받으신 날이다. 마리아는 예수 그리스도께서 죽으시고 무덤에 묻히시기 전에 예수님께 향유를 부어 드리고자 마음먹었고 그것을 실행에 옮겼으며 예수님께서는 그것을 인정하시고 받으셨다.

다음 날인 니산월 십이 일, 예수님께서는 나귀 새끼인 어린 수나귀를 타고 예루살렘에 들어가셨다. 『주의 이름으로 오는 우리의 조상 다윗의 왕국은 복이 있도다. 지극히 높은 곳에서 호산나."라고 하더라. 예수께서 예루살렘에 들어오셔서 성전으로 들어가 모든 것을 둘러보시고 나니 저녁 때가 된지라, 주께서 열둘과 함께 베다니로 가시더라』(막 11:10,11).

다음 날인 니산월 십이 일째 되는 날에는 무화과나무를 저주하셨다. 『그 다음 날 그들이 베다니에서 나왔을 때에 주께서 시장하신지라... 예수께서 대답하여 무화과나무에게 말씀하시기를 "이후로는 영원히 네게서 아무도 열매를 먹지 못하리라."고 하시니 제자들이 그 말을 듣더라』(막 11:12,14).

그 다음 날인 니산월 십삼 일째 되는 날 아침에 예수님께서는 성전에 들어가셨다. 『저녁이 되자 주께서 성읍 밖으로 나가시더라. 아침에 그들이 지나갈 때에 그 무화과나무가 뿌리로부터 말라 버린 것을 보고... 그들이 다시 예루살렘에 왔더라』(막 11:19,20,27a).

그 다음 날인 니산월 십사 일째 되는 날, 예수 그리스도께서 십자가에 달려 죽으셨다. 『그때 예수께서 그 식초를 받으시고 말씀하시기를 "다 이루었다."고 하시더니 고개를 떨구시고 숨을 거두시더라』(요 19:30). 예수님께서 "다 이루었다."고 외치신 순간은 제사장들이 유월절 어린양의 목을 칼로 찌르는 그 순간이었다고 유대인 랍비들은 말한다. 니산월 십 일째 되는 날 취해져서 십사 일째 되는 날까지 간수되는 어린양은 장례를 위하여 기름부음 받으시고 십자가에 달리시기까지의 예수 그리스도의 행적을 계시하고 있다. 예수 그리스도께서는 정확히 유월절 어린양으로 죽으신 것이다.

『같은 달 십사일까지 간수하였다가, 이스라엘 회중의 전체 모임에서 저녁 때에 그것을 잡을지니라』(출 12:6).

이스라엘 자손들이 한 집에 어린양 한 마리를 취한다 해도 200만 명이 넘는 가족들이라면 최소한 10만 마리 이상의 어린양들이 죽을 텐데 모세는 그 전체를 "그것"이라고 단수로 말한다. 그것은 바로 한 사람 예수 그리스도의 죽음을 예시하는 것이다. 로마의 총독 빌라도가 "그러면 내가 그리스도라 하는 예수를 어떻게 하랴?"(마 27:22)고 물었을 때 『모든 백성이 대답하여 말하기를 "그의 피를 우리와 우리 자손에게 돌리라." 고 하더라.』(마 27:25)라고 했는데 이스라엘 회중의 전체 모임인 모든 유대인들은 예수 그리스도 한 분의 피를 요구했다.

『제육시에서 제구시까지 어두움이 온 땅을 덮었더니』(마 27:45). 모세는 어린양이신 예수 그리스도께서 죽으실 때가 유대인의 시간으로 아직 저녁도 되기 전인 오후 6시 이전일 것이며, 이때 태양이 빛을 잃어 어둡게 되리라는 사실을 어떻게 알았을까? 첫째 달의 십 일째 되는 날 취해져서 십사일까지 간수되었다가, 이스라엘 회중의 전체 모임에서 저녁 때에 죽는 어린양은 어두움이 온 땅을 덮었을 때 죽으신 예수 그리스도를 계시하고 있다.

2) 어린양 한 마리

『너희는 이스라엘의 온 회중에게 고하여 말하기를 '이 달의 십 일째 되는 날, 그들 각자는 그들 아비들의 집에 따라 어린양 한 마리를 취할지니, 한 집에 어린양 한 마리라』(출 12:3).

한 마리라는 단수로 언급된 이 어린양은 창세기 3장에서는 하나님께서 한 짐승을 잡아 아담과 그의 아내에게 입혀 주신 가죽옷을 통하여 예시되었고(창 3:21), 또 창세기 4장에서 아벨이 드린 첫배 새끼들과 그 살진 것을 하나님께서 받으심으로 예시되었으며(창 4:4), 이제 출애굽기 12장에 이르러 이스라엘 민족의 죄를 대속하기 위해 취해진다. 이 어린양은 너무도 중요하며, 이 어린양의 피가 흘려지기 전까지는 하나님께서 이스라엘 민족의 생명을 생각하시는 데 있어서 그 어떤 생명도 가치 없는 것으로 여기셨다. 이스라엘의 모든 집은 어린양 한 마리를 취하여 그들의 죄를 대속해야 한다.

이 어린양은 이사야 53장에서는 사람으로 묘사된다. 『그는 사람들에게서 멸시받고 거부되었으며 슬픔의 사람이요 질고에 익숙한 사람이라. 우리가 우리의 얼굴을 그로부터 숨긴 것같이 그는 멸시받았고 우리는 그를 존중하지 아니하였도다... 우리는 모두 양같이 길을 잃어 각자 자기의 길로 돌이켰으나 **주**께서는 우리 모두의 죄악을 그에게 지우셨도다』(사 53:3,6).

이 한 마리 어린양은 한 처녀인 마리아에게 성령으로 잉태되어(마 1:20), 여관의 구유에서 태어나셨다. 『그리하여 그녀가 자기의 첫아들을 낳아 그를 포대기로 싸서 구유에 누이니, 이는 여관에 그들이 들 방이 없었기 때문이라』(눅 2:7).

『"지극히 높은 곳에서는 하나님께 영광이요, 땅 위에는 화평이요, 사람들에게는 호의로다."라고 하고』(눅 2:14) 수많은 하늘의 군사들과 천사들이 이 어린양으로 인해 찬양하며 하나님께 영광을 돌려드렸으며, 밤에 양떼를 지키던 목자들은 이 어린양을 볼 수 있었다. 『그들이 황급히 가서 마리아와 요셉과 구유에 누워 있는 그 아기를 보더라... 목자들은 듣고 본 것이 자기들에게 말한 것과 같으므로 그 모든 일로 인하여 하나님께 영광을 돌리고 찬양을 드리며 돌아가더라』(눅 2:16,20).

이 어린양은 침례인 요한에 의해 그 신분이 밝혀진다. 『그 다음 날 요한이 예수께서 자기에게 오시는 것을 보고 말하기를 "보라, 세상 죄를 제거하는 하나님의 어린양이라』(요 1:29). 이 어린양은 세상 죄를 제거하시기 위해 한 번의 속죄제를 영원히 드리신 후 하나님의 오른편에 앉으셨고 아버지 하나님께서는 이 어린양을 영광스럽게 하신다. 『큰 음성으로 말하기를 "죽임을 당하신 어린양이 권세와 부귀와 지혜와 힘과 존귀와 영광과 찬송을 받으시기에 합당하시도다."라고 하더라. 또 내가 들으니, 하늘과 땅과 땅 아래와 바다에 있는 각 피조물과 그 안에 있는 만물이 말하기를 "보좌에 앉으신 분과 어린양에게 찬송과 존귀와 영광과 권세가 영원무궁토록 있을지어다."라고 하더라』(계 5:12,13). 한 집에 어린양 한 마리라고 언급된 이 한 마리 어린양은 육신을 입고 오셔서 유월절의 희생제물이 되신 예수 그리스도를 계시하고 있다.

3) 흠 없는 유월절 어린양

『너희의 어린양은 흠 없는 일 년 된 수컷이어야 하며, 너희는 그것을 양들이나 염소들에서 골라내어서』(출 12:5).

첫째 달 십 일째 되는 날 취해져 간수되었다가 같은 달 십사일 저녁에 잡히는 이 어린양은 양들이나 염소들에서 골라낸 흠이 없는 일 년 된 수컷이어야 했다. 흠이 없는 수컷 어린양은 사람의 육신을 입고 오셨지만 제물로 드려질 때까지 아무런 흠도 없으셨던 예수 그리스도를 예표하고 있다.

서기관들과 바리새인들은 예수님을 고발하기 위해 여러 가지 질문을 던졌고 여러 상황을 연출해서 예수님의 흠을 잡아 올가미를 씌우려고 시도했지만, 그들은 예수 그리스도로부터 흠을 찾아내는 데 실패했다. 예수님께서는 자신을 증오하는 바리새인들에게 『너희 중에 누가 나를 죄에 대해서 힐책하겠느냐?』(요 8:46)고 정면으로 책망하며 힐난하셨는데 이 엄청난 질문에 아무도 대꾸할 수 없었다. 어느 시대이든 이 세상 사람들을 향하여 감히 이렇게 외칠 수 있는 사람은 아무도 없다. 예수 그리스도께서는 스스로 자신이 죄는커녕 흠조차 없으신 분이심을 당당히 선언하신 것이다. 이렇게 외칠 수 있는 분은 흠 없는 일 년 된 수컷 어린양이신 예수 그리스도 한 분뿐이시다.

『그때 빌라도가 다시 나와서 그들에게 말하기를 "보라, 내가 그 사람을 너희에게 데려왔노라. 이는 내가 그에게서 아무런 잘못도 찾지 못하였음을 너희로 알게 하려는 것이라."고 하더라』(요 19:4).

예수님을 재판했던 빌라도는 그 어린양에게서 아무런 흠도 찾을 수 없다고 세 번이나 말했다(요 18:38; 19:4,6). 이렇게 무죄 선고를 해 놓고도 빌라도는 흠이 없는 어린양을 이리들에게 내어 주었다.

『말하기를 "내가 그 무죄한 피를 배반한 죄를 지었다."고 하니 그들이 말하기를 "그 일이 우리와 무슨 상관이냐? 네가 당하라."고 하더라』(마 27:4). 이 구절은 예수님을 은 삼십 개에 팔았던 유다 이스카리옷이 스스로 후회하면서 선임 제사장들과 장로들에게 말한 것이다. 유다 이스카리옷은 마귀 가운데 하나였다. 그러나 그조차도 어린양이신 예수 그리스도의 흠을 찾을 수 없었던 것이다.

『빌라도가 재판석에 앉아 있을 때에, 그의 아내가 그에게 보내어 말하기를 "당신과 그 의로운 사람 사이에 아무 일도 없게 하소서. 내가 오늘 꿈에 그 사람으로 인하여 많은 것으로 고통을 받았나이다."라고 하더라』(마 27:19). 빌라도의 아내 역시 그 어린양이 흠 없다고 말했다. 빌라도의 아내는 예수님에 대하여 그 의로운 사람이라고 했는데, 이 말은 메시아에게만 국한되어 표현되는 유대인의 용어이다. 메시아이신 예수 그리스도에게는 그 어떤 흠도 있어서는 안 되는 것이다.

『이러한 일을 본 한 백부장이 하나님께 영광을 돌리며 말하기를 "참으로 이 사람은 의인이었도다."라고 하더라』(눅 23:47). 이 백부장은 예수님의 사형을 집행한 이방인이다. 그는 예수 그리스도께서 십자가에 못박히신 이후에 어두움이 온 땅을 덮는 것과 성전의 휘장이 위로부터 한가운데로 찢어지는 것을 보자, 자기도 모르게 그분이 의인이었음을 고백한 것이다.

『흠도 없고 점도 없는 어린양 같은 그리스도의 보배로운 피로 된 것이기 때문이니라』(벧전 1:19).

그리스도의 보배로운 피로 된 것은 다름 아닌 죄인들의 구속이다. 십자가에서 흘려 주신 그리스도의 피는 곧 하나님의 피이다(행 20:28). 하나님께서는 흠도 없고 점도 없는 어린양 같은 자신의 보배로운 피를 죄와 죽음의 노예로 속박되어 있던 죄인들의 몸값으로 지불하셨던 것이다. 죄인이 구원받는 것은 은이나 금 같은 썩어질 것들로 된 것이 아니라 그리스도의 보혈을 통하여 된 것이다.

『자기 앞에 영광스러운 교회로 나타내서 점이나 주름진 것이나 또는 그러한 것들이 없이 거룩하고 흠 없게 하려 하심이니라』(엡 5:27). 그리스도께서는 자신의 피로 구원받은 성도들을 거룩하고 흠이 없게 하시려고 말씀의 물로 씻어 주시며, 그 말씀이 육신으로 오신 예수 그리스도이시다. 이스라엘 자손들이 유월절에 잡은 "흠 없는 일 년 된 수컷 어린양"은 잉태하실 때부터 피를 흘려 주시기까지 흠도 없고 점도 없으신 예수 그리스도를 계시하고 있다.

4) 어린양의 피

『그리하여 그들은 그 피를 취하여, 자기들이 그것을 먹을 그 집들의 양쪽 문기둥과 문 윗기둥에다 뿌릴지니라』(출 12:7).

흠 없는 일 년 된 수컷 어린양의 피는 이스라엘 백성들이 머무는 집들의 양쪽 문기둥과 문 윗기둥 이렇게 세 군데에 뿌려진다. 이 모양은 갈보리 언덕에 세워진 세 개의 십자가 형상이다. 이 말씀은 성경이 영감으로 기록된 계시의 책이라는 사실을 증명할 수 있는 위대한 본문이다.

『그때에 두 명의 강도들이 주와 함께 십자가에 못박혔는데 하나는 오른편에, 또 하나는 왼편에 있더라』(마 27:38).

왼쪽의 강도와 오른쪽의 강도, 그리고 이들 중간에 있으면서 이 둘보다 더 높이 달린 또 한 사람 예수 그리스도, 모세는 어떻게 흠이 없으신 그분이 중간의 위쪽에 달리실 것을 알았을까? 모세는 왜 창문에는 피를 묻히라고 하지 않았을까? 왜 문 앞뒤나 문 위에 피를 묻히라고 하지 않았을까? 누군가가 모세에게 그런 사실들을 알려 주었다면 그 누군가는 "세상 죄를 제거하는 하나님의 어린양"에 관하여 중요한 사실을 알고 있었던 것이다. 그 존재는 모세에게 결코 인간의 통찰력이나 텔레파시, 우연한 추측으로는 알 수 없는 사실을 말한 것이다.

모세는 바로 만물의 시작과 끝을 알고 계시며 모든 일의 처음과 마지막을 알고 계시는 하나님으로부터 오는 계시를 받았던 것이다. 어린양을 잡은 이스라엘 백성이 그것을 먹을 그 집들의 양쪽 문기둥과 문 윗기둥에 뿌려진 어린양의 피는 예수 그리스도께서 십자가에 달리신 모습을 계시하고 있다.

5) 불에 구워진 어린양

『또 그들은 그날 밤에 그 고기를 먹을지니 불에 구워서 누룩 없는 빵과 쓴 나물을 함께 먹을지니라. 날것으로 먹거나 절대 물에 삶아서 먹지도 말고 불에 구울지니 머리와 다리와 그 내장이니라』(출 12:8,9).

모세는 그 어린양을 잡아서 피를 뿌린 후에 어떻게 먹을 것인지를 백성들에게 가르쳐 주었다. 어린양의 고기는 반드시 불에 구워서 먹어야만 한다. 그 어린양의 고기는 날것으로 먹어도 안 되고, 절대로 물에 삶아서 먹어도 안 된다. 오직 불에 구워서 먹어야만 한다. 이 말씀은 십자가 위에서 예수님께서 어떻게 제물로 드려지는지를 계시하고 있다.

『이 일 후에 예수께서는 이제 모든 일이 이루어진 것을 아시고 말씀하시기를 "목마르다."고 하시니 이는 성경이 이루어지게 함이라』(요 19:28). 십자가에 못박혀 매달리신 예수님께서는 목이 마르다고 말씀하셨지만 물을 마시지는 못하셨다. 예수님께서는 유월절의 어린양으로 드려지셨지만, 또한 우리의 죄들을 대신한 진노의 제물로 드려지신 것이다. 하나님의 의와 그 진노 앞에 우리의 모든 죄들을 대신 짊어지고 십자가에 달리신 채 그 엄청난 고통을 당하신 주님께서는 목이 마르셨다. 예수님께서는 하나님의 뜻을 이루시기 위해 오신 하나님의 어린양이시다. 어린양이 불에 구워져야 하듯 예수님께는 물이 허용되지 않았던 것이다.

그 어린양의 고기는 반드시 불에 구워져야 한다는 이 예표는 너무나 분명하다. 십자가에 달리신 예수 그리스도께는 물이 없었다. 예수님께서는 죄인의 입장에서 영원한 불의 형벌을 직접 받으신 것이다. 『제구시경에 예수께서 큰 음성으로 소리질러 말씀하시기를 "엘리, 엘리, 라마 사박타니?" 하시니, 이는 "나의 하나님, 나의 하나님, 어찌하여 나를 버리셨나이까?"라는 말이라』(마 27:46). 성경 전체를 통해 볼 때 하나님의 진노는 희생제물 위에 내려지는 불로 설명된다. 예수님께서 십자가에 달리셨을 때, 그분은 십자가 위에서 목마름을 견디셔야 했다. 이것이 어린양의 고기를 물에 삶아 먹으면 안 되는 이유였다. 불에 구워지는 어린양은 십자가에서 하나님의 진노 가운데 목마르셨던 예수 그리스도를 예표하고 있다.

『아침까지는 아무것도 남겨 두지 말지니 아침까지도 남은 것은 불로 태울지니라』(출 12:10).

이 구절은 불에 구워진 어린양을 먹는 것에 관하여 말씀하고 있다. 이스라엘 백성들은 그날 "밤"에 불에 구워진 어린양의 고기를 먹었다. 주의 유월절은 저녁때부터 시작되는 명절이었다. 이 유월절 어린양의 고기는 아침까지는 다 먹거나 남은 것은 불로 태워야 한다. 『만일 식구가 양에 비하여 너무 적으면』(출 12:4). 즉 식구가 한두 명뿐이라면 이웃을 초청하여 어린양을 함께 나누어 먹든지, 아니면 이웃에 가서 어린양을 잡아 함께 고기를 먹더라도 그 밤에 다 먹어야 한다.

하나님의 진노로부터 구속받고 용서받으려면 어린양 "한 마리"가 필요하다(출 12:3). 그러나 "그" 어린양이 있다 하더라도 개인적으로 그 어린양의 고기를 먹지 않으면 소용이 없다. 즉 개인적으로 받아들여야만 구원에 이를 수 있다. 그래서 이 어린양은 "너희의 어린양"이다(출 12:5).

아무리 교회에 오래 다니고 직분을 받고 무슨 일을 한다 해도 이 어린양의 고기를 먹지 않으면 소용이 없다. 즉 예수 그리스도를 자기 개인의 구주로 받아들이지 않으면 구원받을 수 없다.

『나는 하늘에서 내려온 살아 있는 빵이니 누구든지 이 빵을 먹으면 영원히 살리라. 또 내가 줄 이 빵은 세상의 생명을 위하여 줄 나의 살이라."고 하시니라』(요 6:51).

우리의 죄들을 위하여 예수 그리스도께서는 갈보리 십자가에 달리셔서 자신의 몸을 거룩한 희생제물로 드리셨다. 우리는 그분의 몸을 씹어 먹는 게 아니라 그분의 죽으심에 참예한다. 예수님께 나아가는 것은 곧 그분을 믿고 영접하는 것을 말한다. 예수님께서는 생명의 빵이시다. 이 빵을 먹으면, 즉 예수님을 구주로 믿고 영접하면 영적으로 영원한 생명을 얻게 되는 것이다.

주의 유월절에 이스라엘 백성들이 그날 밤 먹어야 할 어린양의 고기는 하늘에서 내려오신 생명의 빵이신 예수 그리스도를 계시하고 있다. 아침까지는 아무것도 남겨 두지 말라는 것은 예수 그리스도의 고난이 일회적이라는 것을 보여 준다. "아침"이란 많은 경우 재림을 상징한다. 즉 예수 그리스도는 초림 때에는 고난받아 피 흘려 죽으셨지만, 주님의 재림 때에는 더 이상 고난당하지 않으신다는 것을 예표적으로 보여 주고 있다.

6) 첫태생의 죽음

『내가 이 밤에 이집트 땅을 두루 다니며 사람이나 짐승이나 이집트 땅에 있는 첫태생은 다 칠 것이며 이집트의 모든 신들에게도 심판을 행하리라. 나는 주니라』(출 12:12).

성경에서 첫태생은 가족 내 장자를 말하기도 하고, 이집트에 있는 이스라엘에 대해서도 하나님께서는 내 아들이요, 내 첫태생이라고 말씀하셨으며(출 4:22), 하나님이시지만 성령으로 잉태되시어 완전한 사람으로 나신 예수 그리스도를 첫태생이라고 말씀하신다(롬 8:29).

또한 첫태생은 허물과 죄 가운데 태어난 인간(엡 2:1)의 완전한 모습이다. 첫태생은 도덕적 상태나 행위와 상관없이 죽음에 이른다. 죄의 삯은 사망이다(롬 6:23). 흠 없는 어린양의 피를 바르지 않는다면 이집트인들의 첫태생뿐만 아니라 히브리인들의 첫태생도 죽게 된다. 이집트 땅의 집들 가운데 어린양의 피가 뿌려지지 않은 집의 첫태생은 다 죽게 된다. 왜냐하면 피흘림이 없이는 죄 사함이 없기 때문이다(히 9:22).

『한밤중에 主께서 이집트 땅에 있는 모든 첫태생들을 치셨는데 자기 보좌에 앉은 파라오의 첫태생부터 지하감옥에 갇힌 자의 첫태생까지며 가축의 모든 첫태생까지더라. 파라오가 밤중에 일어났으니, 곧 그와 그의 모든 신하들과 모든 이집트인들이라. 이집트에 큰 울부짖음이 있었으니 이는 사람이 죽지 않은 집이 하나도 없음이더라』(출 12:29,30).

첫태생이라도 어린양의 피 아래 있는 첫태생은 안전하다. 피가 없으면 잃어버린 사람이다. 하나님께서는 『내가 그 피를 보면 너희를 지나칠 것이며 그 재앙이 너희 위에 내려 너희를 멸하지 아니하리라.』(출 12:13)라고 이미 말씀하셨다. 그러나 자연인의 마음에 이것은 완전히 어리석은 일일 수 있다. 사람의 이성으로는 '그 피를 문에 발랐다고 해서 다를 것이 무엇이겠는가?'라고 생각할 수 있지만 이것이 하나님의 방법이다.

예수 그리스도께서 흘리신 피 아래 들어와 있는 사람은 누구든지 죽음으로부터 안전하다. 그러나 이것이 어리석다고 믿지 않는 자들은 사신들의 어리석음 가운데 죽임을 당하게 된다. 죽음의 신은 어느 집에 누가 사는가를 보는 것이 아니라 어린양의 피를 보고 지나치기 때문이다.

『그분께서는 미리 아신 자들을 자기 아들의 형상과 일치하게 하시려고 또한 예정하셨으니 이는 그를 많은 형제 가운데서 첫태생이 되게 하려 하심이니라』(롬 8:29).

하나님의 어린양이신 예수 그리스도께서는 모든 사람의 죽음의 문제를 해결해 주신 하나님의 첫태생이시다. 죽을 수밖에 없는 모든 사람들의 죄를 대신하여 죽으신 것이다. 성령으로 태어나신 첫태생이신 예수 그리스도의 피로 거듭나지 않으면 누구든지 그 생명을 잃게 된다.

하나님께서는 어린양의 피로 첫태생을 사셨다. 그러므로 모든 첫태생은 하나님의 소유가 된다. 이것은 아무것도 하지 않았고 받을 자격도 없는데 어린양의 피를 믿는 사람들에게 주어지는 하나님의 은혜이다. 이스라엘의 첫태생들을 대신해서 피를 흘린 어린양은 우리의 죄를 구속하시려고 갈보리 십자가에서 피를 흘려주신 예수 그리스도의 예표가 된다.

『이는 그들을 이집트 땅에서 데리고 나오신 **주**께 중히 지켜야 할 밤이니, 이것은 이스라엘의 모든 자손이 그들 대대로 지켜야 할 **주**의 그 밤이더라』(출 12:42).

이스라엘 백성들은 그 밤에 이집트에서 탈출했고, 그 밤은 그들이 대대로 지켜야 할 "주의 그 밤"으로 지정되었다. 이스라엘 자손들은 대대로 그 밤을 기억해야 한다. 이와 마찬가지로 그리스도인은 자신이 세상에서 구원받은 날을 잊지 말고 기억해야 한다. 그리스도인들은 구원받은 자기 생일을 알고 있다. 바울은 그날과 그날 있었던 분명한 일들을 결코 잊지 않았다. 그는 기회가 있을 때마다 하나님께서 자신을 구원해 주신 날과 그날의 일을 이야기했으며 주님께서 말씀하신 "그 밤"도 기억하라고 말했다.

『내가 주께로부터 받은 것을 너희에게 전달해 주었나니 이는 주 예수께서 넘겨지시던 그 밤에 빵을 가지고 감사를 드린 후 떼어 말씀하시기를 "이것은 너희를 위하여 쪼개진 나의 몸이니 받아 먹으라. 이것을 행하여 나를 기억하라."고 하셨으며』(고전 11:23,24)

예수 그리스도께서는 마지막 유월절 만찬을 나누시던 그 밤에 제자들에게 빵을 떼고, 잔을 주시며 이것을 먹고 마실 때마다 주님을 기억하고 주님이 다시 오실 때까지 주의 죽으심을 선포하라고 하셨다. 이스라엘 백성들이 이집트에서 나온 그 밤은 주님께서 죽으신 그 밤을 예표하고 있다. 이스라엘 자손이 주의 그 밤을 기억하고 대대로 지켜야 하듯이 구원받은 그리스도인은 자신이 구원받은 그 날을 잊지 말아야 하고 그날의 분명한 사실을 누구에게든지 선포해야 한다.

7) 꺾이지 않은 어린양의 뼈

『한 집 안에서만 먹을지니 너는 그 고기를 그 집 밖으로 가지고 나가지 말고, 뼈도 꺾지 말지니라』(출 12:46).

모세는 유월절 어린양이신 예수님의 뼈가 하나라도 꺾어지거나 부러지지 않는다는 사실을 어떻게 미리 알고 이렇게 기록했을까? 하나님께서는 예수 그리스도의 죽으심의 예표가 되는 유월절 어린양을 언급하시면서 한 가지 예언을 하셨는데 그것은 어린양의 뼈를 꺾지 말라고 말씀하신 것이다. 이것이 유월절의 율례이다(민 9:12).

성령께서는 시편 34:20에서 『주께서 그의 모든 뼈를 간수하사, 그 중에 하나도 부러지지 않게 하시는도다.』라고 이렇게 그 유월절 어린양이신 예수 그리스도의 죽으심에 대해 다시 한번 예언했는데 이스라엘 자손들은 출애굽기와 민수기에서 주어진 유월절의 율례를 무려 1,500년 동안이나 지켜오면서 그 누구도 그 말씀이 무엇을 의미하는지 알지 못했지만 이 일은 갈보리 십자가에서 예수 그리스도께서 죽임을 당하실 때 성취되게 된다.

『그러나 그들이 예수께 이르러서는 그가 이미 죽은 것을 보고 주의 다리는 꺾지 아니하였으나 그 병사들 중 하나가 창으로 주의 옆구리를 찌르니 거기서 피와 물이 나오더라... 이런 일들이 일어난 까닭은 "주의 뼈가 하나도 꺾이지 아니하리라."는 성경을 이루려 함이라』(요 19:33,34,36).

이런 일들이 있기 전의 내용을 보면 유대인들과 로마 군인들이 예수님을 십자가에 못박은 날은 유월절 전날인 예비일이다. 예비일 다음에는 큰 날이라고 불리는 특별한 안식일이었다(요 19:31). 유대인들은 이 특별한 안식일이 오기 전에 시체를 치우려고 빌라도에게 죄인들의 다리를 꺾어 빨리 죽여 달라고 요청한 것이다. 다리를 꺾어 달라는 것은 그냥 다리만을 부러뜨리는 것이 아니라 쇠파이프나 도끼 같은 것으로 얼굴과 몸의 뼈를 쳐서 죽이는 것이었다. 로마 군인들이 예수님의 양쪽에 있는 강도들이 살아 있는 것을 보고 그들의 뼈를 꺾었지만 예수님께서는 이미 죽으셨으므로 뼈를 꺾지 않고 창으로 주님의 옆구리를 찔렀다. 만일 예수님께서 그때까지 살아 계셨거나 로마 군인이 예수님의 죽음을 확인하지 않고 주님의 다리를 꺾었다면 성경의 예언은 틀리게 되고, 예수님께서는 유월절 어린양의 예표를 이루시지 못하게 된다. 사탄은 이때 예수님의 뼈를 꺾으려 했지만 하나님께서는 성경의 예언을 성취하시기 위해 다리를 꺾지 않고 창으로 옆구리를 찌르게 하신 것이다. 니산월 십일째 되는 날 취해진 흠이 없는 수컷 어린양은 십사일까지 간수되었다가 그 날 저녁에 잡혀 죽게 되고, 이스라엘 자손들은 그 피를 자기 집 문에 뿌리고 그 어린양의 고기를 불에 구워서 밤에 먹어야 한다. 그 밤에 피를 흘린 어린양의 죽음은 처음부터 끝까지 예수 그리스도의 죽으심을 예표하고 있다.

8) 모든 첫태생을 대속하는 어린양

『너는 태를 여는 모든 것과 네가 소유하고 있는 짐승에게서 나온 첫배 새끼를 **주**께 따로 떼어놓을지니 그 수컷들은 **주**의 것이니라』(출 13:12).

하나님께서는 모든 생명을 주셨지만 하나님의 것과 사람의 것을 구분하셨다. 첫배 새끼는 모두 다 하나님의 소유이다. 태를 여는 모든 수컷은 전부 다 하나님의 소유이다. 사람이든 짐승이든 똑같이 하나님께서 그렇게 정하셨다. 그런데 첫배 새끼지만 하나님께서 받지 않으시는 짐승이 있다. 바로 나귀의 모든 첫배 새끼들이다.

『나귀의 모든 첫배 새끼는 네가 어린양으로 대속할 것이요 네가 그것을 대속하지 않으려면 너는 그 목을 꺾을 것이며, 또 너의 자손 가운데서 사람의 모든 첫태생을 대속할지니라』(출 13:13).

성경에서 대속은 죄를 대신하는 제물이나 사람을 대신하여 드리는 제물을 말한다. 대속은 전적으로 하나님의 은혜이다. 죄를 지은 사람이 그 죗값으로 자신이 죽어야 하는데 자신이 직접 죽지 않고 자기 대신 다른 제물을 드리는 것이 대속이다. 하나님께서는 아벨이 자신을 대신하여 드린 첫배 새끼와 그 살진 것을 받으시고 아벨을 받아 주셨다. 아브라함의 독자 이삭의 생명은 수풀에 뿔이 걸린 숫양으로 대속되었다. 우리가 앞에서 본 유월절 어린양도 첫태생을 대신한 대속 제물이었다.

성경에서 나귀는 불결한 짐승이다. 비록 모든 짐승의 첫배 새끼가 하나님의 소유라 할지라도 하나님께서는 불결한 짐승인 나귀의 첫배 새끼는 받지 않으신다. 그래서 나귀의 첫배 새끼는 정결한 짐승인 어린양으로 대속하라는 것이 하나님의 명령이다. 만일 나귀의 주인이 어린양으로 대속하지 않는다면 그 나귀의 첫배 새끼는 목을 꺾어야 한다.

이처럼 나귀의 첫배 새끼를 대속하는 어린양은 사람의 모든 첫태생을 대속하는 대속 제물이다. 성경에 언급된 나귀 새끼는 사람이 태어난 것에 비유되기도 한다. 욥기 11:12은 『사람이 들나귀 새끼같이 태어나도 허망한 사람이 현명하게 되느니라.』라고 했는데 사람이 들나귀 새끼같이 태어난 허망한 사람은 구원받지 못한 사람을 예표한다. 사람은 죄인으로 태어나기에 하나님께서 첫태생부터 받으실 수가 없다. 하나님께서는 나귀의 첫배 새끼를 어린양으로 대속하듯이 사람의 모든 첫태생도 어린양으로 대속하라고 명령하시는 것이다. 그리고 이삭을 대신한 숫양을 준비하셨듯이 죄인들을 위하여 자신을 어린양으로 마련하신 것이다. 『보라, 세상 죄를 제거하는 하나님의 어린양이라』(요 1:29). 구원받지 못한 죄인이 저주를 받고 매달려야 하는데 이 하나님의 어린양이 나귀 새끼 같은 죄인을 대신하여 십자가에 매달리신 것이다. 이스라엘의 메시아 왕이신 예수님께서 타고 가신 것은 아무도 타보지 않은 어린 들나귀 새끼이다. 들나귀는 사람이 등에 타기 전에는 길들여지지 않는다. 채찍으로도 들나귀를 길들일 수 없다. 들나귀 새끼같이 허망하게 태어난 사람들이라도 그 어린양의 대속을 믿으면 값없이 현명하게 될 수 있는데 어리석은 자들은 그것을 받아들이지 않고 스스로 현명하게 되고자 애를 쓰다가 스스로 자신들의 목을 꺾는 것이다.

『모든 첫태생을 대속할지니라.』(출 13:13)라는 말씀은 하나님의 은혜를 가리킨다. 죄인들을 대속하신 어린양의 죽음은 아무것도 받을 자격이 없는 죄인들에게 주어지는 하나님의 은혜인 것이다. 요한복음 3:16은 『하나님께서 세상을 이처럼 사랑하셔서 그의 독생자를 주셨으니, 이는 그를 믿는 사람은 누구든지 멸망하지 않고 영생을 얻게 하려 하심이니라.』라고 말씀한다. 이 말씀대로 하나님께서는 미리 정해진 선택된 사람들만 한정시켜서 구원받기를 원하시는 것이 아니라 모든 사람을 구원하기 원하신다는 것을 알 수 있다. 모든 첫태생은 어떤 특정 그룹으로부터 분리된 첫태생들이 아니다. 구약의 제사장 직분은 첫아들과 아들들에게 선택적으로 권리가 주어졌지만, 그 첫태생들도 어린양으로 대속해야 한다.

신약 시대에 모든 사람을 대속하시는 하나님의 어린양은 주 예수 그리스도이시다. 『그러나 누구든지 그를 영접한 사람들에게는 하나님의 아들들이 되는 권세를 주셨으니, 즉 그의 이름을 믿는 사람들에게니라』(요 1:12). 하나님께서는 모든 사람이 구원을 받고 진리의 지식에 이르기를 원하신다(딤전 2:4). 주 예수 그리스도께서는 죽기까지 순종하심으로써 아담의 죄뿐만 아니라 다른 모든 사람들의 죄들까지도 그 죗값을 다 치르셨다. 그분의 순종하심과 죽으심은 인류 전체의 죄들에 대한 죗값을 전부 치르는 총체적이고 보편적인 대속이었던 것이다. 하나님께서 예수 그리스도를 통하여 은혜로 주시는 값없는 선물은 결코 제한적인 은혜가 아니라 전 인류에게 보편적으로 무제한 베풀어지는 풍성한 은혜인 것이다. 모든 첫태생을 대속하는 어린양은 모든 사람을 대속하는 예수 그리스도를 예표하고 있다.

6. 생명수를 낸 반석

『**주**께서 모세에게 말씀하시기를 "백성 앞을 지나가서 이스라엘의 장로들을 데리고 강을 쳤던 네 막대기를 손에 잡고 가라. 보라, 내가 거기 호렙에 있는 반석 위에서 네 앞에 서리니 너는 그 반석을 치라. 그러면 그곳에서 물이 나오리니, 백성이 마시리라." 하시니, 모세가 이스라엘의 장로들 앞에서 그렇게 행하니라』(출 17:5,6).

이스라엘 백성들이 하나님의 명령에 따라 르피딤에 장막을 쳤으나, 마실 물이 전혀 없었다. 그러자 갈증을 느낀 백성들은 목말라 죽겠다고 불평하며 모세에게 돌을 던지려고 했다. 모세가 하나님께 부르짖자 하나님께서는 호렙에 있는 반석을 준비하셨다. 이 반석은 광야에서 마실 물에 대해 불평하는 이스라엘 백성들에 대한 하나님의 처방이다. 하나님께서는 모세에게 그 반석을 치라고 명령하셨고 모세는 하나님의 명령대로 그 반석을 쳤다. 그러자 그 반석에서 물이 나와 백성들은 그 물을 마셨다. 이 반석은 죄인들을 대신해서 맞으신 주 예수 그리스도를 예표하고 있다.

『실로 그가 우리의 질고를 지고 우리의 슬픔을 지었는데도 우리는 그가 형벌을 받아 하나님께 맞으며 고난당한 줄로 생각하였도다. 그러나 그는 우리의 허물로 인하여 상처를 입었고, 그는 우리의 죄악으로 인하여 상하였도다. 우리의 화평을 위한 징계가 그에게 내려졌고, 그가 맞은 채찍으로 우리가 치유되었도다』(사 53:4,5).

이 말씀은 창세기 4장에서 아벨이 드린 어린양, 그리고 창세기 22장에서는 하나님께서 이삭을 대신해서 예비하신 숫양, 그리고 출애굽기 12장에서 죽임을 당하는 유월절 어린양이 사람이라는 사실을 알려 주시는 말씀이다. 이 어린양은 바로 인류의 죄를 위하여 한 번 죽으신 예수 그리스도이시다. 예수 그리스도께서는 하나님의 뜻에 순종하셨고 십자가에서 채찍질을 당하셨다.

호렙에 있는 이 반석은 더 이상 설명이 필요 없다. 이 반석은 거룩하시고 아무 점도 흠도 없으시며 죄도 없으시고 절대무오하신 하나님의 독생자이시다. 예수 그리스도께서는 죄인들을 대신하여 하나님께 맞으며 고난을 당하셨다. 하나님께서는 반역하는 백성들에게 그분의 은혜를 보여 주셨다. 반석을 친 것은 실제 물을 내도록 한 살아 있는 인격체에게 실행된 치는 행위였다. 즉 예수 그리스도께서는 선한 목자가 자기 양들을 위해 자기 생명을 내어놓듯이 백성들의 갈증을 채워 주기 위해서 자신의 생명을 내어놓으신 것이다.

『또 모두 같은 영적 음식을 먹었으며, 모두 같은 영적 음료를 마셨다는 것이라. 이는 그들이 그들을 따랐던 그 영적 반석에서 나온 것을 마셨음이요, 그 반석은 그리스도셨음이라』(고전 10:3,4).

사도 바울은 자신의 서신에서 이스라엘 백성들에게 물을 내어 준 그 반석을 향해 그 반석은 그리스도셨음이라고 기록했는데 출애굽기에 언급되었던 그 반석은 예수 그리스도를 예표하는 것이다. 이스라엘 백성들은 문자 그대로의 실제적인 반석에서 문자 그대로 솟아나온 실제적인 물을 마셨는데 이것은 나중에 영적인 반석에서 영적인 물이 솟아나올 것을 예표하는 것이다. 이집트를 탈출하여 약속의 땅으로 향해 가던 사십 년 동안 줄곧 이스라엘 백성에게는 이처럼 영적인 "반석"이 따라 다녔고, 이 섭리적인 역사로 인해서 그렇게 큰 무리가 오랫동안 부양받을 수 있었던 것이다. 이 "반석"은 훗날 이스라엘 백성들에게 예수 그리스도라는 실체로 나타나셨다. 모세가 막대기로 친 반석은 예수 그리스도의 한 번 죽으심을 예표하고 있다.

『그가 그곳의 이름을 맛사와 므리바라 불렀으니 이는 이스라엘 자손이 다투었기 때문이요, 이는 그들이 주를 시험하여 말하기를 "주께서 우리 가운데 계신가 안 계신가?" 하였기 때문이라』(출 17:7).

모세는 반석을 쳐서 나온 물을 마셨던 그곳의 이름을 맛사와 므리바라 불렀다고 했는데 성경에는 두 개의 므리바가 있다. 이스라엘 자손들이 카데스에 거할 때 그들에게 물이 없자 또 다시 모세를 거역하여 불평했다. 이때 하나님께서는 모세에게 『"막대기를 가지고 너와 네 형 아론은 회중을 모아놓고 그들의 목전에서 바위에게 말하라. 그러면 그것이 자기 물을 내리니, 너는 바위에서 나온 물을 그들에게 가져갈지니라. 그리하여 너는 그 회중과 그들의 짐승들에게 주어 마시게 할지니라."』(민 20:8)라고 말씀하셨고, 모세는 하나님께서 명령하신 대로 막대기를 취한 후에 백성들을 불러 모았다. 그리고 『모세가 손을 들어 자기 막대기로 그 바위를 두 번 쳤더니, 물이 풍부하게 솟아 나와서, 회중이 마시고 그들의 짐승들도 마셨더라.』(민 20:11)라고 했는데 이 말씀은 두 번째 므리바의 물이다(민 20:13).

여기서 하나님께서는 모세에게 이스라엘 회중들의 목전에서 바위에게 말하라고 명령하셨다. 그렇게 하면 바위에서 물이 나올 것이라고 설명까지 해 주셨다. 그러나 모세는 자기 막대기로 바위를 두 번이나 쳤다. 모세는 먼저 한 번 반석을 친 적이 있어서 그랬는지, 아니면 불평하는 백성들에게 화가 나서 그랬는지 모르지만, 하나님께서 바위에게 말하라고 명령하셨는데도 두 번이나 반석을 친 것이다. 그래도 하나님께서는 말씀하신 대로 바위에서 물이 솟아나오게는 하셨지만, 모세는 이러한 행동을 통하여 하나님에 대한 불신을 은연중에 나타내고 말았던 것이다. 하나님께서는 모세의 이러한 행위를 결코 모른 체하지 않으셨다. 하나님께서는 이러한 모세의 불신과 그릇된 행동을 날카롭게 지적하셨고, 그로 인하여 그가 약속의 땅으로 들어가지 못하리라고 말씀하셨다.

『그러자 主께서 모세와 아론에게 말씀하시기를 "너희가 나를 믿지 아니하고 이스라엘 자손의 목전에서 나를 거룩하게 하지 아니하였으므로, 너희는 이 회중을 내가 그들에게 준 땅으로 데리고 들어가지 못할 것이니라." 하시니라』(민 20:12).

이 말씀은 하나님께서 이 "반석"이라는 예표에 대해서 얼마나 주의 깊게 생각하고 다루어야 할 것인가를 암시하는 것이다. 이것은 지금 우리들도 마찬가지로 성경에 언급되는 예표들에 대해서 함부로 다루고 제멋대로 해석하고 그릇 적용하는 것을 엄금하신다는 것을 알려 주시는 것이다. 모세가 쳤던 그 "반석"은 그리스도이시다. 그리스도이신 반석은 한 번만 쳐야 했다. 한 번 치심으로 그리스도께서는 한 번 죽으셨다. 이 "한 번"의 죽으심으로 모든 것이 다 이루어졌다. 그분은 두 번씩이나 얻어맞도록 되어 있지 않으시다. 하나님께서도 그분을 한 번만 치셨다. 그런데 또 다시 한번 더 그리스도를 치는 것은 하나님께서 거룩하게 하신 것을 부인하는 죄를 짓는 것이다.

이것은 교회 시대에 예수 그리스도를 구주로 영접한 성도들의 마음이 어떠해야 하는지를 가르쳐 주신다. 어떤 성도가 주 예수 그리스도를 믿고 "한 번" 영접하여 구원받았다면, 두 번 다시 그분을 쳐서는 안 된다. 반석을 한 번 치고 나면, 그것으로 충분한 것이다. 물론 그리스도인이라고 해서 다시 죄를 짓지 않는 것은 절대 아니다. 성도들은 구원받고 나서도 계속해서 죄를 짓는다. 그러나 그렇다고 해서 한 번 받아 놓은 구원이 취소되는 것은 아니다. 하나님께서는 한 번 주신 하나님의 선물을 행실이 나쁘다고 해서 다시 가져가시는 분이 아니시다. 예수님께서도 『이미 목욕한 사람은 발밖에 씻을 필요가 없으니 그는 온몸이 깨끗함이라.』(요 13:10)라고 말씀하셨다. 이 말씀대로 몸을 한 번 깨끗이 씻은 사람은 온몸을 다시 씻을 필요가 없다. 부분적으로 더러워진 발만 씻으면 된다. 우리가 예수 그리스도를 영접하였을 때, 주님께서는 자신의 피로 우리의 온몸을 깨끗이 씻어 주셨다. 우리가 진정으로 한 번 구원 받았다면, 우리의 구원은 완성되는 것이지, 죄를 지었다고 해서 그것이 취소되기나 다시 구원받아야 하는 것이 아니다. 우리는 "한 번" 온몸이 깨끗이 씻겨졌고 그것으로 우리의 구원은 성취되었다. 그러나 우리의 발은 그 뒤로도 되풀이해서 더러워질 수 있다. 그러므로 우리는 더러워진 발만 다시 씻어야 한다. 우리가 죄를 지을 때마다 그 죄를 하나님께 자백하고 주님의 보혈로 자신을 다시 정결케 하는 것은 바로 이 때문이다.

하나님의 말씀을 함부로 해석하거나 예표하시는 것에서 벗어나는 것은 죄를 짓는 것이다. 모세가 그 반석을 "한 번" 친 것은 예수 그리스도의 "한 번" 죽으심의 예표가 되는 것이다. 그러므로 이 반석은 한 번 치는 것으로 끝나는 것이지, 또 다시 쳐서는 안 되는 것이다. 예수 그리스도께서는 『그리고 이 반석 위에 내가 나의 교회를 세우리니, 지옥의 문들이 그것을 이기지 못하리라.』(마 16:18)라고 말씀하셨는데 예수 그리스도께서는 "한 번" 죽임을 당하시고 그 새 언약 위에 교회를 세우셨다. 한 번만 쳐야 했던 반석은 예수 그리스도의 "한 번" 죽으심을 예표하고 있다.

7. 성막과 성막의 기명들

하나님께서 임재하시는 성막도 예수 그리스도를 계시하는 모형이 된다. 특별히 성막은 제물로 드려지는 짐승들의 죽음이 있는 곳이고 피가 뿌려지는 곳이다. 성막 자체가 예수 그리스도의 죽으심과 연관이 있다고 해도 과언이 아니다. 왜냐하면 예수 그리스도께서는 성막에서 피를 흘리고 제물로 드려지는 모든 짐승들의 원형이시기 때문이다. 성막의 기구 가운데는 예수 그리스도의 죽으심을 계시하는 모형들이 여럿 있음을 알 수 있다.

1) 피가 뿌려지는 자비석

『너는 순금으로 자비석을 만들되 그 길이는 이 큐빗 반, 그 너비는 일 큐빗 반이 되게 하고... 거기에서 내가 너와 만나고 또 내가 자비석 위, 증거궤 위에 있는 두 그룹 사이로부터 내가 이스라엘 자손에게 계명들로 줄 모든 것들에 관해 너와 교제하리라』(출 25:17,22).

성막의 기구 가운데 특별히 예수 그리스도의 죽으심을 계시하는 모형이 성막의 지성소 안에 있는 자비석이다. 지성소는 일 년에 한 번 이스라엘의 죄를 속죄하기 위해 대제사장이 피를 가지고 들어가서 자비석에 피를 뿌리고 이스라엘의 죄를 용서받는 곳이다. 성막의 지성소 안에 이 자비석은 예수 그리스도께서 화목제물이 되신 것을 계시하고 있다.

『하나님께서는 그의 피를 믿는 믿음을 통하여 그를 화목제물로 세우셨으니 이는 하나님의 오래 참으심 가운데서 이전에 지은 죄들을 사하심으로 인하여 그의 의를 선포하려 하심이요』(롬 3:25).

화목제는 하나님과 제물을 드리는 자와의 화목을 위하여 드리는 제사인데 하나님께서는 이스라엘 백성들과 화목하시기 위하여 자비석을 두신 것이다. 화목제물은 거룩하시며 정의로우신 하나님께서 죄에 대한 하나님의 진노를 가라앉히고, 돌리셨던 하나님의 얼굴을 돌이키시도록 드려지는 제물이다. 하나님께서는 의로운 분이시기에 하나님의 공의가 충족될 수 있는 값이 지불되어야 죄인과 화목하실 수 있다. 죄인인 사람은 하나님의 공의를 타당하게 충족시킬 방법이 없다. 그래서 하나님께서는 죄인들과 화목하기 위해 예수 그리스도를 화목제물로 세우셨다. 하나님께서 아들이신 예수 그리스도를 우리의 죄를 위한 화목제물이 되게 하신 것이다. 예수 그리스도께서는 십자가의 보혈을 통하여 화평을 이루고 땅에 있는 것이나 하늘에 있는 것이나 모든 것을 하나님과 화해하게 하신 것이다. 율법과 하나님 사이에서 중재를 통한 구속 사역을 담당한 이 자비석은 죄인들과 하나님을 화해시키기 위해 화목제물이 되신 예수 그리스도를 예표하고 있다.

『둘째 성막은 대제사장이 일 년에 한 번 혼자 들어가되 피 없이는 들어가지 아니했으니, 이 피는 자기 자신과 백성들의 잘못들을 위해서 드렸던 것이라』(히 9:7).

지성소 안에 있는 자비석은 피와 연관이 있다. 지성소는 휘장 안을 밝히는 초가 하나도 없지만 밝았으며, 그곳에 대제사장은 피를 가지고 들어가서 자비석에 피를 뿌려야 했다. 대제사장은 먼저 자신을 위하여 수송아지의 피를 취하여 자비석에다 피를 뿌려야 했다(레 16:14). 레위기 16:15은 『그런 다음에 백성을 위한 속죄제로 염소를 잡아 그 피를 휘장 안으로 가져와서, 그가 수송아지의 피로 했던 것과 같이 그 피로 자비석 위와 자비석 앞에 그것을 뿌릴지니』라고 했는데 이렇게 대제사장은 일 년에 한 번씩 지성소에 들어가 자비석 위와 자비석 앞에 수송아지와 염소의 피를 뿌렸다. 광야에서 성막은 자주 이동하지는 않았다. 그렇다면 지성소 안은 뿌려진 동물의 핏자국으로 인해 지저분했을 것이다. 그곳은 대제사장 외에는 아무도 들어갈 수 없기 때문에 누군가 들어가서 청소를 할 수도 없는 곳이다. 그곳에 해마다 피를 뿌려 놓았으니 얼마나 지저분하겠는가?

그러나 거기에는 피가 없었다. 그곳은 항상 깨끗했고 항상 청결했다. 성경에는 누가 자비석에 뿌려진 피를 깨끗이 닦아냈다는 기록은 전혀 없다. 그렇다면 어떻게 해서 자비석과 그 앞은 깨끗한 것인가? 바로 하나님께서 그렇게 정결케 하신 것이다. 피가 뿌려진 이 자비석과 지성소를 거룩하게 하시는 분은 하나님 자신이시다. 대제사장이 피를 뿌리고 나가면 하나님의 영광스러운 빛이 그 피를 깨끗이 닦은 것이다. 피는 더럽히는 것이 아니라 깨끗하게 하고 정결하게 한다. 정결케 하는 피가 지성소를 더럽힐 리가 없다. 예수 그리스도의 피는 우리의 양심까지도 정결케 하신다. 히브리서 9:14은 『하물며 영원하신 성령을 통하여 흠 없는 자신을 하나님께 드린 그리스도의 피가 어찌 죽은 행실에서 너희 양심을 정결케 하여 살아 계신 하나님을 섬기게 하지 못하겠느냐?』라고 말씀하신다. 화목제물로 드려지신 예수 그리스도의 피는 사람의 양심을 정결케 한다. 그 피가 양심을 "정결케" 한 것이다. 구약의 동물 제사는 아무리 많이 드려지고, 그 피가 반복적으로 뿌려졌어도 결코 드리는 사람의 양심에 관해서는 정결케 할 수 없었으나, 예수 그리스도의 피는 사람의 양심을 정결케 한다. 하나님께서는 우리를 구원하시기 위해 독생자를 보내셔서 죽게 하신 것이다. 지성소 안의 자비석에 뿌려진 피는 예수 그리스도께서 흘리신 피와 그분의 죽으심을 예표하고 있다.

2) 놋제단

『너는 싯팀 나무로 제단을 만들되 길이가 오 큐빗, 너비가 오 큐빗이며 제단은 네모 반듯하고 그 높이는 삼 큐빗이 되게 하라』(출 27:1).

하나님께서는 모세에게 싯팀 나무로 제단을 만들라고 하셨는데 싯팀 나무는 언약궤와 빵 차리는 상과 향제단을 만드는 나무 재료였다. 건조한 광야에서 자라는 이 싯팀 나무는 나뭇결이 곱고 단단해서 내구성이 좋고 벌레가 잘 먹지 않는 특성이 있다. 이 제단은 길이가 오 큐빗, 너비가 오 큐빗으로 네모반듯한 모양으로 만들어졌다. 성경에서 "5", 즉 "다섯"이라는 숫자는 죽음을 나타낸다. 이 땅의 처음 사람인 아담은 창세기 5:5에서 죽는다. 루시퍼는 다섯 번째 그룹이었고 타락한 후에 죽음의 세력을 가진 사탄이 되었다. 신약의 다섯 번째 책인 사도행전 5:5에서 아나니아가 쓰러져 죽는다. 예수 그리스도께서 죽으셨을 때, 병사들은 주님의 옷을 다섯 조각으로 나누었다.

『남편들아, 너희는 자기 아내를 사랑하되 그리스도께서 교회를 사랑하셔서 교회를 위하여 자신을 주신 것같이 하라』(엡 5:25).

길이와 너비가 오 큐빗으로 네모반듯한 제단은 예수 그리스도의 죽음을 예표한다. 창세기에서 아담이 죽음 같은 무의식의 깊은 잠이 들었을 때 하나님께서 그의 옆구리에서 한 갈비뼈를 취해 여자로 만드셨다. 아담은 그의 신부를 얻기 위해 죽어야 했다. 아담이 자신의 아내를 구원하기 위해 죽었던 것처럼 예수 그리스도께서도 교회를 사랑하셔서 교회를 위하여 죽으셔야 했다. 사방의 길이가 오 큐빗으로 동일한 제단은 짐승들을 잡아 번제로 드리기 위해 만들어졌다. 싯팀 나무로 만들어진 제단은 예수 그리스도의 인성과 죽으심을 예표한다.

『그 네 모퉁이에는 뿔들을 만들되, 그 뿔들은 같은 데서 나오게 하고, 그것을 놋으로 입힐지니라』(출 27:2).

이 정사각형 모양으로 된 제단의 네 모퉁이에는 놋쇠로 네 개의 뿔을 만들어 달았다. 이 뿔들은 그물망이 제단 밑으로 내려가는 것을 막기 위해 만들어졌다. 이 뿔들은 하나님께 드려지는 제물들을 묶기 위해 만들어진 것이다(시 118:27).

싯팀 나무로 만들어진 제단은 놋으로 입혀졌다. 놋은 내구성과 견고함을 갖추고 있으며, 불에 대한 저항력도 높여 준다. 성경에서 놋으로 만든 것은 모두가 심판을 말한다. 놋대야, 놋제단, 놋뱀이 그 예가 된다. 놋으로 입혀진 제단은 죄가 없지만 인류의 죄가 되셔서 심판을 받으신 예수님께서 지신 십자가의 모형이다. 고린도후서 5:21은 『하나님께서 죄를 알지도 못하는 그를 우리를 위하여 죄로 삼으신 것은 우리로 하여금 그 안에서 하나님의 의가 되게 하려 하심이라.』라고 말씀하셨는데 놋제단은 우리 죄인들이 받을 심판을 대신 지신 예수 그리스도의 십자가를 예표하고 있다.

『너는 제단을 널판으로 속이 비게 만들되, 산에서 너에게 보여 준 대로 그들이 그것을 만들지니라』(출 27:8).

하나님께서는 이 놋으로 입혀진 싯팀 나무 제단을 사람에게 만들라고 명령하셨지만 그 자체는 하나님께서 친히 계획하시고 마련하신 것이다. 하나님께서는 만들어야 할 제단을 모세에게 먼저 보여 주시고 그대로 만들게 하신 것이다. 사람이 할 수 있는 일은 하나님께서 보여 주신 대로 제단을 만든 것뿐이었다. 제단은 죽음을 예표한다. 예수 그리스도의 죽음에서 사람들이 한 것은 십자가를 만들고 그 위에 제물이신 예수님을 붙잡아 끌고 가서 그분을 십자가에 못 박는 것까지였다. 예수님을 십자가에서 죽게 하신 것은 하나님께서 태초 이전부터 미리 계획하시고 마련하신 것이다. 제단은 하나님께서 허락하신 예수 그리스도의 죽으심을 예표하고 있다.

『하나님께서 세상을 이처럼 사랑하셔서 그의 독생자를 주셨으니, 이는 그를 믿는 사람은 누구든지 멸망하지 않고 영생을 얻게 하려 하심이니라』(요 3:16).

전능하신 하나님의 목적과 계획에 의하지 않고는, 그리고 그분의 허락 없이는 인간들은 절대로 주님을 만질 수도 없으며 그분께 어떤 일도 행할 수 없었을 것이다. 예수 그리스도께서 자원해서 죄인들의 손에 넘겨져 죽임을 당하지 않으셨다면 그 누구라도 절대로 주님께 손을 댈 수 없었을 것이다. 예수님께서는 타의에 의해서 강압적으로 갈보리산으로 끌려가신 것이 아니라 전적으로 자원해서 가신 것이다. 하나님께서는 죄인들을 하나님과 화목하게 하시려고 그렇게 계획하시고 예정하셨던 것이다. 번제단은 하나님께서 허락하신 예수 그리스도의 죽으심을 예표하고 있다.

『번제단을 회중의 장막의 성막 문 앞에 놓고』(출 40:6).

하나님께서는 놋으로 입혀진 이 번제단을 성막 문 앞에 놓으라고 말씀하셨다. 죄인이 성막의 동쪽 문을 통해서 성막으로 들어가면 맨 처음에 보게 되는 것이 번제물을 태우는 이 놋제단이다. 이 제단은 짐승들이 사람을 대속해서 죽임을 당하는 곳이다. 죄인들의 죄를 대속해서 죽은 짐승들은 그 번제단에서 불로 태워졌다. 성막에 들어오는 사람은 누구나 이 번제단을 마주하게 된다. 이 제단은 성막 뜰의 문과 성막 사이에 있는데 누구든지 이 번제단을 통과하지 않고는 성막으로 들어갈 수 없었다. 성막으로 나아가기 위해서는 먼저 이 번제단을 통과해야만 한다. 이 제단은 바로 예수 그리스도의 십자가를 상징한다. 이 번제단은 하나님께 나아오는 모든 죄인들의 길을 일단 차단하는 역할을 한다. 죄인들은 거기서 일단 정지하여 그 번제단에서 자기 죄를 대신할 희생제물을 태워 죄 문제를 해결해야 한다. 그 후에야 자유롭게 하나님의 임재로 들어갈 수 있었다. 만일 그런 대속적인 죽음과 번제단을 통과하지 못하면 하나님께 나아가는 길은 완전히 차단되고 만다. 다른 길은 없다. 이 제단의 위치는 하나님께 나아가는 길이 되시는 예수 그리스도를 예표하고 있다.

『예수께서 그에게 말씀하시기를 "나는 길이요 진리요 생명이라. 나로 말미암지 않고는 아버지께로 올 사람이 아무도 없느니라』(요 14:6).

예수 그리스도께서는 모든 죄인들의 대속 제물이 되시고 하나님께 나아가는 길이 되시기 위해서 십자가에서 죽으신 것이다. 이와 같이 주 예수 그리스도의 십자가와 그분의 죽으심과 그분의 대속적인 희생을 믿는 믿음이 없이는 그 어디에도 하나님께 나아갈 수 있는 길이 없다. 예수 그리스도의 십자가는 분명하게 죄인과 하나님 사이에 서 있는 것이다. 누구든지 성막에 들어서자마자 가장 먼저 불이 활활 타오르고 있는 놋제단을 보게 되는 것이다

놋제단은 땅의 중간에 있는 지옥을 말하고 있으며, 불못의 형벌을 보

여주고 있다. 이것은 죄에 대한 하나님의 심판이다. 죄에 대한 형벌은 바로 불이다. 그래서 제단의 불은 지옥불을 연상하게 된다. 예수님께서는 십자가 위에서 하나님의 어린양으로서 자신을 제물로 드리고 죽으셨을 때, 그분은 제단 위에서 불타는 어린양으로 자신을 바치신 것이었다. 예수님께서는 "목마르다."고 말씀하셨다. 성막 문 앞에 위치하여 죄를 해결하는 번제단은 예수 그리스도의 죽으심을 예표하고 있다.

3) 성막의 휘장

『너는 청색, 자색, 주홍색 실과 정교한 솜씨로 가늘게 꼰 베실로 휘장을 만들되, 그것을 그룹들과 더불어 만들지니라』(출 26:31).

이 휘장은 성소와 지성소를 나누는 휘장이다. 이 휘장도 성막을 만드는데 쓰인 네 가지 색실로 만들어졌는데 다른 휘장들과 다른 것은 그룹들을 수놓아서 만들어졌다는 것이다. 이 휘장에 그룹들이 수놓아진 것은 하나님께서 거하고 계시는 지성소는 언제나 그룹들이 지키고 있다는 것을 알려 주시기 위함이다. 아무나 이 휘장을 열고 지성소로 들어갈 수 없다. 이 휘장은 하나님의 영광을 아무나 함부로 볼 수 없게 하려는 목적에서 만들어진 것이다.

『너는 걸쇠 아래에 휘장을 걸고 증거궤를 그 휘장 안에다 들여 놓을지니, 거기 휘장이 너희에게 성소와 지성소를 나눌 것이니라』(출 26:33).

이 휘장은 지성소에서 하나님의 자비석으로 들어가기 위해 통과하는 최후의 관문이다. 지성소의 출입은 대제사장에게만 허용되었고, 대제사장은 일 년에 단 한 번 속죄일에만 지성소에 들어갈 수 있었다. 대제사장은 그날 자비석에 피를 뿌리기 위해 염소의 피를 가지고 들어갔다.

지성소를 막고 있는 이 휘장은 우리가 범죄하여 하나님의 영광에 이르지 못하였다는 것을 말씀하고 있다. 그러나 유월절 어린양이 이집트에서 이스라엘 백성을 구속하기 위해 희생되었듯이, 그리고 속죄일에 염소가 죽어 그 피로 이스라엘 백성들이 하나님의 용서를 얻게 되는 것처럼, 예수 그리스도께서 『친히 나무에 달리신 자신의 몸으로 우리의 죄들을 담당하셨』던 것이다(벧전 2:24). 예수님께서 십자가에 매달려 계실 때, 하나님께서는 "우리 모두의 죄들과 악행을 그에게 담당시키셨다"(사 53:6). 십자가 위에서 예수님께서는 『나의 하나님, 나의 하나님, 어찌하여 나를 버리셨나이까?』(마 27:46)라고 외치셨고, 죽음에 이르는 최후의 고통이 왔을 때 『"다 이루었다"』(요 19:30)라고, 말씀하시고 숨을 거두셨다. 오직 예수님만이 그 일을 하실 수 있으셨기에 그렇게 하신 것이다.

『그러므로 형제들아, 우리가 예수의 피로 인하여 담대하게 지성소에 들어가나니, 그가 우리를 위해 바치신 새롭고 살아 있는 길로 휘장, 곧 그의 육체를 통하여 들어가느니라』(히 10:19,20). 성소와 지성소를 나누는 휘장은 예수 그리스도의 육체를 예표하고 있으며, 예수 그리스도께서는 십자가 위에서 자신의 몸을 한 번 드리셔서 죄인들이 구원받아 하나님께 나아가는 새롭고 살아 있는 생명의 길을 열어주셨다. 예수님께서 『나는 그 문이라, 누구든지 나를 통하여 들어가면 구원받을 것이며』(요 10:9)라고 말씀하신 그대로 예수 그리스도를 믿고 구원받은 성도들이 하나님께서 계신 셋째 하늘로 들어갈 수 있는 문이 되신 것이다. 이 지성소 앞의 휘장은 예수 그리스도의 찢겨진 몸으로 상징된다.

『그런데, 보라, 성전의 휘장이 위에서 아래까지 둘로 찢어지고 땅이 흔들리며, 바위들이 갈라지고』(마 27:51)

십자가에 달려 죽으신 예수 그리스도의 죽음은 하나님께서 받으신 죽음이다. 예수님께서 죽으셨을 때 "성전의 휘장이 위에서 아래까지 둘로 찢어지고"라는 이 말씀은 하나님께서 그 휘장을 찢으셨음을 나타내며, 그것은 예수 그리스도의 육체가 십자가의 수난으로 찢어졌음을 나타낸다. 성막의 휘장이 찢어졌다는 것은 예수 그리스도의 몸이 찢어졌다는 것과 정확히 일치한다. 휘장은 그리스도의 몸의 모형이고, 그 몸은 육체로 나타나신 하나님의 몸이므로, 휘장이 찢어졌다는 것은 예수 그리스도의 죽으심으로 인해 하나님 앞으로 들어가는 길이 새롭게 열렸다는 것을 보여 준다. 지성소는 셋째 하늘에 있으며 지성소 앞의 휘장은 둘째 하늘에서 셋째 하늘로 들어가는 길이다. 지성소의 휘장이 찢어졌다는 것은 이전에는 대제사장이 일 년에 한 번 피를 가지고 휘장 안으로 들어가 하나님의 보좌 앞에 설 수 있었는데, 이제는 휘장이 찢겼으므로 하나님의 보좌는 공개되었고, 누구든지 원하기만 하면 그 앞에 직접 나아갈 수 있게 된 것이다.

정리하자면, 찢어지지 않은 휘장은 육신을 입으신 그리스도를 온전하게 표현하고, 예수님만이 하나님 앞에 나갈 수 있었지만, 예수님께서 죽으실 때 그 휘장이 찢어져 제거됨으로써 이제는 그 어떤 죄인이라도 예수 그리스도께서 완성하신 그리스도의 복음을 통하여 하나님께 나아갈 수 있게 되었다는 것을 예표하고 있다. 휘장은 죄인들이 하나님의 임재 안으로 길이 열릴 수 있는 상태로 찢어졌다. 그래서 주 예수님께서는 죄인들을 하나님께 가까이 데려가기 전에 죽으셔야 했던 것이다. 성소와 지성소를 나누는 그룹이 수놓아진 휘장은 예수 그리스도의 몸을 예표하고 있으며 예수 그리스도께서 죽으실 때 하나님께서 휘장을 위에서 아래까지 찢으심으로 누구든지 하나님의 임재 앞으로 나아갈 수 있는 길이 열리게 되었다. 구약의 희생 제사는 완전히 끝났고 구원이 완성되었으며 영원한 구속을 이루신 새 언약이 시작되었다. 위에서 아래까지 둘로 찢어진 성전의 휘장은 예수 그리스도의 죽으심을 입증하는 예표이다.

4) 성막의 덮개

성막의 외형은 일 큐빗을 45cm로 보았을 때 너비가 4.5m, 높이가 4.5m, 길이가 13.5m 정도 되는 직사각형 모형이다. 이 성막의 벽은 싯딤 나무로 민든 널판을 은받침 위에 세워 서로 이어서 지탱하게 만들어졌고 이 성막의 천장은 네 가지의 덮는 것으로 덮이게 된다. 첫 번째 덮개는 가늘게 꼰 베실과 청색, 자색, 주홍색 실로 된 세마포 휘장으로 이 휘장에는 정교한 솜씨로 수를 놓은 그룹들이 있다(출 26:1).

『너는 성막 위에 덮을 것으로는 염소털로 휘장을 만들되 열한 개의 휘장을 만들지니라』(출 26:7).

성막 천장을 덮는 두 번째 휘장은 염소털로 만들어졌고 세마포 위에 덮어씌웠다. 성경은 염소를 우리의 죄를 담당하는 예수 그리스도로 묘사하고 있다. 염소는 정결한 동물이므로 번제단에 드리는 제물로 쓰기에 적합했다. 속죄일에 제사장들은 염소 두 마리를 취하여 한 마리는 제단에서 잡아 제단에 피를 뿌렸는데 이것은 예수 그리스도께서 희생제물로 죽으신 것을 상징하고 있다. 또 한 마리의 염소는 속죄 염소로서 제사장의 안수로 이스라엘 자손의 모든 죄악과 그들의 죄들은 그 염소의 머리에 얹어진다. 그 염소는 그들의 모든 죄악을 지고 광야로 보내진다.

염소털로 만든 휘장은 우리의 죄를 대속하신 예수 그리스도를 예표하고 있다. 이사야서 53:6은『우리는 모두 양같이 길을 잃어 각자 자기의 길로 돌이켰으나 주께서는 우리 모두의 죄악을 그에게 지우셨도다.』라고 말씀하고 있으며, 고린도후서 5:21은『하나님께서 죄를 알지도 못하는 그를 우리를 위하여 죄로 삼으신 것은 우리로 하여금 그 안에서 하나님의 의가 되게 하려 하심이라.』라고 말씀하고 있다.

성막에 두 번째로 씌우는 덮개인 염소털로 된 휘장은 예수 그리스도의 대속을 의미하고 있다. 예수 그리스도께서는 친히 나무에 달린 자신의 몸으로 우리의 죄들을 담당하셨을 뿐만 아니라 우리를 위하여 죄가 되신 것이다. 예수 그리스도께서는 십자가 위에서 모든 인류의 죗값을 지불하셨다. 죽임을 당한 염소처럼 죄를 속죄하셨으며, 광야로 보내진 염소처럼 우리의 죄를 영원히 제거하셨다. 염소털로 만든 휘장을 흰 세마포 위에 덮은 것은 완전한 구원을 말해 준다. 속죄제물이 되신 예수 그리스도 안에 있는 성도들의 의는 완전하고 안전하다. 죽임을 당한 염소는 예수 그리스도의 죽으심에 대해 예표하고 있으며, 살아서 광야로 죄악을 지고 간 염소는 살아계시며 우리의 죄를 담당하시고 우리를 위해서 완전한 화목을 이루심을 의미하고 있다. 염소털로 만들어진 휘장은 놋으로 만든 걸쇠와 고리로 연결된다. 염소털로 만들어진 휘장은 예수 그리스도께서 십자가 위에서 이루신 속죄제물의 예표이다.

『너는 붉게 물들인 숫양의 가죽으로 장막 덮는 것을 만들고 오소리의 가죽으로 위에 덮는 것을 만들지니라』(출 26:14).

성막의 천장을 덮는 세 번째 덮개는 붉게 물들인 숫양의 가죽으로 만들어져 세마포와 염소털로 만든 덮개 위에 덮였다. 붉은색은 죄인들을 위해 흘려 주신 주 예수 그리스도의 보혈을 말하고 있으며, 가죽은 그 밑에 거하는 죄인을 위한 완전한 덮개를 나타낸다. 성경에서 가죽은 창세기 3:21에 처음 기록되었다. 하나님께서 죄를 지은 아담이 무화과나무 잎을 엮어 만들어 입은 치마를 벗겨 내시고 짐승을 잡아 그 가죽으로 옷을 만들어 입히셨다. 아담은 사형선고를 받았다. 그를 대신할 수 있는 대속물이 없으면 그는 죽을 수밖에 없었다. 그러므로 아담에게는 대속물이 필요했다. 아담의 몸을 가리기 위해 대신 죽은 그 짐승은 아담을 위해서 대신 죽은 대속물이었다. 그 짐승은 가죽을 남기기 위해 죽어야 했는데 가죽이 벗겨지기 전에 먼저 피를 흘리고 죽어야 했다. 숫양은 죄인들의 대속자이신 예수 그리스도를 예표하고 있다.

창세기 22장에서 하나님께서는 아브라함에게 나타나셔서 그의 사랑하는 독자 이삭을 번제로 드리라고 명령하신다(창 22:2). 아브라함은 이삭을 데리고 하나님께서 정해 주신 산에 올라가는데 번제로 드릴 제물이 없었다. 제물이 없는 것을 이상히 여긴 이삭이 아브라함에게 번제에 쓸 어린양이 어디 있느냐고 물었다. 그러자 『아브라함이 말하기를 "내 아들아, 하나님께서 자신을 번제에 쓸 어린양으로 마련하실 것이라." 하고, 두 사람이 함께 가더라.』(창 22:8)라고 했는데 우리의 삶에 있어 필요한 것을 공급하시는 분은 하나님이시다. 인간은 태어난 순간부터 숨을 거둘 때까지 하나님의 도우심에 의지할 수밖에 없다. 두 사람이 하나님께서 말씀하신 그곳에 와서, 아브라함은 제단을 쌓고 이삭을 묶어 제단의 나무 위에 올려 놓고 칼로 그의 아들을 죽이려 하는데 하나님께서 아브라함을 부르시고 그에게 이삭을 대신할 대속 제물을 알려 주셨다.

『아브라함이 눈을 들어 살펴보았더니, 보라, 뿔이 수풀에 걸린 숫양 한 마리가 그 뒤에 있는지라, 아브라함이 가서 숫양을 잡아와서 그의 아들 대신에 번제로 드렸더라』(창 22:13).

이 숫양은 대속 제물이다. 이삭 역시 사형선고를 받고 죽어야 할 죄인이었다. 심판 앞에 나타난 이 숫양은 이삭을 대신해서 죽는 그리스도의 예표가 되었다. 이것으로 하나님께서는 죄인을 대신하여 자신을 내어주셨음을 알게 하신 것이다. 왜냐하면 황소들과 염소들의 피로는 죄들을 제거하는 것이 불가능하기 때문이다(히 10:4).

예수 그리스도께서는 자기의 피로 죄인을 덮어 주시려고 오셨다. 그것은 마치 성막에서 제사장이 붉게 물들인 숫양의 가죽 덮개 아래로 들어가 몸을 숨기는 것과 같다. 그러므로 숫양은 죄인을 위해서 하나님께서 마련하신 대속 제물인 예수 그리스도에 대한 예표가 된다. 예수 그리스도께서는 소망이 없는 절망적인 죽음의 선고를 받은 죄인들과 자리를 맞바꾸시려고 직접 이 땅에 오신 것이다. 죄인을 대신하여 죄인들이 죽을 자리에 들어가셔서 죽으신 것이다.

5) 성막의 은받침

『스무 개의 널판 아래 은받침 사십 개를 만들고, 이쪽 널판 아래 두 장부에 맞는 두 받침을 만들고 저쪽 널판 아래에도 두 장부에 맞는 두 받침을 만들 것이며』(출 26:19).

성막은 광야에 세우기 때문에 기초가 튼튼해야 한다. 성막은 순전히 은받침으로 기초를 놓아 세운 건물이다. 전체 건물을 지탱하는 널판들이 은받침 위에 세워져 성막의 울타리가 되었다. 은받침은 일백 개인데 한 받침은 은 한 달란트로 만들어졌고(출 38:27), 이 은은 이스라엘 회중 가운데 이십 세 이상으로 계수된 자들이 자기 혼을 위한 몸값으로 하나님께 드린 것이다.

창세기 37장에서 요셉은 그의 형제들에 의해 은 이십 개에 이스므엘인들에게 팔렸다. 그리고 유다 이스카리옷은 예수님을 은 삼십 개에 선임 제사장들에게 넘겼다. 계수된 이스라엘 자손들은 은으로 속전을 내야 했다. 성경에서 은은 생명의 양도와 대속의 값으로 사용되었고 속죄를 의미한다. 속죄에는 언제나 피가 동반된다. 성막의 기초가 되는 은받침은 성막이 속죄를 위한 대속의 피 위에 세워졌다는 것을 의미한다. 피가 없이는 죄 사함이 없으므로 성막의 기초가 되는 은받침은 피를 상징하는 것이며 그 피는 주 예수 그리스도의 보혈을 나타낸다. 예수 그리스도께서는 우리의 죄를 위한 대속의 제물로서 갈보리 십자가 위에서 보혈을 흘리셨다. 이 보혈의 기초 위에 모든 구속이 이루어지는 것이다. 은받침은 예수 그리스도께서 흘리신 하나님의 피를 예표하고 있다.

『그러므로 너희 자신을 조심하고 모든 양떼에게도 그리하라. 이들을 위하여 성령께서는 너희를 감독자들로 세우셨으며 하나님께서 자신의 피로 사신 하나님의 교회를 돌보게 하셨느니라』(행 20:28). 예수님은 하나님이시다. 주 예수 그리스도의 보혈이라는 기초가 없으면 구원은 절대 있을 수 없다. 고린도전서 3:11은 『이 닦아 놓은 기초 외에 아무도 다른 기초를 놓을 수 없나니 이 기초는 예수 그리스도시라.』라고 말씀하고 있다. 그 누구도 예수 그리스도의 피가 없이는 하나님 앞에 나갈 수가 없다. 예수 그리스도의 피만이 반석이며 은으로 된 바른 기초인 것이다. 누구든지 이 기초 위에 서게 되면 구원을 받게 된다. 구원은 각자가 스스로 해결해야 한다. 절대로 다른 사람이 대신해 줄 수 없다. 반드시 예수 그리스도의 죽으심과 그 보혈을 믿는 믿음만이 구원의 기초가 될 수 있는 것이다.

예수 그리스도의 죽으심은 성경에 예언되었고, 그 말씀대로 하나님께서 정해 놓으신 일이었다. 하나님께서는 창세기 3장에서 아담이 범죄한 후에 자기 몸을 가렸던 무화과나무잎으로 엮어 만든 치마를 벗기시고 짐승을 잡아 그 가죽으로 옷을 만들어 입히실 때부터 어린양이신 예수 그리스도의 죽으심을 계시하셨고, 창세기 22장에서는 이삭을 대신해서 준비하신 숫양을 통해서 자신이 스스로 제물이 되실 것을 계시하셨다. 시편 22편에서는 그분이 어떻게 죽으실 것인지를 계시하셨으며, 이사야 53장에서는 하나님의 어린양이 한 사람으로 제시되었고, 그분이 질고를 지셔야 했던 이유를 말씀하시며 하나님께서는 오히려 그분의 죽으심을 기뻐하시기까지 하셨다. 왜냐하면 예수 그리스도의 씨가 한 세대가 되어 주 예수 그리스도를 섬길 것이기 때문이다. 예수 그리스도의 죽음은 죄인을 위해 하나님께서 준비하신 것이다. 누구든지 주 예수 그리스도의 보혈을 힘입어 하나님께 나아갈 수 있게 된 것이다. 예수님께서는 자신의 피로 죄인들을 용서해 주시려고 오셨다. 죄인들과 자리를 맞바꾸시려고 직접 이 땅에 오신 것이다. 예수 그리스도께서는 죄인을 대신한 하나님의 어린양으로 오셔서 죄인들이 죽을 자리에 대신 들어가셔서 죽으신 것이다.

제4장

부활과 승천

예수 그리스도께서는 죽으시고 무덤에 장사되셨지만 셋째 날에 다시 살아나셨다. 이 부활의 교리는 신약 교리의 기초이다. 만일 예수님께서 무덤에서 부활하지 않으셨다면 우리는 여전히 죄 가운데 있을 것이다. 그러나 예수님께서는 부활하심으로써 자신이 죄가 없으신 하나님의 아들이심을 입증하셨다. 출애굽기에는 예수 그리스도의 부활에 관한 계시들이 많이 있다. 그러나 문제는 언제나 확실한 사실을 눈으로 보고도 믿지 않으려는 자들이 많다는 것이다.

1. 홍해를 건넌 요셉의 뼈들

『주께서 파라오의 마음을 완악하게 하시므로 그가 그들에게 경청하지 아니하였으니, 주께서 말씀하신 대로였더라』(출 7:13).

모세와 아론이 파라오 앞에서 지팡이를 던져 뱀이 되게 하자 파라오의 마술사들도 자기 막대기를 던져 뱀을 만들었다. 그러자 아론의 막대기가 그들의 막대기를 삼켜버렸다. 그러나 파라오는 그 현장을 목격하고도 마음이 완악해져서 모세의 말을 듣지 않았다. 파라오는 자기가 본 것을 부인할 수는 없었지만 다만 이 사실이 확산되지 않기를 바랄 뿐이었다. 예수 그리스도의 부활을 본 유대인 종교 지도자들도 그런 마음이었다.

『그러므로 그들이 돈을 받고 가르침받은 대로 행하였으니 이 말이 오늘까지 유대인들 사이에 두루 퍼지니라』(마 28:15).

예수님께서 죽으시고 무덤에 장사된 것을 본 선임 제사장들과 바리새인들은 빌라도에게 그 무덤을 셋째 날까지 지키게 해달라고 요청했다. 그 이유는 예수님께서 살아 계실 때 '삼 일 후에 내가 다시 살아나리라.'고 말했던 것을 들었기 때문이었다. 빌라도는 병사들에게 무덤을 굳게 지키라고 명령했고 그들은 무덤을 돌문으로 봉인하고 경비병들로 안전하게 지키게 했다(마 27:62-66). 그런데 삼 일 후에 큰 지진이 나고 천사들이 내려와서 무덤의 돌을 굴려 냈다. 경비병들은 무서워 떨며 죽은 사람같이 되었다가 나중에 무덤에서 일어났던 일을 선임 제사장에게 보고했다. 예수님께서 부활하셨을 때 그 자리에 있던 경비병들이 선임 제사장들에게 가서 일어난 모든 일들을 말하자 그들은 장로들과 모의하고 경비병들에게 돈을 주면서 예수님의 제자들이 밤에 와서, 우리가 자는 동안 예수님의 시신을 훔쳐 갔다고 말하라고 했다. 예수님께서는 말씀하신 대로 부활하셨지만 그 사실을 확인한 종교 지도자들은 보고도 믿지 않으려고 했다. 그러나 예수 그리스도께서 부활하신 것은 그 누구도 부인할 수 없는 사실이며 하나님께서 예언하신 대로 이루어진 것이다. 출애굽기에도 예수 그리스도의 부활에 대한 예표와 모형들이 제시되어 있다.

1) 이집트에 남지 않은 요셉의 뼈들

『요셉이 죽고 그의 모든 형제들과 당대의 사람들도 모두 죽었더라』(출 1:6).

모든 사람들은 자기 조상들의 허리를 통해 이 세상 제도로 들어오게 된다. 조상들의 씨는 썩는 씨이기 때문에(벧전 1:23) 사람들은 모두 죽을 수밖에 없고 죽어서 썩는다. 카나안 땅에서 팔려와 이집트의 총리가 된 요셉이 죽고 "그의 형제들"과 당대의 사람들도 모두 죽었다. 예수 그리스도의 위대한 모형인 요셉은 주님께서 죽으셨던 것과 똑같이 이집트에서 죽었다. 그러나 요셉은 특별한 유언을 남겼다. 창세기 50:25은『요셉이 이스라엘 자손들에게 맹세시켜 말하기를 "하나님께서 반드시 너희를 찾아오시리니, 너희는 여기서 내 뼈들을 옮겨 가야 하리라." 하였더라.』예수 그리스도의 모형으로서의 요셉은 죽었고 그의 뼈는 이 세상의 모형인 이집트에서 관에 넣어져 이집트 땅에 묻혔다(창 50:26). 그리고 이스라엘 백성들이 이집트를 떠날 때 이 요셉의 뼈들은 모세의 손에 취해져 이집트 땅에서 나오게 된다(출 13:19). 예수 그리스도께서도 죽으시고 아리마대 요셉의 무덤에 장사되셨다.

『저녁이 되었을 때에 아리마대의 부자 요셉이라 하는 사람이 왔는데,

그도 예수의 제자였더라. 그가 빌라도에게 가서 예수의 시체를 달라고 간청하니 빌라도가 시체를 내어주라고 명령하더라. 요셉이 그 시체를 가져다가 깨끗한 세마포로 싸서 바위를 파서 만든 자기의 새 무덤에 안치하고 큰 돌을 굴려 무덤 문에 놓고 가더라』(마 27:57-60).

아리마대의 부자 요셉은 예수님을 숨어서 믿던 제자들 중에 하나였다. 아리마대 요셉은 예수 그리스도께서 죽으셨다는 소식을 듣고서야 모습을 드러낸다. 그리고 예수 그리스도의 시체를 가져다가 장사 지내게 해 달라고 빌라도에게 간청했다. 빌라도는 예수 그리스도께서 벌써 숨을 거두신 것을 확인하고 예수님의 시체를 요셉에게 내어주라고 명령했다. 예수님께서는 단지 의식을 잃으신 것이 아니라 완전히 죽으셨고 무덤에 장사된 것이다. 그러나 예수 그리스도께서는 이 땅에서 썩지 않고 부활하셨다.

『천사가 대답하여 그 여인들에게 말하기를 "너희는 두려워 말라. 너희가 십자가에 못박히신 예수를 찾는 줄 내가 아노라. 그분은 여기에 계시지 않고 말씀하셨던 대로 살아나셨느니라. 와서 주께서 누우셨던 자리를 보라』(마 28:5,6).

예수님의 무덤을 찾아간 여인들은 예수님께서 살아나셨는 것을 천사들로부터 들있고, 부활하신 예수 그리스도께서는 제자들에게도 나타나셨다.

『나의 손과 나의 발을 보라, 바로 나니라. 나를 만지고 보라. 영은 살과 뼈가 없지만 너희가 보는 바와 같이 나는 있느니라."고 하시고 이 말씀을 하신 후 자기 손과 발을 그들에게 보여 주시더라』(눅 24:39,40).

하나님께서는 예수 그리스도의 뼈를 단 한 개도 이 세상에 남겨 두지 않으셨다. 야곱의 아들 요셉이 이집트에서 죽어 땅에 묻혔지만 그 뼈가 하나도 남지 않고 이집트에서 나왔던 것처럼 예수 그리스도께서도 이 세상에서 죽으시고 부자 요셉의 무덤에 장사되셨다가 단 한 개의 뼈도 남겨 놓지 않으시고 부활하셨다. 예수님께서는 부활하셨을 뿐만 아니라 제자들에게 "여기에 먹을 것이 있느냐?"고 말씀하셨고 제자들이 구운 생선 한 토막과 벌집을 조금 드리자 그것을 받아서 그들 앞에서 드시기까지 하셨다(눅 24:41-43). 예수 그리스도께서는 말씀하셨던 대로 죽은 자들로부터 다시 살아나신 것이다.

『예수께서 고난을 당하신 후 자신이 살아 계심을 그들에게 많은 무오한 증거들로 보여 주시고 사십 일 동안 그들에게 보이시며 하나님의 나라에 관한 일들을 말씀하셨노라』(행 1:3).

예수 그리스도의 부활은 확실하다. 예수 그리스도께서는 자신의 부활을 무오한 증거들로 보여 주셨다. "무오한"이라는 말은 "결코 오류가 없는, 틀릴 수가 없는"이라는 뜻이다. 예수 그리스도의 부활에 대한 그 증거들은 무오할 뿐만 아니라 많은 증인들이 있다. 죽으시고 장사되셨다가 다시 살아나신 예수 그리스도를 베드로가 보았고, 그 후 열두 사도가 보았다. 그리고 오백 명이 넘는 형제들에게 일시에 보이셨으며, 예수님의 아우 야고보에게 보이셨고 그 후에는 모든 사도에게 그리고 맨 마지막에는 달을 채우지 못하고 태어난 자 같은 바울에게도 보이셨다고 바울은 진술하고 있다(고전 15:3-8).

이집트에서 죽은 요셉은 이 세상에 오셔서 죽으신 예수 그리스도를 예표하고 있으며 그의 모든 형제들과 당대의 사람들도 모두 죽었는데 이는 예수님 당대의 성도들과 예수 그리스도의 부활을 목격한 성도들의 죽음을 계시하고 있다. 요셉의 뼈는 죽은 채로 이집트에서 나왔지만 생명이신 예수 그리스도께서는 죽으시고 무덤에 장사되셨다가 셋째 날에 다시 살아나셨다.

2) 홍해의 물침례

이집트를 탈출한 이스라엘 백성들이 홍해 앞에 섰고 뒤에는 파라오와 그의 기병들이 쫓아오고 있었다. 이스라엘 자손들이 심히 두려워하며 하나님께 부르짖었고 모세에게 "이집트에 무덤이 없어서 네가 우리를 이끌어 내어 광야에서 죽게 하느냐? 어찌하여 네가 우리를 이집트에서 데리고 나와서 우리에게 이같이 행하느냐?"(출 14:11)고 불평할 때 하나님께서는 모세에게 "너는 네 막대기를 들어 네 손을 바다 위로 뻗쳐서 그것을 가르라."(출 14:16)고 명령하셨다. 모세가 바다 위로 그의 손을 뻗쳤더니 하나님께서 밤새도록 강한 동풍으로 바다를 뒤로 물러가게 하시어 바다로 마른 땅이 되게 하셨다.

『이스라엘 자손들은 바다 한가운데를 통과하여 마른 땅 위로 갔는데 물이 그들에게 오른쪽과 왼쪽에서 벽이 되었더라』(출 14:22).

이스라엘 자손들은 바다 한가운데를 통과한다. 그들은 마른 땅 위를 걸어 바다로 들어간다. 바다 밑바닥은 마치 광야처럼 말라 있다. 양 옆에는 물기둥이 서 있다. 이스라엘 자손들은 민족적으로 물침례를 받고 있다. 그들은 모두 구름과 바닷물 속에서 물로 침례를 받은 것이다.

『형제들아, 이제 나는 너희가 모르는 것을 원치 아니하노니, 이는 우리 조상들이 모두 구름 아래 있었고 모두 바다를 통과하였으며, 모두 구름과 바다 속에서 모세에게 침례를 받았고』(고전 10:1,2)라고 했는데 여기서 바울이 말한 우리 조상은 이스라엘 자손들이다.

이스라엘 백성들이 양쪽 물기둥과 물 벽 사이로 걸어가면서 위를 쳐다보았다면 이들은 모두 물에 묻혀 있다는 것을 알 수 있었을 것이다. 열린 그들의 머리 위에는 구름이 드리워져 있다. 그들은 발끝에서 머리끝까지 물속을 통과해야 했는데 이것은 필수적인 과정이었다. 그들이 살던 세상인 이집트와는 영원한 이별을 해야 하는 것이다. 구원받은 후 세상과 단절하고 죄에 대하여 죽은, 그리스도 안에서 거듭난 모든 그리스도인들이 물침례를 받는 것도 이와 마찬가지이다.

『예수께서 침례를 받으시고 곧 물 속에서 올라오시니, 보라, 하늘들이 그분께 열렸고, 그가 하나님의 영이 비둘기같이 그분 위에 임하심을 보더라』(마 3:16).

우리와 같지는 않지만 예수님께서도 모든 의를 이루시기 위해 침례인 요한에게 침례를 받으시고 물 속에서 올라오셨다. 물침례는 물에 잠기는 것이다. 이스라엘이 통과하던 물 벽의 높이가 이스라엘을 완전히 덮을 만큼 높았고 이스라엘은 모두가 온전히 물속에 잠겼다. 어떤 침례이든 간에 침례는 그 안에 넣어졌다가 그곳에서 다시 나올 수 있어야 한다.

이스라엘이 모세에게 침례를 받은 것은 아직 율법이 주어지기 전에 일어난 일이다. 이 침례는 사도행전 16장에서 빌립보 감옥의 간수가 받았던 침례와 정확하게 일치하는 유형이다. 두 경우 다 물에 들어가기 전에 이미 구원을 받았다. 두 경우 모두 침례받기 전에 흠이 없는 어린양의 피를 믿었다. 두 경우 다 침례는 하나님의 진노 아래 있는 죄인의 죽음과 묻힘과 다시 살아나는 것을 묘사한다(벧전 3:21). 어린양의 피로 구속받은 죄인은 하나님의 진노로부터 살아 나오는 반면(출 14:29), 파라오와 같이 이 세상의 신을 섬기는 죄인들은 자신들이 죽을 때까지(출 14:30) 하나님의 진노 아래 머물러 있다가 영원한 형벌로 들어가게 된다. 이스라엘이 홍해 속에서 받은 물침례는 예수 그리스도의 죽으심과 장사되심과 부활하심을 나타내는 예표가 된다.

3) 하나님께 나오는 세 번의 명절

『너는 연중 세 번 내게 명절을 지킬지니라... 너의 모든 남자들은 연중 세 번씩 주 **하나님** 앞에 나올지니라』(출 23:14,17).

하나님께서는 이스라엘의 모든 남자들은 일 년에 세 번 하나님 앞에 나오라고 명령하셨는데 신명기 16:16에서는 『너희 중 모든 남자는 **주** 너의 하나님 앞에 일 년에 세 번씩, 즉 무교절과 칠칠절과 장막절에 그분께서 선정하실 곳에 나오되 그들은 빈손으로 주께 나오지 말지니라.』라고 구체적인 날들이 정해진다. 무교절과 칠칠절, 장막절, 이 날들은 죽은 자들로부터 부활하셔서 첫 열매들이 되신 예수 그리스도와 관련이 있는 명절들이다.

고린도전서 15:20은 『그러나 이제 그리스도께서는 죽은 자들로부터 살아나셔서 잠들었던 자들의 첫열매들이 되셨느니라.』라고 말씀하며, 고린도전서 15:23은 『그러나 각자 자기의 서열대로 되리니 그리스도가 첫열매들이요, 그 다음은 그리스도께서 오실 때 그분께 속한 사람들이라.』라고 말씀하고 있으며, 고린도전서 15:24의 앞부분은 『그후에는 끝이 오리니』라고 했는데 이것은 이스라엘의 남자들이 연중 세 번 하나님 앞에 나오는 순서와 대상들을 말하고 있다.

첫 번째 명절인 무교절은 유월절과 연결되는데 무교절은 구약 성도의 부활을 정확하게 설명해 준다. 『그런데, 보라, 성전의 휘장이 위에서 아래까지 둘로 찢어지고 땅이 흔들리며, 바위들이 갈라지고 무덤들이 열리며 잠들었던 많은 성도들의 몸이 일어났으며 주께서 부활하신 후에 무덤에서 나와 거룩한 도성으로 들어가 많은 사람들에게 나타나더라』(마 27:51-53).

예수 그리스도께서 십자가 위에서 숨을 거두신 직후 무덤들이 열리고 많은 성도들의 몸이 일어났다. 이들은 구약의 성도들이다. 이들은 예수 그리스도의 부활 이후 제일 먼저 부활하고 휴거되었다. 이 구약 성도들이 주님과 함께했기 때문에 예수님을 잠들었던 자들의 첫열매들이라고 말씀하는 것이다.

두 번째 명절인 칠칠절은 오순절을 말하는 것이다. 무교절 기간 중의 초실절부터 일곱 안식일 다음 날이 오순절인데 오순절부터 시작되는 신약 교회 시대의 성도들이 오순절의 첫열매들이다.

『예수께서 그녀에게 말씀하시기를 "나는 부활이요, 생명이니 나를 믿는 자는 죽어도 살 것이며』(요 11:25). 예수님께서 말씀하신 이 부활은 마지막 날에 있을 총체적인 "죽은 자들의 부활"이 아니라 주 예수 그리스도를 믿고 구원받은 자들의 "죽은 자들로부터의 부활"이다. 신약 성도들 가운데 죽은 자들은 지금 무덤 속에 잠들어 있다. 『주께서 호령과 천사장의 음성과 하나님의 나팔 소리와 함께 하늘로부터 친히 내려오시리니 그러면 그리스도 안에서 죽은 자들이 먼저 일어나고』(살전 4:16). 이것이 신약 성도들의 부활이며 이들은 셋째 하늘에 올라갔다가 예수 그리스도께서 재림하실 때 주님과 함께 내려오게 될 것이다.

세 번째 명절인 장막절은 절기 가운데 마지막으로 예수 그리스도의 재림과 연관이 있는 날이다. 예수 그리스도의 지상 재림이 있기 직전에 환란 성도들의 부활이 있게 된다. 요한계시록 6:9은 『어린양이 다섯째 봉인을 여실 때 내가 보니, 제단 아래에는 하나님의 말씀과 그들이 가진 증거 때문에 죽임당한 자들의 혼들이 있는데』라고 말한다. 여기서 어린양이 다섯째 봉인을 여실 때는 대환란이 신행 중일 때이나. 이 대환란 때에는 적그리스도에게 목베임당하여 제물로 바쳐진 환란 성도들이 있는데 이들은 환란 막바지에 부활하여 휴거된다. 『또 예수에 대한 증거와 하나님의 말씀으로 인하여 목베임을 당한 사람들의 혼들도 보았는데, 그들은 그 짐승에게나 그 형상에게 경배하지 아니하였을 뿐만 아니라 그의 표를 그들의 이마 위에나 손에도 받지 아니하였더라. 그러므로 그들은 살아서 그리스도와 함께 천 년을 통치하더라』(계 20:4). 살아서 통치하는 이들이 바로 환란 성도들이다.

『그러나 죽은 자들 가운데서 그 나머지는 천 년이 끝날 때까지 다시 살지 못하리라. 이것이 첫 번째 부활이라』(계 20:5).

이 첫 번째 부활에 참여하는 사람들은 구약 성도, 신약 성도, 환란 성도들이며 예수 그리스도와 함께 죽은 자들로부터 부활한 성도들이다. 주 하나님께서 이스라엘의 남자들에게 연중 세 번 하나님 앞에 나오라고 말씀하신 것은 첫열매들인 예수 그리스도의 부활을 예표하고 있다.

4) 싯팀 나무와 아론의 싹난 지팡이

『붉게 물들인 숫양의 가죽과 오소리 가죽과 싯팀 나무와』(출 25:5).

하나님께서 모세에게 성막을 지으라고 명령하셨을 때 성막을 짓는 목재로 말씀하신 것이 싯팀 나무이다. 싯팀 나무는 이집트와 시내 반도 어디에서나 볼 수 있는 아카시아 나무로 추정되는데, 이 나무는 나뭇결이 곱고 단단해서 내구성이 좋고 벌레가 잘 먹지 않는 특성이 있다. 성경에서 나무는 사람을 예표하며 싯팀 나무는 건조한 사막에서 자라는 나무로 잘 썩지 않는다는 점에서 장사되셨지만 부활하신 예수 그리스도의 예표가 된다.

『이는 주께서 내 혼을 지옥에 내버려 두지 아니하시며 또 주의 거룩하신 분으로 썩어짐을 보지 않게 하실 것임이니이다』(행 2:27).

이 구절은 베드로가 시편 16:10을 인용한 것으로 예수 그리스도께서는 죽으셨고 그 몸이 장사되어 무덤에 묻히셨지만 썩지 않고 부활하셨다. 이것은 죄인의 구원과 연관있는 주제로서 신약에서 속죄의 완성을 다루는 가장 위대한 교리 가운데 하나이다.

『하나님께서 다시 살리신 그는 썩어짐을 보지 않았느니라』(행 13:37).

성경에는 죽었다가 다시 살아난 사람들이 많이 언급되어 있다. 요나도 부활했고, 나사로도 부활했으며, 도르카도 죽었다가 살아났고, 야이로의 딸도 다시 살아났다. 하지만 그들은 다시 죽었다. 그러나 죽은 자들로부터 첫째로 일어나서 다시는 죽지 않으신 분은 성령으로 태어나셔서 첫태생이 되신 예수 그리스도뿐이시다.

『그들은 싯팀 나무로 궤를 만들지니, 즉 그 길이가 이 큐빗 반, 그 너비가 일 큐빗 반, 그 높이가 일 큐빗 반이 되게 하고』(출 25:10).

하나님께서는 모세에게 성막을 만들라고 명령하시면서 가장 먼저 만들게 하신 것이 이 언약궤이다. 싯팀 나무로 만들어져 안과 밖을 금으로 싼 언약궤는 육신을 입고 이 지상에 오실 예수 그리스도의 인성과 신성을 계시하고 있으며, 성막의 지성소에 있는 언약궤에는 세 가지 물건이 들어가 있다.

『두 번째 휘장 뒷부분은 지성소라 불리는 성막인데 거기에는 금향로와 전체를 금으로 싼 언약궤가 있었고, 그 안에는 만나를 담은 금항아리와 아론의 싹난 지팡이와 언약의 돌판들이 있었더라』(히 9:3,4).

아론의 싹난 지팡이는 민수기 16장과 17장에 언급된 내용이다. 민수기 16장에서 코라와 일단의 무리가 함께 모세와 아론에게 반역했다가 땅이 갈라지거나 하나님께로부터 나온 불로 인해 멸망을 당했는데 이것은 제자장직에 대한 반역이었기 때문이다.

민수기 17장에서 하나님께서는 이스라엘 백성들 가운데 있었던 아론의 대제사장 직분에 대해 정리를 해주셨다. 성막에서 일을 할 수 있는 사람은 하나님의 택하심을 받은 사람이어야 했다. 하나님께서는 이 분쟁을 해결하기 위해 이스라엘 열두 지파에 따라 열두 개의 막대기를 취하여 그들의 이름을 쓴 다음에 그 막대기를 증거궤 앞에 두라고 명령하셨다(민 17:1-4). 그리고 하나님께서는 『내가 택한 사람의 막대기에는 싹이 나리니, 너희를 대적하여 불평하는 이스라엘 자손의 불평들을 내가 내 앞에서 그치게 하리라."』(민 17:5)라고 말씀하셨다.

『이튿날, 모세가 증거의 성막으로 들어갔더니, 보라, 레위 집을 위한 아론의 막대기에 움이 돋고 싹이 나서 꽃이 피고 아몬드 열매들이 열렸더라』(민 17:8).

열두 개의 막대기 가운데 아론의 막대기에만 하룻밤 사이에 싹이 나고 꽃이 피어 열매를 맺음으로써 모든 이스라엘 백성들에게 누가 하나님께서 택하신 제사장인지 증거가 되었다. 아론의 막대기는 부활의 상징이다. 죽은 마른 나무에서 다시 싹이 나고 열매가 맺는 부활을 예표한다. 예수 그리스도께서는 율법에 의하여 죽으신 후에 장사되셨다가 죽은 자들로부터 다시 살아나셨다. 그리고 무한한 능력을 지니신 대제사장으로서 영원히 살아 계신다. 예수 그리스도께서는 믿음으로 자기를 통하여 하나님께 나아오는 자들을 끝까지 구원하실 수 있으시고 항상 살아 계셔서 그들을 위하여 중보하시는 대제사장이시다. 대제사장이신 예수님께서는 하나님과 사람 사이에 유일한 중보자가 되시는 분이시다. 아론의 싹난 지팡이는 부활하셔서 대제사장으로 계시는 예수 그리스도를 예표하고 있다.

『그러자 하늘에서 하나님의 성전이 열리며 성전 안에 있는 그의 언약궤가 보이더라. 또 거기에는 번개들과 음성들과 천둥들과 지진과 큰 우박이 있더라』(계 11:19).

하나님께서는 성막에 필요한 궤나 상이나 널판들을 싯팀 나무로 만들라고 하셨다. 싯팀 나무로 제일 처음 만들었던 언약궤는 썩지 않고 휴거되어 셋째 하늘로 옮겨졌다. 성막을 짓는 목재로 사용된 싯팀 나무는 썩어짐을 보지 않고 부활하신 예수 그리스도를 예표하고 있다.

5) 놋제단을 드는 두 개의 채

『또 너는 제단을 드는 채들을 만들되, 싯팀 나무로 채들을 만들고 놋으로 입힐 것이며 고리에 그 채들을 꿰어 제단을 들 수 있도록 채들이 제단의 양면 위에 있게 할지니라』(출 27:6,7).

하나님께서는 모세에게 싯팀 나무로 제물을 불태우는 제단을 만들게 하셨고, 싯팀 나무로 만든 두 개의 채를 사용하여 이 놋제단을 들거나 메고 다니게 하셨다. 이 놋제단이 희생제물이신 예수 그리스도의 십자가와 죽으심을 예표하고 있다면 이 제단을 드는 두 채는 예수 그리스도를 전하는 복음을 예표하고 있다. 제단을 들고 다닐 수 있는 채는 두 개다. 복음도 두 부분이다. 그 한 부분은 예수 그리스도의 죽음이며, 다른 한 부분은 주 예수 그리스도의 부활이다.

『내가 받은 것을 먼저 너희에게 전달하였나니 이는 성경대로 그리스도께서 우리의 죄들로 인하여 죽으시고 장사되셨다가 성경대로 셋째 날에 다시 살아나셔서』(고전 15:3,4).

그리스도의 복음은 이 말씀대로 예수 그리스도의 죽으심과 부활이라는 두 부분으로 되어 있으며, 대조되는 이 두 부분은 균형을 유지해 주며 서로 보충해 주고 있다. 만일 그리스도의 죽으심만 있다면 그 구속은 온전하지 못하다. 죽으신 그리스도는 아무도 구원할 수 없으며 스스로를 구원할 수도 없다. 그리스도의 부활이 없었다면 그분의 죽으심은 헛되며 아무런 의미도 없게 된다.

또한 죽으심이 없었다면 부활도 있을 수 없다. 죽으셨다가 죽음을 이기시고 살아나신 예수 그리스도만이 그분 앞에 나오는 성도들에게 부활과 영생의 소망을 주실 수 있다. 부활이 없는 그리스도의 십자가는 하나님을 거짓말쟁이로 만드는 것이며 성경을 믿지 못하게 만드는 것이다. 살아 계신 그리스도를 믿고 주장하는 유일한 종교가 기독교이다. 세상 그 어떤 종교인이 자기가 믿는 종교의 창시자를 믿고 숭앙한다 할지라도 감히 그 창시자가 죽은 자들 가운데서 살아났다고 주장하지 못한다.

주 예수 그리스도의 부활하심만이 그리스도인들의 찬송 제목이고 영광이 되는 것이다. 제단을 이동하기 위해 만들어진 채 두 개는 예수 그리스도의 죽으심과 부활하심을 예표하고 있다.

6) 성막의 말뚝못들과 그 끈들

『성막에서 모든 의식에 쓰는 성막의 모든 기명들과 모든 말뚝못과 뜰의 모든 말뚝못은 놋으로 만들지니라』(출 27:19).

말뚝못은 싯딤 나무로 만든 널판들로 성막의 뜰이나 성막의 벽을 세울 때, 그 널판들을 수직으로 고정시키는 천막 못을 말한다. 광야에 세워진 성막은 못이나 나사나 아교 같은 것을 사용하지 않고 지은 조립식 건물과 같다. 언제든지 세웠다가 다시 뜯어서 운반하기 좋게 만들어진 것이지만 아주 견고하게 건조되어 40년의 광야 생활 가운데 조금도 망가지지 않고 잘 견뎌 낸 구조물이었다. 이스라엘 백성들이 광야를 진군하거나 멈추어 진을 치고 있는 곳에서 가장 안전한 곳이 바로 이 성막 안이었다.

이 성막은 임마누엘이신 예수 그리스도를 예표하는 것이고, 성막 안에 있는 제사장들은 그리스도 안에 있는 성도들을 예표한다. 예수 그리스도 안에 있는 성도들은 영원토록 인진하며 보호를 받게 된다. 이 성막의 벽이 되는 널판들은 은받침 위에 견고하게 세워졌고, 이렇게 세운 벽 위에 네 겹의 천장 지붕이 올려졌다. 이러한 성막의 천장을 덮는 가죽들과 성막에 세운 기둥들과 성막 뜰의 기둥들은 땅 속에 깊이 박혀 있는 말뚝못에 의해 견고하게 세워졌고 유지된 것이다. 말뚝못은 자신 안에 있는 성도들을 보호해 주시는 예수 그리스도를 예표한다(요 18:8,9).

주 예수 그리스도께서는 요한복음 17장에서 하나님께 기도하실 때 『아버지께서 내게 주신 그들을 내가 지키었고 멸망의 아들 외에는 그들 중 아무도 잃어버리지 아니하였으니』(요 17:12)라고 기도하셨고 제자들을 끝까지 사랑하시고 보호해 주셨다. 멸망의 아들인 유다 이스카리옷이 군대와 관원들을 이끌고 예수님을 붙잡으러 왔을 때에도 그들을 지켜주셨다.

『예수께서 대답하시기를 "'내가 그니라.'고 내가 말하였도다. 그러므로 너희가 나를 찾는다면 이 사람들은 자기들의 길을 가게 하라."고 하시니』(요 18:8).

예수님께서는 자기를 잡으러 온 사람들에게 제자들을 보내라고 명령하셨다. 주님께서는 기도하신 대로 제자들을 지키셨는데 예수님께서는 제자들을 끝까지 사랑하셨기 때문이다. 성막을 견고히 유지하는 말뚝못은 성도들을 지키시는 예수 그리스도를 예표하고 있다.

말뚝못들은 놋으로 만들어졌는데 놋은 녹도 슬지 않고 부식되지도 않는 특성이 있다. 놋으로 만든 말뚝못들은 우리의 죄에 대한 하나님의 심판을 담당하신 예수 그리스도의 썩지 않는 몸을 예표한다. 말뚝못은 땅에 깊숙이 박히지만 일부는 땅 위로 노출되어 있는데 이것은 예수님의 죽으심과 부활을 보여 준다. 말뚝못의 땅에 묻힌 부분은 죽음을 말하며 땅 위에 나타나 있는 부분은 부활을 말해 준다. 말뚝못은 땅에 묻혔으나 동시에 우리를 안전하게 보호하고 지키기 위해서 땅 위로 나와 있다. 이것이 땅에 묻혔지만 땅 위에 노출되어 있는 말뚝못이 계시하는 예수 그리스도의 예표이다. 말뚝못의 윗부분은 우리가 소망을 두는 부활하신 예수 그리스도이시다. 죄인이 구원받기 위해서는 반드시 십자가에 못박혀 죽으시고 장사되셨다가 죽은 자들로부터 다시 살아나신 예수 그리스도를 구주로 믿고 영접해야 한다.

『성막의 말뚝못들과 뜰의 말뚝못들과 그 끈들이며』(출 35:18).

성막의 성소와 성막의 뜰을 감싸고 있는 널판들과 땅에 묻혀 있는 말뚝못들은 끈들로 연결되어 있다. 이 끈들은 성막의 여러 부분을 말뚝 못들과 단단히 연결하여 든든하고 견고하게 세워주며 파괴되지 않도록 붙잡아주는 역할을 하고 있다. 땅 위에 노출되어 있는 부분에 연결된 밧줄들은 성막 건물을 든든하게 붙잡아 주고 유지시켜 준다.

이 끈들은 죄인들의 유일한 소망이 되시는 예수 그리스도의 사랑을 예표한다. 이 끈들은 부활하신 예수 그리스도의 예표인 말뚝못과 죽을 수밖에 없는 죄인들을 연결해 주는 사랑의 끈이다. 로마서 5:8은 『우리가 아직 죄인이었을 때 그리스도께서 우리를 위하여 죽으심으로써 하나님께서는 우리를 향한 그의 사랑을 나타내셨느니라.』라고 말씀한다. 죄인을 사랑하시는 하나님의 사랑은 사람이 측정할 수도 없고 가늠할 수도 없는 위대하신 사랑이다. 하나님께서는 도저히 사랑할 수 없는 자, 사랑할 가치가 없는 자, 절대로 사랑하기가 어려운 자를 사랑하신다. 예수 그리스도께서는 손과 발에 못 박히시고 끔찍한 고통을 받으셨는데 그것을 성경은 우리에게 나타내신 하나님의 사랑이라고 말씀하신다.

『하나님께서 세상을 이처럼 사랑하셔서 그의 독생자를 주셨으니, 이는 그를 믿는 사람은 누구든지 멸망하지 않고 영생을 얻게 하려 하심이니라』(요 3:16).

이 하나님의 사랑은 예수 그리스도의 갈보리 십자가에서 완성되었다. 하나님께서는 갈보리에서 세상에 대한 하나님의 사랑을 모두 다 나타내 보여 주셨다. 예수 그리스도께서는 십자가에서 죽으시고 무덤에 장사되셨다가 부활하심으로써 그 사실을 믿고 주님 앞에 나아오는 자들은 누구든지 다 구원하실 수 있다. 그것이 하나님의 사랑이다. 그 절대적인 하나님의 사랑의 줄이 모든 성도들을 붙잡아 주고 있으며 모든 성도들은 하나님의 사랑의 줄로 그분에게 묶여 있는 것이다.

주 예수 그리스도의 부활은 모든 사람이 부활할 것을 보장하는 모형이다. 부활은 죽은 자들에게 생명을 주는 능력이다. 예수 그리스도의 부활은 사망의 능력을 깨뜨렸기 때문에 그 어떤 능력보다도 가장 큰 능력이 된다. 인류 역사 상 수많은 종교인과 종교 창시자들이 존재해 왔지만 예수 그리스도 외에는 그 누구도 감히 부활을 말하지 못했고 입증하지도 못했다. 그들은 다 죽었고 땅에 묻혀 썩어 버렸다. 그러나 예수 그리스도께서는 자신의 죽으심과 부활에 대해 강력하게 증거하시고 예언하셨으며, 실제로 부활하심으로써 그 능력을 입증하셨다. 예수 그리스도의 부활은 예수님께서 성령으로 잉태되신 것과 죄 없이 사셨다는 것을 입증하는 것이다. 예수 그리스도의 부활은 그리스도 안에 있는 성도들의 복된 소망의 근거가 된다.

2. 산으로 올라간 모세

승천은 하늘로 올라가는 것을 말한다. 하늘은 하나님께서 앉아 계시는 하나님의 보좌가 있는 곳이다. 승천하신 주님께서는 하늘에 있는 하나님의 보좌 오른편에서 성도들을 위해 중보하고 계신다. 예수 그리스도의 승천은 그분의 현재 상태를 나타내는 가장 중요한 교리 가운데 하나이다. 예수 그리스도께서 이 땅에 오실 때는 연약한 아기로 오셨지만, 그분은 사망과 죄를 이기신 정복자로서 이 땅을 떠나셨다. 만일 예수 그리스도의 승천이 없었다면, 예수님께서 제자들에게 "나는 너희를 위하여 처소를 마련하러 가노라."고 말씀하신 것을 이룰 수 없었을 것이다.

구약 성경도 승천을 말하고 있다. 출애굽기에 언급된 승천에 관한 강력한 예표는 이집트에서 죽은 요셉의 뼈들이다. 출애굽기 13:19은 『모세가 요셉의 뼈들을 취하였으니 이는 요셉이 이스라엘 자손에게 엄히 맹세시켜 말하기를 "하나님께서 반드시 너희를 찾아오시리니 너희는 여기서 내 뼈들을 너희와 함께 가지고 나가라." 하였음이라.』라고 했는데 모세와 이스라엘 백성들은 요셉과의 맹세를 지키기 위해 이집트에서 나갈 때 요셉의 뼈들을 가지고 나갔다. 요셉은 예수 그리스도의 모형이다. 이집트는 이 세상의 예표이기에 요셉의 뼈들은 하나도 이집트에 남아 있어서는 안

된다. 예수 그리스도의 뼈들도 이 세상에 하나도 남아 있지 않다. 예수 그리스도께서는 죽으시고 무덤에 장사되셨지만, 다시 살아나셨고 단 한 개의 뼈도 남겨 놓지 않으시고 하늘로 올라가셨다. 이집트에서 나온 요셉의 뼈는 온전하게 하늘로 올라가신 예수 그리스도를 예표하고 있다.

1) 짙은 흑암에 덮인 산

『백성은 멀리 떨어져 서 있고 모세는 하나님이 계신 짙은 흑암 속으로 가까이 다가가더라』(출 20:21).

하나님께서 시내 산에 내려오셔서 이스라엘 자손들에게 십계명을 말씀하실 때 모든 백성들은 천둥과 번개와 나팔 소리와 연기 나는 산을 보고 죽을 것 같은 두려움에 빠졌다. 모든 백성이 그것을 보고 이동하여 멀리 떨어져 서서 모세에게 말하기를 당신이 하나님께 가서 말씀을 듣고 우리에게 말씀해도 우리가 듣겠다고 중재를 요청했다. 모세는 짙은 흑암이 덮여 있는 산으로 올라간다. 이 짙은 흑암은 둘째 하늘과 셋째 하늘 사이에 있는 깊음(Deep)을 말하는 것으로, 욥기 41장에서 리비야단이 헤엄치고 다니는 바다이다. 사람들은 이 깊음을 회백색이라고 생각한다(욥 41:31,32). 하나님께서는 이 짙은 흑암 속에 계신다고 말씀한다.

열왕기상 8장에서도 솔로몬이 성전을 짓고 주의 언약궤를 성전으로 가져와 전의 지성소 안에 있는 그룹들의 날개 아래로 들여갔을 때 구름이 주의 전을 채웠고, 그 구름으로 인하여 제사장들이 서서 섬길 수가 없을 정도로 하나님의 영광이 주의 전을 채웠다. 『그때 솔로몬이 말하기를 "주께서는 짙은 흑암 속에 거하시겠다고 말씀하셨으나 내가 실로 주께서 거하실 한 전을 지었사오니 주께서 영원히 거하시도록 마련된 처소니이다."』(왕상 8:12,13)라고 했다. 여기서 하나님께서는 짙은 흑암 속에 거하시겠다고 하신다. 그렇다면 하나님께서 짙은 구름에 덮인 흑암 속에 계시는 것인가? 그런 것은 아니다.

『그러므로 우리가 그에 관하여 듣고 너희에게 전하는 말이 이것이니, 곧 하나님은 빛이시요, 그분 안에는 어두움이 전혀 없다는 것이라』(요일 1:5). 하나님께서는 빛이시다. 하나님께서는 빛이시고 그분 안에는 어두움이 전혀 없으시다. 그런데 왜 하나님께서 짙은 흑암 속에 거하신다고 말씀하신 것인가? 하나님께서는 아무도 접근할 수 없는 빛 가운데 거하시며 어떤 사람도 볼 수 없는 분이시기 때문이다.

『오직 그분만이 불멸하시며, 어떤 사람도 접근할 수 없는 빛 가운데 거하시며, 어떤 사람도 보지 못하였고 또 볼 수도 없는 분이시니, 그분께 영원한 존귀와 능력이 있기를 원하노라. 아멘』(딤전 6:16).

하나님은 빛이시고 빛 가운데 거하시는 분이시다. 그러나 그것은 하나님의 본성을 말하는 것일 뿐 세상에 관한 한 하나님께서는 침범할 수 없는 어두움 속에 거하신다. 왜냐하면 하나님을 보고서는 살 자가 아무도 없다고 말씀하셨기 때문이다.

『또 주께서 말씀하시기를 "네가 내 얼굴을 볼 수 없으니 이는 나를 보고서 살 자가 아무도 없음이니라." 하시고』(출 33:20).

하나님께서는 하나님께서 허락하신 사람으로 하여금 하나님 앞에 설 수 있게 하셨지만, 하나님의 얼굴을 보면 살 자가 없기 때문에 짙은 흑암 속에 거하시면서 사람들 가운데 나타나신 것이다. 하나님을 만나고도 죽지 않게 하시려는 하나님의 은혜인 것이다. 모세가 짙은 흑암 속에 계신 하나님 앞으로 올라가는 것은 예수 그리스도께서 깊음의 바다를 지나 셋째 하늘로 올라가는 것을 예표하고 있다.

2) 다시 올 것을 약속한 모세

『모세가 그의 일꾼 여호수아와 함께 일어났더라. 모세는 하나님의 산으로 올라갔는데 그가 장로들에게 말하기를 "우리가 너희에게로 다시 올 때까지 너희는 여기에서 우리를 기다리라. 보라, 아론과 훌이 너희와 함께 있으니 만일 어떤 사람이 해야 할 무슨 일들이 있으면 그들에게로 갈지니라." 하고 모세가 산으로 올라가니 구름이 산을 덮더라』(출 24:13-15).

모세가 다시 하나님의 산으로 올라가는데 그는 장로들에게 다시 올 것을 약속하고 그들이 보는 앞에서 올라갔고 그가 산으로 올라갈 때 구름이 산을 덮었다. 이것은 사도행전 1장에서 부활하신 예수 그리스도께서 승천하시는 모형이 된다.

『예수께서 고난을 당하신 후 자신이 살아 계심을 그들에게 많은 무오한 증거들로 보여 주시고 사십 일 동안 그들에게 보이시며 하나님의 나라에 관한 일들을 말씀하셨노라』(행 1:3).

예수 그리스도의 승천은 예수 그리스도께서 부활하신 후 사십 일이 지난 후에 있게 되는데 주 예수 그리스도께서는 자신이 직접 죽은 자들로부터 부활하신 사실을 잘 믿지 못하는 사람들의 의심을 깨끗이 걷어내고 확신을 심어 주시기 위해서, 또한 자신을 믿고 하나님의 일을 해야 할 제자들에게 부활의 소망 위에 더 많은 것을 믿게 하시기 위해서 아버지께로 돌아가는 날짜를 사십 일간 연기하신 것이다. 부활 후 승천하시기까지 적어도 사십 일 동안 예수님께서는 자신의 죽음과 부활과 승천에 대해서, 또 이전에 주님께서 가르치신 것들, 특히 하나님의 나라와 하늘나라에 대해서 많은 것들을 제자들에게 말씀하시고 가르쳐 주신 것이다.

출애굽기 24:18은『모세가 구름 속으로 들어가서 산에 올랐으며 모세가 산에서 사십 일 낮과 사십 일 밤을 지내더라.』라고 했는데 예수 그리스도께서 부활하시고 사십 일 동안 제자들과 함께 계시면서 하나님의 나라에 관한 일들을 말씀하신 것처럼 하나님께서는 모세에게 이스라엘 백성들이 받고 행해야 할 율법과 계명들에 대해 말씀해 주셨다.

모세는 장로들에게 "우리가 너희에게로 다시 올 때까지 너희는 여기에서 우리를 기다리라. 보라, 아론과 훌이 너희와 함께 있으니 만일 어떤 사람이 해야 할 무슨 일들이 있으면 그들에게로 갈지니라." 하고(출 24:14) 산으로 올라갔는데, 예수 그리스도께서는 사도들과 함께 모이셨을 때 그들에게 예루살렘을 떠나지 말고 아버지의 약속을 기다려야 한다고 명령하셨고(행 1:4), 『그러나 성령께서 너희에게 임하시면 너희가 능력을 받으리니 그러면 예루살렘과 온 유대와 사마리아와 땅 끝까지 이르러 내게 증인이 되리라.』라고 말씀하셨다(행 1:8). 모세가 하나님의 부르심을 받고 산으로 올라가는 것은 여러 가지 면에서 예수 그리스도의 승천을 계시하고 있다.

『주께서 이런 일들을 말씀하신 후에 그들이 보는 데서 위로 들려 올라가시니 구름이 그들의 시야에서 주를 가리더라. 주께서 올라가실 때에 그들이 하늘을 주시하고 있는데, 보라, 흰 옷을 입은 두 사람이 그들 곁에 서서 말하기를 "너희 갈릴리 사람들아, 어찌하여 너희는 하늘을 쳐다보고 서 있느냐? 너희를 떠나 하늘로 들려 올라가신 바로 이 예수는 너희가 하늘로 가심을 본 그대로 오시리라."고 하더라』(행 1:9-11).

예수님께서는 육신을 입고 오셔서 하셔야 할 모든 일을 완성하시고 하늘로 올라가셨는데 사람들의 눈에 보이도록 몸을 입으시고 스스로의 능력으로 올라가셨다. 이것이 예수 그리스도의 승천이며 경건의 신비 안에서 계시된 바와 같이, 영광 가운데로 들려 올라가신 것이다. 우리는 성경을 통해 에녹이 죽음을 맛보지 않고 하늘로 올라간 것을 알고 있으며(창 5:24, 히 11:5), 모세가 죽은 후 들림받은 것을 알 수 있고(유 1:9, 신 34:6), 엘리야가 불병거를 타고 승천한 이야기를 읽을 수 있지만(왕하 2:11), 승천(ascend)이란 말의 의미는 자기 자신의 힘으로 올라가는 것을 의미한다. 예수님께서는 하나님이셨기에 스스로의 능력으로 하늘로 올라가신 것이다.

『주께서 그들에게 축복하실 때 그들에게서 떠나 하늘로 올라가시니라』(눅 24:51).

예수님께서 죽음에서 부활하시고 승천하신 것은 하나님이시기 때문에 가능한 일이었다. 그래서 예수님의 신성을 부인하려는 자들은 이 구절을 변개했다. 그들은 예수님께서 하늘로 올라가셨다는 말씀에 꺾쇠괄호를 쳐서 억지로 붙여놓고는 어떤 사본에는 이 괄호 내의 구절이 없다고 주석을 달아 놓았다. 그들은 예수 그리스도의 승천을 감추어 놓고 다른 구절에 그런 말씀이 있으니 괜찮다는 변명을 하는데, 그들은 예수 그리스도의 신성을 인정하기가 싫기 때문에 그렇게 한 것이다.

예수 그리스도의 승천은 한쪽 구석에서 비밀스럽게 이루어진 것이 아니다. 사도들과 많은 목격자들이 직접 본 예수님의 승천을 사실로 기록했고 전했다. 예수 그리스도의 승천은 성경에서 아주 중요한 교리이다. 예수 그리스도의 승천은 믿는 모든 사람들에게 믿음의 확고한 기반을 마련해 주기 때문이다. 주님께서 승천하셨기 때문에 성령께서 오셨다. 예수 그리스도께서 승천하셨기 때문에 구속 사역이 완성되었다. 예수님께서는 한 개의 뼈도 남기지 않으시고 하늘로 올라가셨다. 예수 그리스도께서 하늘로 올라가셨을 때는 로마가 예루살렘을 완전히 멸망시키기 이전이다.

『주께서 호령과 천사장의 음성과 하나님의 나팔 소리와 함께 하늘로부터 친히 내려오시리니 그러면 그리스도 안에서 죽은 자들이 먼저 일어나고 그리고 나서 살아남아 있는 우리도 공중에서 주와 만나기 위하여 그들과 함께 구름 속으로 끌려 올라가리니, 그리하여 우리가 영원히 주와 함께 있으리라』(살전 4:16,17).

그리스도인들은 그리스도 안에 있다. 즉 예수 그리스도와 한 몸이기에 그 뼈들은 하나도 이 땅에 남아 있을 수 없다. 살아 있는 그리스도인이든 죽어서 잠든 그리스도인이든 마찬가지이다. 모든 그리스도인들의 뼈들은 하늘로 올라가게 될 것이다. 모든 그리스도인들은 하나님의 진노인 대환란이 임하기 전에 그 몸이 변화되어 이 세상을 떠나 하늘로 올라갈 것이다.

모세가 하나님 앞에 갈 수 있었기 때문에 이스라엘 백성들은 하나님의 말씀을 들을 수 있었다. 모세가 하나님의 올라오라는 명령에 따라 산으로 올라간 것은 예수 그리스도께서 하나님께서 맡기신 사역을 마치시고 승천하신 것의 모형이 된다. 모세가 하나님의 말씀을 받아 다시 산에서 내려왔듯이 예수 그리스도께서도 때가 되시면 다시 내려오실 것이다.

제2부

예수 그리스도의 재림

예수 그리스도의 재림은 예수 그리스도께서 승천하시면서 약속하신 것이다. 성경은 예수 그리스도께서 친히 자신의 몸을 입고 사람들의 눈에 보이게 권세와 영광을 가지고 오실 것이라고 말씀하고 있다. 재림은 예수 그리스도께서 만왕의 왕, 만주의 주로서 공개적으로 오시는 것이다.

출애굽기는 아브라함과 이삭의 자손인 야곱의 열두 아들이 온 땅의 기근을 피해 이집트에 내려와서 거하다가 파라오의 노예가 되고, 그 혹독한 노예 생활로 인해 부르짖는 이스라엘 백성들을 구원해 주시려는 하나님의 계획이 펼쳐지는 책이다. 하나님께서 이스라엘 자손들을 이집트의 파라오에게서 탈출시키시는 것과 약속하신 땅으로 돌아가기 위해 광야를 지나가는 것은 많은 부분에서 예수 그리스도의 재림을 예표하고 있다.

예수 그리스도의 재림은 영광스런 능력 가운데서 진노와 멸망, 불과 화염 가운데 있게 될 것이며, 분노와 더불어 잔인함이 땅을 덮을 것이다. 예수 그리스도의 재림은 하나님의 진노와 권능으로 그분의 원수들을 멸망시키는 날이다.

또한 예수 그리스도의 재림은 하나님의 영광이 이 지상을 가득 채우는 날이다. 출애굽기에는 진노 가운데 오시는 주님을 볼 수도 있지만 구속의 책답게 영광받으시는 주님의 모습을 보여 주고 있다. 이집트 땅에 임하셔서 이집트의 파라오와 그들이 섬기는 신을 심판하시는 주 하나님께서는 대환란 때 재림하셔서 적그리스도와 이 세상을 심판하시는 예수 그리스도이시고, 대환란 가운데서 민족적으로 회개하고 예수 그리스도를 메시아로 받아들이는 유대인들로부터 영광을 받으시는 유대인의 왕이시다. 이스라엘 자손들이 하나님의 백성으로 세워지는 것과 율법이 주어지는 것과 주의 언약궤가 이스라엘 백성들과 동행하는 것과 주의 영광이 나타나는 것 등 출애굽기에는 예수 그리스도의 재림에 대한 모형과 예표들이 많이 언급되어 있다.

제1장

이집트를 심판하시는 하나님

『주께서 말씀하시기를 "내가 이집트에 있는 내 백성의 고통을 분명히 보았으며 그들의 공사 감독자들로 인한 그들의 부르짖음을 들었나니, 이는 내가 그들의 슬픔을 앎이라』(출 3:7).

야곱의 아들 요셉이 이집트의 총리였을 때 야곱과 그의 아들들인 이스라엘 자손들은 이집트에 들어가서 번성했지만 요셉을 모르는 새 왕이 일어나서 이집트를 다스릴 때 그 파라오는 이스라엘 자손들을 노예로 삼았고 모든 일을 엄격하게 통제하며 고통스럽게 했다. 이러한 일은 이후에 이스라엘 백성들에게 있게 될 대환란의 예표가 된다.

『슬프도다! 그 날이 크므로 어떤 때도 그와 같지 않나니 그 날은 야곱의 고난의 때라. 그러나 그는 그 고난에서 구원을 받으리라』(렘 30:7).

예수 그리스도께서 재림하시는 때는 야곱의 고난의 때인 대환란 때이며, 예수 그리스도의 재림은 이스라엘 백성들이 대환란의 고난을 당하다가 회복되는 때이다.

『내가 확실히 아노니, 어떤 능한 손으로도 이집트 왕이 너희를 결코 가게 하지 아니할 것이나, 내가 나의 손을 뻗쳐 그들 가운데서 행할 나의 모든 이적들로 이집트를 치리니 그후에야 그가 너희를 가게 하리라』(출 3:19,20).

하나님의 백성인 이스라엘 자손들은 마귀의 예표인 이집트 왕 파라오에게 속박되어 노예 생활을 하고 있지만 하나님께서는 능력의 손을 뻗치셔서 파라오를 멸하실 것이고 이스라엘을 구원해 내실 것이며, 그로 인해 영광을 받으실 것이다. 이것은 대환란 끝에 있게 될 주 예수 그리스도의 재림에 관한 강력한 예표와 모형이 된다.

1. 완악한 파라오에 대한 심판

『내가 확실히 아노니, 어떤 능한 손으로도 이집트 왕이 너희를 결코 가게 하지 아니할 것이나, 내가 나의 손을 뻗쳐 그들 가운데서 행할 나의 모든 이적들로 이집트를 치리니 그후에야 그가 너희를 가게 하리라』(출 3:19,20).

하나님께서는 이집트의 왕 파라오의 완악한 마음을 이미 알고 계셨으며, 모세가 파라오의 손에서 이스라엘 자손들을 데리고 나오기 위해서는 이집트에 내한 하나님의 심판이 있어야 할 것도 이미 알고 계셨다. 그럼에도 불구하고 하나님께서는 파라오에게 자비를 베푸시기 위해 모세와 아론을 보내셔서 하나님의 뜻을 전하게 하셨다. 모세가 파라오에게 가서 "이스라엘의 주 하나님께서 이같이 말씀하시나니 '내 백성을 가게 하여 그들로 광야에서 내게 명절을 지키게 하라.' 하시나이다."(출 5:1)라고 하나님의 말씀을 전했을 때 파라오는 그 말씀을 듣지 않았다. 마음이 완악해진 파라오는 하나님의 말씀을 거절한 것만이 아니라 백성의 공사 감독자들과 그들의 관원들에게 "그 사람들에게 더 많은 일을 지우고 그 일로 수고하게 하여 헛된 말들을 생각하지 않게 하라."고 명령했다. 이스라엘 자손들에게 더 무거운 짐을 부과하고 더 혹독하게 대하여 이스라엘 자손들이 하나님을 생각하지 못하게 하려 했다.

출애굽기 5:10은 『백성의 공사 감독자들과 관원들이 나가서 백성들에게 일러 말하기를 "파라오가 이같이 말씀하셨으니 '내가 너희에게 짚을 주지 않겠노라.』라고 했는데 파라오는 모세와 아론이 그에게 "주 하나님께서 이같이 말씀하시나니"라고 말했던 것을 그대로 모방하여 자신을 하나님과 같은 위치에 놓고 '파라오가 이같이 말씀하셨으니'라고 말한 것이다. 파라오는 이 세상의 통치자인 마귀의 예표이며, 대환란 때 마귀는 자신을 높여 하나님의 성전에 앉아 하나님처럼 보이고 말하면서 사람들의 경배를 받으려고 할 것이다. 대환란 때 적그리스도는 자신에게 경배하는 유대인들에게 명령하여 짐승의 표를 받지 않은 동료 유대인들을 회유하거나 붙잡아서 제물로 드리는 일에 동참하게 할 것이다.

『그때에 주께서 모세에게 말씀하시기를 "내가 파라오에게 어떻게 행할는지 이제 네가 보리라. 강한 손이 함께하므로 파라오가 그들을 가게 할 것이며, 강한 손이 함께하므로 파라오가 그들을 그의 땅에서 쫓아내리라." 하시더라』(출 6:1).

하나님께서는 모세에게 하나님께서 파라오에게 행하시려는 일을 보여 주시겠다고 말씀하셨다. 그것은 강한 손이 함께하는 것이다. 성경에는 하나님께서 일하실 때 종종 "하나님의 손"이라든지, "하나님의 오른손"이라는 표현이 나오는데 이것은 예수 그리스도를 예표한다. 시편 17:7은 『주를 의뢰하는 자들을 대항하여 일어선 자들로부터 주의 오른손으로 그들을 구원하시는 오 주여, 주의 놀라운 자애를 나타내소서.』라고 했고, 시편 89:13도 『주께서 능하신 팔을 가지셨으니 주의 손은 강하고 주의 오른손은 높으시나이다.』라고 했는데 주 예수 그리스도는 구약에서 하나님의 "오른손"과 하나님의 "팔"로 여러 번 언급되며, 많은 경우 영적인 구원이 아니라 무기를 가지고 이스라엘을 죽이려고 하는 자들로부터의 보호와 구출을 말하고 있다. 파라오에게 나타내시는 주님의 강한 손은 이스라엘을 노예로 속박하고 핍박한 파라오에게서 이스라엘을 구출하시는 예수 그리스도를 예표하는 손이다. 영이신 하나님께서 사람들 앞에 현현하실 때 주의 천사로 나타나셨던 것처럼 하나님께서 실제적인 어떤 일을 행하실 때 그 일을 행하시는 것은 주의 천사로 현현하신 예수 그리스도이시다. 주님은 하나님의 강한 손이시다.

『사람이 먼저 강한 자를 결박하지 않고 어떻게 강한 자의 집에 들어가 물건을 약탈할 수 있겠느냐? 묶은 후에야 그 집을 약탈할 수 있느니라』(마 12:29).

이 말씀에서 약탈하려고 하는 자는 예수 그리스도를 가리키고, 강한 자는 사탄을 말한 것이다. 이 세상의 통치자이고 강한 자인 사탄보다 더 강하신 예수 그리스도께서 오셔서 사탄을 결박시키기 전까지는 이 세상에 참다운 회복은 없다. 하나님의 강한 손이 함께하시지 않는다면 그 누구도 사탄의 권세에서 구원받거나 놓이지 못한다. 대환란을 끝내시고 환란 가운데 있는 이스라엘을 구원하시기 위해 재림하시는 주 예수 그리스도께서는 그 강한 손에 드신 철장으로 적그리스도와 그를 따르는 세상의 왕들을 제압하시고 제거하실 것이다. 이스라엘 백성을 파라오의 손에서 구원해 내실 수 있는 분은 하나님뿐이시다. 하나님과 함께하시는 강한 손은 대환란 때 이스라엘의 회복을 위해 재림하시는 주 예수 그리스도를 예표하고 있다.

2. 내가 주인 줄 알리라

『내가 내 손을 이집트 위에 뻗쳐 그들 가운데서 이스라엘 자손들을 데리고 나올 때 이집트인들은 내가 **주**인 줄 알리라." 하시니라』(출 7:5).

하나님께서 하나님의 손을 세상을 상징하는 이집트 위에 뻗치는 것은 세상을 구원하시려는 것이 아니라 세상을 심판하실 것을 말씀하신 것이다. 모세가 처음에 파라오에게 가서 하나님의 말씀을 전했을 때 파라오는 "주가 누구기에 내가 그의 말을 복종하고 이스라엘을 보내겠느냐? 나는 주를 알지 못하며, 또한 이스라엘로 가게 하지도 아니하리라."(출 5:2)고 말했다. 파라오와 이집트인들은 하나님께서 이스라엘 자손들의 부르짖음을 들으시고 그들을 이집트인들의 속박에서 구원해 주시기 위해 모세를 보내신 것을 알지 못했던 것이다.

성경은 예수님께서 이 세상에 오셨을 때 세상의 빛으로 오셔서 어두움 속을 비추어도 어두움은 그것을 깨닫지 못하더라고 말씀했고(요 1:5), 『그가 세상에 계셨고 세상이 그에 의하여 지은 바 되었으나 세상은 그를 알지 못하더라.』(요 1:10)라고 말씀하고 있다. 심지어는 이스라엘 자손들인 유대인들조차도 예수님을 알지 못했다. 요한복음 1:11은 『그가 자기 백성에게 오셨으나 자기 백성이 그를 영접하지 아니하더라.』라고 했는데, 이 말씀대로 하나님의 백성이라고 자랑하던 유대인들은 자신들을 구원해 주시기 위해 오신 예수님을 거부했다. 예수님께서 하나님만이 하실 수 있는 기적과 표적들을 보이셨을 때에도 예수님을 한 선지자 정도로 여겼을 뿐 주 하나님으로 믿지 않았고, 오히려 하나님을 모독했다고 누명을 씌웠으며, 이방인의 손에 넘겨 십자가에 못박았다.

예수님과 함께 하면서 예수님의 말씀을 들은 제자들조차도 예수님이 하나님이신 것을 믿지 못했다. 부활하신 예수님께서 제자들에게 나타나셨을 때에도 제자들은 어떤 영을 보고 있다고 생각했고(눅 24:37), 부활하신 예수님께서 처음 제자들에게 나타나셨을 때 그 자리에 없던 도마는 제자들이 주님을 보았다는 말조차 믿지 못했다(요 20:25). 그러나 팔일 후에 다시 나타나신 예수님께서 도마에게 자신의 손을 보여 주시며 "믿음 없는 자가 되지 말고 믿는 자가 되라."고 말씀하셨을 때에야 비로소 도마는 주님을 향해 『나의 주, 나의 하나님이여.』라고 말씀드렸다(요 20:28). 도마는 이때서야 예수님께서 하나님이신 것을 믿고 고백한 것이다. 이처럼 예수님을 보았고 예수님께서 베푸신 기적과 표적들을 보았던 많은 사람들이 예수 그리스도께서 하나님이신 것을 믿지 못했다.

이것은 예수 그리스도의 부활과 승천 이후의 시대를 살아가는 이 세상의 사람들도 마찬가지이다. 온 세상은 지금 예수님께서 이 세상에 오신 날을 기점으로 한 달력을 사용하고 있지만, 그럼에도 불구하고 여전히 예수 그리스도를 믿지 않고 있으며, 그분께서 하나님이신 것을 믿지 않고 있다. 세상은 예수 그리스도를 하나님이 아니라 선지자 내지는 선각자 정도로 알고 있으며 세계 4대 성인 가운데 한 분 정도로 알고 있거나 기독교를 창시한 종교 지도자 정도로 여기고 있다. 하나님을 믿는다고 고백하는 수많은 기독교인들은 물론 신학자들이나 목사들조차도 예수 그리스도를 하나님으로 믿지 않고 있다. 그래서 개신 교단 교회들은 『하나님께서는 육신으로 나타나셨고』(딤전 3:16)라고 말씀하신 바른 성경을 버리고 『그는 육신으로 나타난 바 되시고』 라고 변개한 성서들을 교회에서 사용하고 있다. 로마카톨릭과 개신 교단들은 하나님의 백성인 이스라엘의 회복을 믿지 않으며, 하나님께서 이스라엘을 회복시키실 것도 믿지 않는다. 이제 그들에게 하나님께서 주실 것은 그들 위에 손을 뻗쳐 재앙 가운데 던져 버리시는 것뿐이다. 그때 그들은 주 예수 그리스도께서 하나님이신 것을 알게 될 것이다.

하나님께서는 하나님을 알지 못한다고 뻔대며 더욱더 하나님의 백성인 이스라엘을 혹독하게 핍박한 파라오와 이집트를 심판하시기 위해 하나님의 손을 이집트 위에 뻗치겠다고 말씀하셨고 이 일은 과거에만이 아니라 미래에 있게 될 일들에 대한 예표로 보여 주신 것이다.

로마서 11:25은 『형제들아, 너희가 스스로 지혜 있는 체하지 않게 하기 위하여 이 신비를 너희가 모르기를 내가 원치 아니하노니 이는 이방인들의 충만함이 차기까지는 이스라엘의 일부가 완고하게 된 것이라.』라고 말씀하는데 과거에 이스라엘은 배교했고 지금까지 이스라엘의 일부는 여전히 완고하며, 그 기간은 이방인들의 죄악이 충만해질 때까지이다. 성경은 『그리하여 온 이스라엘이 구원을 받으리라. 기록된 바 "구원자가 시온에서 와서 야곱에게서 경건치 아니한 것을 제거하리라. 이는 내가 그들의 죄들을 없앨 때 그들에 대한 나의 언약이 이것임이니라." 함과 같으니라.』(롬 11:26,27)라고 말씀한다. 이스라엘의 죄들이 없어지고 회복되는 이 일은 아직 이루어지지 않았다. 이 일은 주 예수 그리스도의 재림 때 성취될 것이다.

그러므로 『내가 내 손을 이집트 위에 뻗쳐 그들 가운데서 이스라엘 자손들을 데리고 나올』(출 7:5) 그 일은 주 예수 그리스도의 재림을 예표하는 말씀이다. 전무후무한 대환란의 재앙을 당한 후에 재림하시는 주 예수 그리스도를 보게 될 모든 세상 사람들과 유대인들은 주 예수 그리스도를 알게 될 것이고, 그분이 바로 하나님이심을 알게 될 것이다.

3. 이집트의 신들에게 내려진 열 가지 재앙

『주께서 모세와 아론에게 일러 말씀하시기를 "파라오가 너희에게 일러 말하기를 '너희를 위해 기적을 보이라.' 하거든, 너는 아론에게 명하기를 '네 막대기를 들어 파라오 앞에 던지라.' 하라. 그러면 그것이 뱀이 되리라." 하시더라』(출 7:8,9).

하나님께서 말씀하신 대로 아론과 모세가 파라오에게 들어가 아론이 막대기를 던져 뱀이 되는 표적을 보이자 파라오도 이집트의 마법사들을 불러서 그들의 막대기를 던져 뱀이 되게 했다. 하지만 그 뱀들은 아론의 막대기가 삼켜 버렸다. 그럼에도 파라오는 마음이 더 완악해졌고 하나님께서는 예고하신 재앙을 시작하셨다.

『주께서 모세에게 말씀하시기를 "파라오의 마음이 완악하여 백성이 가는 것을 거절하는도다』(출 7:14). 마귀의 예표가 되는 파라오는 그 마음이 완악해져서 이스라엘 백성이 가는 것을 거절했다. 하나님께서는 이집트 땅에 재앙을 내리셔서 그 땅과 그 땅의 백성들과 그들의 신들을 심판하셨다. 이집트 땅에 내려졌던 재앙들은 대환란 때의 재앙들을 예표하는 것이며, 대환란 때 하나님께서는 적그리스도를 대적하시면서 이스라엘의 남은 자들을 구원해 주실 것이다. 대환란은 주 예수 그리스도의 재림으로 끝나게 된다. 이집트 땅과 그 신들에게 내려진 재앙은 재림하시는 주 예수 그리스도께서 이 세상의 신들을 심판하시고, 세상의 신들을 따르는 자들을 심판하실 것을 예표하고 있다.

첫 번째 재앙은 이집트의 강이 피가 된 것이다(출 7:14-25). 출애굽기 7:20은 『모세와 아론이 주께서 명령하신 대로 그렇게 행하여 아론이 파라오와 그의 신하들의 목전에서 막대기를 들어올려 강에 있는 물을 치니 강에 있는 물이 다 피로 변하더라.』라고 말씀하고 있다. 하나님께서는 파라오와 이집트인들이 신성시하고 있던 강을 심판하신 것이다. 대환란 때 하나님께서는 바다와 강들과 물들의 원천을 피로 바꾸실 것이다. 『셋째 천사가 자기 호리병을 강들과 물의 원천들에 쏟으니 그것들이 피가 되더라』(계 16:4). 성경은 이러한 하나님의 심판들이 참되시며 의로우시다고 말씀하고 있다(계 16:7).

두 번째 재앙은 개구리들이 나와 온 이집트 땅을 뒤덮는 것이었다(출 8:1-6). 출애굽기 8:6은 『아론이 자기 손을 이집트의 물들 위에 뻗치니, 개구리들이 올라와서 이집트 땅을 덮더라.』라고 했는데 개구리가 침실과 침대와 솥과 빵 반죽 그릇에 들어가고 파라오와 그의 신하들의 몸에 올라오는 것은 더럽고 끔찍한 재앙이다. 개구리가 성경에 마지막으로 언급되는 곳이 요한계시록 16:13이다. 『또 내가 보니, 개구리 같은 더러운 세 영이 용의 입과 짐승의 입과 거짓 선지자의 입에서 나오는데』. 여기서도 개구리는 더러운 마귀들의 영으로 묘사된다. 이 개구리 같은 더러운 영들이 하는 일은 아마겟돈 전쟁으로 사람들을 모아 죽게 하는 일이다. 마귀에게 속은 자들은 주 예수 그리스도께서 재림하실 때 심판을 받게 된다.

세 번째 재앙은 땅의 흙이 이가 되어 사람과 짐승을 괴롭히는 것이었다(출 8:16-19). 출애굽기 8:17은 『아론이 막대기를 잡은 손을 뻗쳐서 땅의 흙을 치니 그것이 사람과 짐승 안에 이가 되고 땅의 모든 흙이 이집트 전역에 걸쳐 이가 되더라.』라고 했는데 이 기적은 하나님께서 흙으로 살아 있는 동물을 만드신 창조 행위를 보여 주신 것이다. 이집트의 마법사들도 그렇게 해 보려고 흉내는 냈지만, 그들은 이를 만들어 낼 수도 없었고 그들을 괴롭히는 이를 없앨 수도 없었다. 이때 이집트의 마법사들은 이 일들이 하나님의 손길이라는 것을 비로소 인정했지만 마음이 완악해진 파라오는 이들의 말도 경청하지 않았다. 어리석고 마음이 완악한 자들은 끝까지 복음을 거절하다가 죽어서는 지옥에 가는 것이다.

네 번째 재앙은 이집트인들이 있는 집들과 그들이 있는 땅에만 파리떼로 가득 차게 하신 것이었다(출 8:20-24). 출애굽기 8:22은 『내가 그 날에 내 백성이 거하는 고센 땅을 구별하여 그곳에는 파리떼가 없게 하리니 결국 너는 내가 땅 가운데 있는 주임을 알게 되리라.』라고 했는데 하나님께서는 더러운 파리떼의 재앙부터는 그분의 백성들을 파라오의 백성들과 구별하여 따로 떼어 놓으셨다. 마귀들의 왕을 "비엘세붑"이라고 하는데(눅 11:15), 이는 에크론의 신인 "바알세붑"으로서 "파리들의 주"라는 말이다(왕하 1:3). 바알세붑은 '더러운 오물의 주인'이라는 뜻도 가지고 있다. 『주께서 그렇게 행하시니 극심한 파리떼가 파라오의 집과 그의 신하들의 집과 이집트의 온 땅으로 들어와 그 땅이 파리떼로 인하여 부패되더라』(출 8:24). 하나님께서는 이집트인들이 섬기는 그들의 우상 신들 가운데 하나인 '파리들의 주' 비엘세붑을 심판하신 것이다. 주 예수 그리스도께서 재림하시면 모든 우상 신들과 우상 숭배자들이 심판을 받게 될 것이다.

다섯 번째 재앙은 심한 전염병으로 들에 있는 가축들을 치는 것이었다(출 9:1-7). 출애굽기 9:3은 『보라, 主의 손이 들에 있는 네 가축, 즉 말들과 나귀들과 낙타들과 소들과 양들 위에 임하리니, 아주 심한 전염병이 있을 것이라.』 하나님께서는 이때에도 이스라엘과 이집트의 가축을 구분하셔서 이집트의 모든 가축은 죽었지만 이스라엘의 가축들은 하나도 죽지 않았다. 사실 이 가축들은 이집트인들이나 이교도들이 섬기는 신들이다. 하나님께서는 파라오와 이집트인들이 섬기는 우상 신들을 다루고 계신 것이다. 왜냐하면 그 짐승들도 모두 악으로 오염되었기 때문이다. 이것이 바로 하나님께서 노아의 홍수 때 모든 가축과 짐승들을 죽게 하신 이유이다.

여섯 번째 재앙은 이집트 온 땅에 걸쳐 사람과 짐승 위에 물집이 생기는 종기로 고통을 동반했다(출 9:8-12). 출애굽기 9:11은 『마법사들도 종기 때문에 모세 앞에 설 수 없었으니, 이는 종기가 마법사들과 모든 이집트인들 위에 임하였음이더라.』라고 했는데 이 종기는 악성 종기이며 딱지와 가려움증으로 사람을 괴롭히는 이집트의 종기이다(신 28:27). 이 이집트의 종기는 대환란 때 그 짐승의 표를 받은 자들과 그의 형상에 경배한 자들 위에 생기는 '악취가 나는 심한 헌데'(계 16:2)와 관련이 있다. 예수 그리스도께서 재림하실 때 이 종기를 가진 사람들은 분류되어 지옥 불로 던져지게 될 것이다.

일곱 번째 재앙은 하늘로부터 우박과 불이 사람과 짐승 위에 떨어져 죽이는 재앙이었다(출 9:18-35). 출애굽기 9:24은 『그러므로 우박이 내리는데 매우 심한 불이 우박과 섞여 내리더라. 이집트가 나라가 된 이래로 이집트 온 땅에 그와 같은 것은 한 번도 없었더라.』라고 했는데 이 우박은 이집트 온 땅에 걸쳐 들에 있는 사람이나 짐승을 쳤고, 들에 있는 모든 채소를 치며 모든 나무를 꺾었다. 이것은 미래의 대환란 때 있게 될 재앙의 모형이다. 요한계시록 8:7은 『첫째 천사가 나팔을 부니, 피가 섞인 우박과 불이 따르더라. 그것들이 땅에 쏟아지니 나무의 삼분의 일이 타버리고 모든 푸른 풀도 타버리더라.』라고 했는데 대환란은 유대나 이집트 땅만이 아니라 전 세계적으로 이러한 재앙들이 넘쳐 나는 때이다. 교회 시대에 사는 사람은 절대로 대환란 때로 넘어가서는 안 된다.

여덟 번째 재앙은 메뚜기들이 몰려와 이집트 땅에 남아 있는 모든 나무와 푸른 채소를 먹어 치우는 것이었다(출 10:1-15). 출애굽기 10:15은 『메뚜기들이 온 지면을 덮으니 땅이 어두워지고 우박이 남긴 그 땅의 모든 채소와 나무에 달린 모든 열매들을 먹었으니, 이집트 땅 전역에 걸쳐 나무나 들의 채소들 중 푸른 것은 전혀 남아 있지 않더라.』라고 했는데 하나님께서는 이 일이 그들 전에도 없었으며 그들 후에도 없을 일이라고 덧붙여 말씀하셨다(출 10:6,14). 예수님께서도 마태복음 24:21에서 『이는 그때에 대환란이 있으리니, 그와 같은 것은 세상이 시작된 이후로 지금까지 없었으며, 또 결코 없을 것이기 때문이라.』라고 말씀하셨는데 이 말씀은 이집트 땅에 내려진 재앙들이 대환란 때 있을 일들에 대한 예표였다는 것을 알려 주시는 것이다. 대환란 때에도 메뚜기들로 인해 사람들이 고통을 당하는 일이 발생한다. 요한계시록 9:3은 『또 그 연기에서 메뚜기들이 땅 위로 나왔는데 땅의 전갈들이 지닌 권세와 같은 권세를 받더라.』라고 했는데 끝없이 깊은 구렁에서 나온 이 초자연적인 메뚜기들은 출애굽기에서 이집트 땅과 고센 땅을 구별한 것처럼 『이마에 하나님의 인장으로 표시받지 아니한 사람들만 해치라』(계 9:4)라는 명령을 받는다. 주 예수 그리스도께서 재림하셨을 때 그분께서는 공의로 남은 자들을 심판하실 것이다.

아홉 번째 재앙은 이집트 땅 전역에 삼 일 동안 해와 달과 별들이 전혀 빛을 발하지 않는 짙은 어두움이다(출 10:21-23). 출애굽기 10:23은 『삼 일 동안 그들이 서로를 보지 못하고 자기 처소에서 아무도 일어나는 자가 없더라. 그러나 모든 이스라엘 자손들은 그들의 거처에 빛을 가졌더라.』라고 했는데 하나님께서는 이집트인들이 최고의 신으로 믿고 섬기는 태양의 신 '라'를 심판하시면서 태양계를 통제하시는 분이 누구인지를 알려 주신 것이다. 예수님께서도 대환란 때에 대해 『그 날들의 환란 후에 즉시 해가 어두워지며, 달이 그 빛을 내지 아니하며, 별들이 하늘에서 떨어지고, 또 하늘들의 권능들이 흔들릴 것이라.』(마 24:29)라고 경고하신 것과 일치한다. 요한계시록 16:10은 『다섯째 천사가 자기 호리병을 짐승의 자리에 쏟으니, 그의 왕국이 흑암에 싸이며 그들이 고통으로 인하여 자기 혀를 깨물고』라고 했는데 어둠의 재앙 속에서도 사람들은 회개하지 않고 오히려 하나님을 모독하게 될 것이다. 이집트 땅에 대한 심판은 이 악한 현 세상에 대한 심판의 예표가 된다. 이처럼 이 땅에 사람이 감당할 수 없는 하늘의 현상들이 일어나는 것은 세상을 심판하시려는 하나님의 뜻이며, 그 뜻에 따라 주 예수 그리스도께서 재림하셔서 이 세상을 심판하실 것이다.

열 번째 재앙은 이집트 땅에 있는 모든 사람의 첫태생과 짐승들의 모든 첫태생이 죽는 것이다(출 11:4-6; 12:29-31). 출애굽기 12:29은 『한밤중에 주께서 이집트 땅에 있는 모든 첫태생들을 치셨는데 자기 보좌에 앉은 파라오의 첫태생부터 지하감옥에 갇힌 자의 첫태생까지며 가축의 모든 첫태생까지더라.』라고 했는데 이집트 땅에 있는 집들 가운데 사람이 죽지 않은 집은 하나도 없었다. 사람이 죽고 사는 것은 하나님께서 주관하시는 것이다. 하나님께서는 이스라엘 자손들을 구원해 주시기 위해 하나님의 진노하심으로 이집트인들을 치셨다. 이러한 일은 대환란 때에도 있게 된다. 예수 그리스도께서 이 세상을 심판하시기 위해 재림하실 때 적그리스도의 군대들이 예수 그리스도께 대적하기 위해 모일 것이다. 성경은 『그가 그들을 히브리어로 아마겟돈이라고 하는 곳으로 모으더라.』(계 16:16)라고 했고, 그 기병대의 수가 이억 명이라고 밝히고 있다(계 9:16). 재림하시는 예수 그리스도께서는 하나님의 말씀으로 이들을 치실 것이다. 성경은 『그의 입에서는 예리한 칼이 나와서 그것으로 민족들을 칠 것이요 또 철장으로 그들을 다스릴 것이며, 그는 전능하신 하나님의 맹렬한 진노의 포도즙틀을 밟으실 것이라.』(계 19:15)라고 했는데 이때 그 포도즙틀에서 흘러나오는 피는 말고삐까지 닿고 일천육백 스타디온까지 퍼지게 될 것이다(계 14:20).

하나님께서는 이집트 땅의 온 집을 죽음으로 심판하시기 이전에 『그러나 이스라엘 자손 중에서는 사람이든 짐승이든 어느 누구에게도, 개조차 그 혀를 놀리지 못하리니, 主께서 이집트인과 이스라엘 사이를 어떻게 구별하시는지를 너희가 알리라.'』(출 11:7)라고 말씀하셨다. 하나님께서는 이집트 땅에 있는 모든 집의 첫태생과 짐승의 첫태생도 죽을 것이라고 말씀하셨다. 그러나 이스라엘 자손들은 사람이든 짐승이든 죽지 않음으로 이집트인들과 구별하실 것을 말씀하셨다. 하나님께서는 민족들 간의 분리를 확정하신 것이다. 죽음은 영원한 분리이다. 예수 그리스도께서는 그 일을 하시기 위해 재림하실 것이다. 재림하신 예수 그리스도께서는 남아 있는 민족들을 양들과 염소들로 구분하시고 양으로 분류된 자들에게는 『왕이 그의 오른편에 있는 사람들에게 말하기를 '오라, 내 아버지의 복을 받은 자들아, 세상의 기초가 놓인 이래로 너희를 위하여 준비한 그 왕국을 이어받으라.』(마 25:34)라고 말씀하고, 염소로 분류된 자들에게는 『그때에 왕이 왼편에 있는 자들에게도 말하기를 '너희 저주받은 자들아, 내게서 떠나 마귀와 그의 천사들을 위하여 준비한 영원한 불 속으로 들어가라.』(마 25:41)라고 저주한다. 하나님께서 죽음의 재앙 가운데서 이스라엘 집과 이집트 땅의 집을 구별하셔서 심판하시는 것은 재림하셔서 민족들을 모아 놓고 양들과 염소들로 분류하시고 심판하실 주 예수 그리스도를 예표하고 있다.

이스라엘 자손들을 노예로 속박했던 파라오와 이집트 땅과 그들의 신들에 대한 열 번의 재앙들은 모두 대환란과 주 예수 그리스도께서 재림하실 때 이 땅에 있게 될 재앙들의 예표가 된다. 열 번째인 첫태생의 죽음 앞에 파라오는 드디어 하나님께 항복한다. 『파라오가 밤에 모세와 아론을 불러 말하기를 "너희와 이스라엘 자손들은 일어나서 내 백성 가운데로부터 떠나 너희가 말한 대로 가서 주를 섬기라』(출 12:31). 이 재앙 앞에서 파라오는 모세가 말한 대로 모든 이스라엘 자손들과 그들의 가축들을 이집트 땅에서 내보낸다(출 12:32). 이 열 번째 재앙까지가 이스라엘 자손들이 이집트 땅에 있었을 때 일어난 일들이다. 이 첫태생의 죽음을 동반한 열 번째 재앙을 끝으로 이스라엘 자손들은 노예 생활을 하던 이집트 땅에서 벗어나게 된다. 이집트 땅에서 있었던 재앙들은 대환란의 재앙을 예표하고 있으며, 이스라엘 민족의 출애굽은 예수 그리스도의 재림으로 이스라엘이 민족적으로 회복되는 것을 예표하는 모형이다.

4. 이스라엘의 군대 대장

『사백삼십 년의 끝, 즉 그 날이 되었을 때 주의 모든 군대가 이집트 땅에서 나왔더라』(출 12:41).

이스라엘 자손들은 요셉과 야곱을 따라 이집트 땅에 들어온 지 사백삼십 년의 끝이 되었을 때 이집트인들의 모든 집의 첫태생이 죽임을 당한 그 유월절 밤에 이집트인들의 재촉을 받으며 이집트 땅에서 나왔는데, 그들은 오합지졸이 아니라 무장을 한 군대였다. 출애굽기 13:18은 『그러나 하나님께서는 백성을 홍해의 광야 길을 통과하도록 인도하셨으니 이스라엘 자손이 이집트 땅에서 나오면서 무장을 하고 올라가더라.』

라고 말씀하고 있다. 하나님께서는 모세에게 "이십 세 이상으로, 이스라엘에서 싸우러 나갈 수 있는 모든 사람을 그들의 군대대로 계수하라고"(민 1:3) 명령하셨는데 이렇게 "계수를 받은 자는 모두 육십만 삼천오백오십 명이었다"(민 1:46). 이스라엘 자손들은 이집트 땅에서 무장을 한 군대로 나왔다. 비록 한 번도 땀을 피처럼 흘리기까지 강력한 훈련을 받은 적도 없고 누군가를 대항하여 싸워본 적도 없는 노예였지만 이집트를 나올 때 이들을 무기를 가진 군대가 되어 출발하게 된다. 그리고 그 군대들의 대장은 주님이시다.

『바로 그 날 주께서 이스라엘 자손들을 그들의 군대들대로 이집트 땅에서 데리고 나오셨더라』(출 12:51).

주님께서는 그들을 군대로 이집트 땅에서 데리고 나오셨다. 이스라엘 백성들을 군대로 이끌고 나오신 주님은 전사이시며(출 15:3), 주의 군대의 대장이시다.

『여호수아가 여리코 근방에 있었을 때 눈을 들어 보니, 보라, 어떤 사람이 손에 칼을 빼어 들고 그를 향해 서 있는지라. 여호수아가 그 사람에게 가서 말하기를 "너는 우리 편이냐, 우리의 대적 편이냐?" 하니 그가 말하기를 "아니라, 나는 주의 군대 대장으로 지금 여기에 왔노라." 하더라. 여호수아가 땅에 엎드려 경배하고 그에게 말씀드리기를 "나의 주여 종에게 무엇을 말씀하시나이까?" 하니』(수 5:13,14).

모세가 이스라엘 자손들을 이집트에서 이끌고 나왔고, 여호수아는 그들을 카나안 땅으로 인도한다. 그러나 실제로 그 군대를 인도하신 분은 주의 군대 대장이시다. 여리코 성은 군사들의 칼이 아니라 하나님의 능력으로 무너졌다. 제사장들이 나팔을 불고 백성들이 소리칠 때 하나님께서 성벽을 무너뜨리신 것이다(수 6:20). 백성들은 무너진 성으로 들어가 그 성을 차지했을 뿐이다. 하나님께서는 자신을 무장한 이스라엘 군대의 대장으로 나타내신다. 이 군대는 눈에 보이는 적과 무력으로 싸워서 눈에 보이고 문자적이며 정치적인 왕국을 확장해 나간다(민 21-31장). 여호수아의 카나안 땅 정복 전쟁은 주 예수 그리스도의 재림을 예표하고 있다.

『主께서 그의 군대 앞에서 그의 음성을 발하시리니, 이는 그의 진영이 매우 크고 그의 말씀을 실행하는 분은 강하심이라. 주의 날이 위대하고 심히 두려우니 누가 그것을 견뎌 낼 수 있으리요?』(욜 2:11) 주 예수 그리스도께서 군대의 선두에서 하나님의 기병대를 이끄실 것인데, 하늘의 문이 열리고 나팔이 울리면 모든 군대는 나를 따르라는 주님의 명령을 듣게 될 것이다. 이 하늘에서 내려오는 군대에 맞서 견뎌 낼 수 있는 이 땅의 무장 세력은 전혀 없다.

『또 내가 하늘이 열린 것을 보니 흰 말이 보이더라. 그 위에 앉으신 분은 신실과 진실이라 불리며 의로 심판하고 싸우시더라』(계 19:11).

여기 흰 말 위에 앉으신 분은 주 예수 그리스도이시다. 왜냐하면 하늘에서 내려오시고, "신실과 진실이라고" 불리시는 이름을 가지셨으며, 의로 심판하고 싸우시는 분이시기 때문이다.

『또 하늘에 있는 군대들이 희고 정결한 세마포를 입고 흰 말들을 타고 그를 따르더라』(계 19:14).

하늘에서 흰 말을 타고 내려오시는 주님을 따라 내려오는 하늘의 군대는 교회 시대에 구원받은 성도들, 곧 그리스도의 몸 된 "교회"인데, 이들이 "정결한 세마포를 입고 흰 말들을 타고" 예수 그리스도를 뒤따르는 것이다. 이들은 재림 직전에 있었던 어린양의 혼인식에서 "정결하고 흰 세마포를"(계 19:8) 입은 어린양의 신부인 교회이다. 셋째 하늘로 휴거된 교회는 어린양의 혼인식에서는 "신부"이지만, 예수 그리스도의 재림 때는 용감한 하늘의 "군대"가 된다.

『아침처럼 비추고, 달처럼 고우며, 해처럼 맑고 깃발들을 든 군대처럼 위엄이 있는 여자는 누구인가?』(솔 6:10).

예수 그리스도와 한 몸인 교회는 군대 같은 신부이다. 가장 아름다운 신부이면서도 가장 용감한 군대인 것이다. 신부인 교회가 전쟁 무기를 들고 영적 전쟁이 아닌 실제의 전쟁에 임하는 날이 있다. 교회가 부름받은 것은 예수 그리스도께서 재림하실 때 군대가 되어 무장한 싸움을 준비하기 위함이다. 그리고 그 군대의 대장은 재림하시는 주 예수 그리스도이시다.

주 예수 그리스도께서는 재림하실 때 나팔 소리와 성도들의 함성 소리 가운데 오실 것이다. 이스라엘이 여호수아라는 대장을 따라 안식의 땅에 들어갔듯이 교회는 미래에 대장이신 주 예수 그리스도를 따라 안식의 땅인 천년왕국으로 들어갈 것이다. 주 예수 그리스도께서는 구원의 대장이시다.

『만물을 자신을 위하여 또 자신에 의하여 존재하게 하신 그분께서 많은 아들들을 영광에 들어가게 하시려고 고난들을 통하여 그들의 구원의 대장을 온전하게 하신 것은 당연하도다』(히 2:10).

주의 천사이시며 주의 군대의 대장이신 예수 그리스도께서는 신약에서는 교회의 머리로서 그리스도인들을 구원해 주시는 구원의 대장이 되셨다. 변개된 성경인 개역개정판은 구원의 대장을 구원의 창시자라고 변개하여 구원의 대장이신 예수 그리스도를 없애 버렸다. 주의 천사이시고 구원의 대장이신 예수 그리스도를 견딜 수 없기 때문이다.

이스라엘 자손들을 이집트에서 데리고 나오신 주님은 구원의 대장이신 주 예수 그리스도이시며, 재림하실 때 하늘에 있는 군대들을 이끌고 내려오실 군대의 대장이시다. 사도 바울은 그리스도인들에게 『전쟁에 임하는 자는 아무도 이생의 일들에 얽매이지 아니하나니 이는 자기를 군사로 뽑은 자를 기쁘게 하려 함이라.』(딤후 2:4)라고 권면했는데 교회 시대에 구원받은 성도들은 모두 예수 그리스도의 훌륭한 군사들로서 전쟁터에 투입된 병사들이며, 대장은 주 예수 그리스도이시다. 이스라엘의 군대 대장이시며, 그들을 이집트 땅에서 이끌고 나오신 주님은 재림하시는 주 예수 그리스도의 예표가 되신다.

제2장

재림의 아침과 주의 영광

하나님께서 이스라엘 자손들을 이집트에서 이끌고 나오신 것은 단순히 그들로 광야에 나가 하나님께 명절을 지키게 하려는 것이 아니었다. 하나님께서는 그들을 아브라함에게 약속하신 땅으로 인도하시기로 정하셨던 것이다. 가시덤불 사이의 불꽃 속에서 모세에게 나타나신 하나님께서는 이집트에 있는 이스라엘 백성들의 고통과 슬픔을 아신다고 말씀하셨고, 『그들을 이집트인들의 손에서 구해 내고 그 땅에서 그들을 인도하여 아름답고 넓은 땅, 젖과 꿀이 흐르는 땅, 즉 카나안인과 힛인과 아모리인과 프리스인과 히위인과 여부스인의 지역에 이르게 하려고 내가 내려왔노라.』(출 3:8)라고 말씀하셨다. 이제 이스라엘 자손들은 광야를 건너서 카나안 땅으로 들어가야 한다. 그 길은 험난한 길이고 그들이 들어가야 할 땅에는 그 땅을 차지하고 있는 민족들이 있었기에 그들과 싸워 이겨야만 한다. 이것은 지금 교회 시대에 구원받은 성도가 주님이 오실 때까지 살만한 데가 못 되는 이 세상을 살아가야 하는 것과 같은 것이다. 출애굽기에는 재림하시는 주 예수 그리스도를 예표하는 내용들이 많이 있다. 특별히 마지막 라오디케아 교회 시대를 살아가는 성도들은 출애굽기의 역사를 통해 곧 오시게 될 예수 그리스도의 날이 가까이 다가왔음을 배울 수 있어야 한다.

1. 재림의 때 "새벽 경점"

『새벽 경점 때 주께서 불 기둥과 구름 기둥을 통하여 이집트인의 군대를 보시고 이집트의 군대를 불안하게 하시며 그들의 병거 바퀴를 빼시어 그들이 힘겹게 몰고 가게 하시니 이집트인들이 말하기를 "이스라엘 앞에서 도주하자. 주께서 그들을 위하여 이집트인을 대적하여 싸우시는도다." 하더라』(출 14:24,25).

이때는 하나님께서 이스라엘 자손들을 위해 동풍을 불게 하셔서 홍해 바다 한가운데에 길을 내셨을 때이다. 이스라엘 자손들이 마른 땅이 된 바닷속을 통과하기 위해 그 길로 들어가자 그 뒤를 좇던 파라오와 그의 기병들과 병거들이 이스라엘 자손들을 따라 바닷속으로 들어와 바다의 중간까지 들어갔을 때였다. 하나님께서 이집트 군대 병거의 바퀴를 빼시어 군대의 전진을 막으시자 그때서야 그들은 자신들을 대적하시는 분이 하나님이신 것을 알았지만 이미 때는 늦었다. 하나님께서는 모세에게 바다 위로 손을 뻗치라고 명령하셨다(출 14:26).

『모세가 바다 위로 자기 손을 뻗치니 바다가 그 세력이 회복되었고 새벽이 되었더라. 그러자 이집트인들이 그것을 피하여 도주하나 주께서 이집트인들을 바다 한가운데서 뒤집어엎으셨더라. 물이 되돌아와서 그들을 좇아 바다 가운데로 들어온 병거들과 기병들과 파라오의 모든 군대를 덮으니 그들 중에 한 사람도 남지 않았더라』(출 14:27,28).

이스라엘 자손들을 붙잡기 위해 바닷속으로 들어갔던 파라오와 그의 군대들은 모두 다 물에 빠져 익사했고, 바닷속의 물고기들과 게들이 그들의 아침 식사로 파라오와 그의 군대들의 살을 먹어 치웠다. 이것은 너무나도 분명하게 주 예수 그리스도의 재림을 예표하는 말씀이다.

『또 내가 보니, 한 천사가 해에 서 있는데 그가 큰 음성으로 외쳐 하늘 한가운데로 날아가는 모든 새들에게 말하기를 "와서 위대하신 하나님의 만찬에 다 함께 모여 왕들의 살과 최고 대장들의 살과 용사들의 살과 말들과 그 위에 탄 자들의 살과 자유인이나 종이나 작은 자나 큰 자나 할 것 없이 모든 자의 살을 먹으라."고 하니라.』(계 19:17,18)라고 했는데 재림하시는 주님께서는 먼저 청소부들을 모으신다. 왜냐하면 "그 짐승과 땅의 왕들과 그들의 군대가 그 말 탄 분과 그의 군대에 대적하여 전쟁을 하려고 다 함께 모였"(계 19:19)기 때문이다. 흰 말을 타고 재림하신 주님께서는 먼저 짐승인 적그리스도와 거짓 선지자를 붙잡아 유황으로 불타오르는 불못에 산 채로 던져 버리신다(계 19:20). 『그리고 그 남은 자들은 말 위에 앉으신 분의 칼, 즉 그의 입에서 나오는 칼로 살해되니 모든 새들이 그들의 살로 배를 채우더라.』(계 19:21)라고 성경은 말씀한다. 홍해 바다에서 물속의 고기들과 게들이 파라오와 그의 군대를 먹어 치웠듯이 위대하신 하나님의 만찬에 초대받은 모든 공중의 새들은 적그리스도를 따르던 땅의 왕들과 그들의 군대들의 피를 마시고 살로 배를 채웠다. 홍해에서 파라오과 그의 군대를 죽이신 주님은 대환란 끝에 재림하시는 주 예수 그리스도의 모형이시다.

주님이 재림하시는 시간은 새벽 경점이다. 새벽 경점은 밤이 지나야 오는 때이고, 밤은 교회 시대를 말한다. 예수 그리스도께서는 밤이 아니라 밤이 지난 새벽 경점에 오신다. 새벽 경점은 구약에서는 새벽 2시부터 6시 사이이고, 신약에서는 새벽 3시에서 6시 사이이다. 구약에서는 4시간 간격으로 삼경점이었으나 신약에서는 사경점으로 바뀌면서 3시간 간격이 된다. 새벽 경점은 예수 그리스도께서 바다 위를 걸어오시는 때이다. 마태복음 14:25은 『밤 제사경에 예수께서 바다 위를 걸어서 그들에게 다가오시니』라고 말씀하셨고, 하박국 3:15은 『주께서는 주의 말들을 타시고 바다, 곧 큰 물 무더기를 통과하셨나이다.』라고 말씀한다. 주 예수 그리스도께서 재림하실 때 주님께서는 흰 말을 타시고 큰 물 무더기인 바다를 통과해 내려오실 것이다. 이 바다는 성경에서 "깊음"(창 1:2)이라고 표현되는 바다이다. 예수님께서는 교회 시대가 끝나는 새벽 경점에 셋째 하늘 하나님의 보좌 앞에 있는 거대한 "유리 바다"를 통과하여 재림하실 것이다.

우리는 지금 네 번째 경점인 새벽 경점의 마지막 시점에 살고 있다. 주 예수 그리스도의 재림을 간절히 사모하는 그리스도인이라면 파수꾼이 새벽이 밝아오기를 기다리는 심정으로 주님의 재림을 기다리고 있다.

배교로 얼룩진 이 시대에 성경대로 믿는 그리스도인들은 험난한 세파 속에서도 주님을 위해 받는 온갖 고난을 잘 견디고, 믿음을 연단하는 불 같은 시련을 지혜롭게 견디고, 파수꾼의 임무를 다하면서 새벽별이신 주님의 다시 오심을 기다려야 한다. 하나님께서 새벽 경점 때 마귀의 예표인 파라오와 그의 군대들을 심판하신 것은 재림하셔서 세상과 사탄을 심판하실 주 예수 그리스도를 예표하고 있다.

2. 주의 영광의 아침

『아침이면 너희가 **주**의 영광을 보리니, 이는 **주**께 대하여 하는 너희의 불평을 그가 들으셨음이라. 우리가 무엇이기에 너희가 우리를 대적하여 불평하느냐?" 하고』(출 16:7).

이스라엘 자손들은 광야를 지나면서 먹을 것을 가지고 모세와 아론에게 불평했는데 실제로 이것은 하나님께 불평한 것이다. 하나님께서는 아직 이스라엘 자손들에게 율법을 주지 않으셨기에 그들의 불평을 들으시고 저녁에 그 불평을 해결해 주신다. 이스라엘 자손들은 아침이 되자 그들의 불평을 해결해 주신 분이 주 하나님이신 것을 알게 된다.

물리적 조건이나 시간적 상황때문에 밤을 지내야 하는 사람들은 밝은 아침이 될 때까지 밤에 무슨 일이 있어 났는지 알지 못한다. 홍해 앞에서 자기들의 뒤를 추격해 오는 파라오와 그의 군대들을 두려워하면서 모세와 함께 홍해의 바닷속을 걸어서 건넜던 이스라엘 백성들도 그 밤에 무슨 일이 있었는지 알지 못했다. 그러나 아침이 되었을 때 그들은 파라오와 그의 군대들이 한 사람도 남지 않고 모두 죽어서 시체로 변한 것을 볼 수 있었다. 이스라엘 백성들은 하나님께서 이집트인들에게 행하신 그 위대한 일을 보고 노래하며 전쟁에서 승리하신 하나님께 영광을 돌렸다.

『미리암이 그들에게 대답하기를 "너희는 主께 노래하라. 이는 주께서 영광스럽게 승리하셨으며 말과 그 탄 자를 바다 속에다 던지셨음이라." 하더라.』(출 15:21)라고 했는데 홍해에서 물에 빠져 죽은 말 탄 자는 요한계시록 6:2에 언급된 적그리스도이다. 『내가 보니, 보라, 흰 말 한 마리가 있는데 그 위에 탄 자가 활을 가졌더라. 그에게 한 면류관이 주어졌고 그는 나가서 정복하고 정복하려 하더라.』라고 했는데 이 말 탄 자는 어디서 왔는지 그 출처를 알 수 없고, 이 말 탄 자 뒤에는 사망과 기근과 지옥이 따른다. 이 적그리스도는 예수 그리스도께서 하늘의 문을 열고 흰 말을 타고 재림하실 때 붙잡혀서 산 채로 불못에 던져지게 된다. 이집트의 왕인 파라오는 성경에 나오는 가장 강력한 적그리스도의 예표이다. 대환란 때 남아 있던 이스라엘 자손들은 재림하신 주님께서 밤에 적그리스도의 머리를 부수신 것을 아침에 알게 될 것이고 노래를 부르게 될 것이다.

하나님의 영광이 나타나는 시간은 어두운 밤을 지내고 맞이하는 아침이다. 예수 그리스도께서는 아침의 태양처럼 떠오르신다. 말라키 4:2은 『그러나 내 이름을 두려워하는 너희에게는 의의 태양이 그의 날개에 치유를 가지고 솟아오르리니, 그리하면 너희는 나가서 외양간의 송아지들처럼 자라리라.』라고 말씀했는데, 태양은 모든 피조물들에게 창조주이시며 의로우신 주 하나님을 알 수 있게 해 주는 피조물이다. 의의 태양이시며 새벽별이신 주 예수 그리스도께서는 이른 아침에 떠오르신다. 성경은 태양을 항상 남성으로 지칭하는데, 이는 신랑이신 예수 그리스도를 언급한다. 시편 19:5은 『태양은 신랑방에서 나오는 신랑 같고, 경주하는 강한 남자처럼 기뻐하는도다.』라고 했는데 이 말씀에서 성도들은 셋째 하늘에서 어린양의 혼인식을 마치신 후에(계 19:7) "신랑방에서 나와 경주하는 강한 남자처럼" 하늘에 있는 군대들 앞에서 흰 말을 타고 재림하시는(계 19:11-16) 주 예수 그리스도를 볼 수 있다.

『내가 아침에 그 땅의 모든 악인들을 멸하리니 내가 모든 행악자들을 주의 도성에서 끊어지게 하리이다』(시 101:8). 아침에 의의 태양으로 떠오르신 주님께서는 의인들에게는 치유하시는 태양으로 그 빛을 비추시지만, 악인들에게는 타는 열기로 그들을 불태우는 불길로 계시되신다. 요한계시록 16:8은 『넷째 천사가 자기 호리병을 해에 쏟으니, 해에게 불로 사람들을 태우는 권세가 주어지더라.』라고 했는데 교만한 불신자들을 심판하시는 것, 거짓말쟁이들을 제거하는 것, 모든 악인들을 멸하고 행악자들을 죽이는 것은 지금까지 그 누구도 완수하지 못했지만 재림하시는 주님께서는 그 아침에 모든 악인들을 멸하시고 그 도성에는 행악자들이 하나도 없게 모두 멸하실 것이다. 『하나님을 알지 못하는 자들과 우리 주 예수 그리스도의 복음에 순종치 아니하는 자들을 불길 가운데서 벌하시리니 이런 자들은 주의 임재와 그의 능력의 영광으로부터 떠나 영원한 멸망의 형벌을 받게 될 것이라』(살후 1:8,9).

예수님께서 베드로와 야고보와 야고보의 형제 요한을 데리고 따로 떨어져 있는 높은 산으로 올라가셨다(마 17:1). 『그들 앞에서 변형되시니 그의 얼굴은 해처럼 빛나고 그의 옷은 빛처럼 희어지더라』(마 17:2). 의의 태양이신 예수 그리스도께서는 재림하실 때의 모습을 제자들에게 먼저 보여 주신 것이다. 이스라엘 백성들이 하나님의 말씀을 전하는 모세와 아론에게 불평했듯이 교회 시대인 밤을 사는 그리스도인들이 하나님의 말씀으로 누군가를 책망하면 항상 비판과 불평의 표적이 된다. 그리스도인은 죄를 지적하고 복음을 전할 때 항상 세상이 대적한다는 것을 알아야 한다. 성경의 저자이신 성령님께서 주 예수 그리스도를 태양으로 예표할 때는 항상 주님의 재림과 관련이 있다. 경륜에 있어서 교회 시대는 밤이 된다. 그리고 밤을 살아가는 빛의 자녀들은 주님이 오실 때까지 다른 사람들과 같이 자지 말고 깨어 있어 정신을 차리라는 경고의 말씀을 들어야 한다. 아침은 밤이 끝나는 시간이다. 아침에 뜨는 해처럼 아침에 나타나는 주의 영광은 재림하시는 예수 그리스도를 예표하고 있다.

3. 아말렉과 싸우는 이스라엘

『그때에 아말렉이 와서 르피딤에서 이스라엘과 싸우니라』(출 17:8).

이스라엘 자손들이 르피딤에 와서 장막을 쳤을 때 그들에게는 마실 물이 전혀 없었다(출 17:1). 이스라엘 백성들이 모세와 다투며 마실 물이 없다고 불평했을 때 하나님께서는 모세로 하여금 반석을 치게 하셔서 물이 나오게 하셨는데, 여기서 반석은 예수 그리스도의 모형이고, 물은 성령님의 예표이다. 이스라엘 백성들이 예수 그리스도와 성령님과 함께하며 만족하고 있을 때 아말렉이 나타나 싸움을 건다. "아말렉"(Amalek)은 에서의 후손이었고(창 36:12), 그 이름의 히브리어 어근들은 "죄," "해악," "실수," "사악함," "괴롭게 함"을 의미하는데, 영적으로는 "육신"을 예표한다.

아말렉과의 전쟁은 이스라엘이 민족적으로 겪은 첫 번째 전쟁이다. 이와 마찬가지로 죄인의 영이 거듭나고 혼이 구원받았을 때도 육신은 변하지 않는다. 그래서 구원받은 성도가 겪는 첫 번째 전쟁이 바로 육신과의 전쟁이다. 구원받았다고 해도 육신의 일들, 곧 간음과 음행과 더러운 것과 음욕과 우상 숭배와 마술과 원수 맺음과 다툼과 질투와 분노와 투쟁과 분열과 이단들과 시기와 살인과 술 취함과 흥청거림과 같은 것들은(갈 5:19-21), 성도가 죽거나 주님이 오실 때까지 쉬지 않고 강력하게 도전해 오는 적들이다. 갈라디아서 5:17은 『육신은 성령을 거슬러 욕심을 부리며 성령은 육신을 거스르나니 이들은 서로 반목하여서 너희가 하고자 하는 것을 하지 못하게 하느니라.』라고 했는데 이 구절은 성도가 치르는 육신과의 영적 전쟁을 말씀하고 있다. 육신은 그 안에 선한 것이 하나도 없으며 하나님의 뜻을 거부하기에 성경은 육신을 따라 살면 죽을 것이나 성령을 통하여 몸의 행실을 죽이면 살리라고 말씀하신다(롬 8:13).

모세는 신명기에서 아말렉과의 전쟁을 회고하면서 『너희가 이집트에서 나왔을 때 아말렉이 길에서 너에게 행했던 것을 기억하라.』(신 25:17)라고 명령했는데, 이때 아말렉은 이스라엘 자손들이 피곤해서 지쳤을 때, 뒤에 처진 연약한 자들을 맨 뒤쪽에서부터 공격했던 것이다. 이 일로 인해 아말렉은 하나님으로부터 그들의 이름을 완전히 잊어버리고 완전히 멸하라는 철저한 저주를 받게 된다. 출애굽한 이스라엘에게 아말렉이 싸우려고 나타났을 때, 이스라엘에는 그들을 대적하여 싸우려고 준비된 여호수아가 있었다.

『모세가 여호수아에게 말하기를 "우리에게서 남자들을 택하여 나가서 아말렉과 싸우라. 내일 내가 하나님의 막대기를 내 손에 들고 산 정상에 서리라." 하니라』(출 17:9).

성경에서 여호수아가 처음으로 등장하는 곳으로 그는 예수 그리스도의 예표이다. 이는 그 이름에서도 확인될 수 있는데 "여호수아"라는 이름 자체가 "예수"이기 때문이다. 이 이름은 "구원"이라는 의미를 담고 있으며, 이는 예수 그리스도께서 구세주이시기 때문이다. 여호수아는 이스라엘 백성들을 이끌고 카나안 땅으로 들어감으로써 이집트에서 탈출한 이스라엘의 민족적인 구원을 완성했다. 이것은 주 예수 그리스도께서 재림하셔서 모든 전쟁을 이기시고 이스라엘을 회복시키셔서 "안식의 천년"(천년왕국)으로 이끄시는 모습을 예표하고 있다.

여호수아가 아말렉과 싸우고 있을 때 모세는 아론과 훌과 함께 하나님의 막대기를 들고 산 정상으로 올라갔다(출 17:10). 성경은 『모세가 자기 손을 들면 이스라엘이 이기고, 그가 손을 내리면 아말렉이 이기더라.』(출 17:11)라고 말씀한다. 모세가 위로 높이 든 손이 무거워지자 아론과 훌이 모세를 돌 위에 앉히고 양옆에서 그의 손을 붙들어 주었다(출 17:12). 이것은 영적 전쟁이 칼로만 싸우는 것이 아니라 기도가 있어야 하고, 특히 성도들이 함께하는 중보기도가 있어야 한다는 것을 말씀하고 있다. 그래서 사도 바울도 로마의 성도들에게 "나를 위하여 하나님께 드리는 너희의 기도로 나와 함께 분투"하라고 권고했다(롬 15:30).

모세의 손에 들린 막대기는 하나님의 막대기이다. 모세가 든 하나님의 막대기는 재림하시는 주 예수 그리스도께서 지니신 철장을 예표하고 있다. 그날이 오면 만왕의 왕이요, 만주의 주이신 주 예수 그리스도께서 하늘로부터 흰 말을 타고 내려와 모든 나라들을 멸하고 영원히 멸망하지 않는 한 왕국을 세우실 것이며, 철장으로 모든 민족들을 다스리실 것이다(계 19:15).

『여호수아가 칼날로 아말렉과 그의 백성을 쳐부수니라』(출 17:13).

여호수아를 따르는 군대들이 있었지만 아말렉과 그의 백성을 쳐부수는 대장은 여호수아이다. 칼날로 아말렉과 그의 백성을 쳐부수는 여호수아는 재림하실 때 적그리스도와 그의 군대를 진멸하시는 예수 그리스도의 예표가 된다. 요한계시록 1:16이 설명하는 예수 그리스도께서는 『또 입에서는 날카로운 양날 가진 칼이 나오며』라고 했는데 양날 가진 칼은 의심의 여지 없이 히브리서 4:12이 언급하는 하나님의 말씀이다. 양날을 가진 이 칼은 어떤 사람에게는 영원한 생명의 말씀이 되고, 어떤 사람에게는 영원한 죽음의 말씀이 된다.

『주께서 그의 군대 앞에서 그의 음성을 발하시리니, 이는 그의 진영이 매우 크고 그의 말씀을 실행하는 분은 강하심이라. 주의 날이 위대하고 심히 두려우니 누가 그것을 견뎌 낼 수 있으리요?』(욜 2:11) 재림하시는 주님의 음성에 견뎌 낼 수 있는 사람은 아무도 없다. 많은 사람이 죽고 사는 전쟁은 하나님께서 주관하신다. 제국의 흥망성쇠를 주관하시는 분도 하나님이시다. 그래서 "전쟁은 이 세상에서 죄에 대한 하나님의 심판이다."라는 말하는 것이다. 주님의 재림도 전쟁이다.

『그의 입에서는 예리한 칼이 나와서 그것으로 민족들을 칠 것이요 또 철장으로 그들을 다스릴 것이며, 그는 전능하신 하나님의 맹렬한 진노의 포도즙틀을 밟으실 것이라』(계 19:15).

『그리고 그 남은 자들은 말 위에 앉으신 분의 칼, 즉 그의 입에서 나오는 칼로 살해되니 모든 새들이 그들의 살로 배를 채우더라』(계 19:21).

예수 그리스도의 입에서 나오는 칼은 그분의 말씀이다. 주 예수 그리스도께서는 단지 말씀하시는 것뿐인데 주님께서 말씀하실 때 대적에게는 칼이 된다. 예수 그리스도께서 초림하셨을 때 말씀으로 마귀를 물리치셨듯이 재림하실 때에도 말씀의 칼로 적그리스도와 그의 군대들을 멸하실 것이다. 주님께서 재림하실 때의 그 말씀의 칼은 실제적으로 적을 찌르고 베고 자르고 죽일 것이다. 이스라엘 남자들 앞에서 칼날로 아말렉을 쳐부수는 여호수아는 재림하실 때 그분의 입에서 나오는 예리한 칼로 민족들과 싸우시는 예수 그리스도를 예표하고 있다.

4. 셋째 날 내려오시는 하나님

『주께서 모세에게 말씀하시기를 "백성에게로 가서 오늘과 내일 그들을 성결케 하고 그들로 자기들의 옷을 빨게 하여 셋째 날을 대비하라. 이는 셋째 날에 주가 온 백성의 목전에서 시내 산 위에 내려갈 것임이라』(출 19:10,11).

하나님께서는 모세에게 하나님께서 셋째 날에 시내 산 위로 내려갈 것이라고 말씀하시면서 셋째 날을 대비하라고 명령하셨다. 셋째 날은 하나님께서 강림하시는 날이다. 이스라엘 백성들은 이 날을 대비해야 한다. 하나님께서는 오늘과 내일 이틀 동안 백성들이 성결케 해야 할 것을 명령하셨는데 성결은 "죄로부터 성별하는 것"을 의미한다. 하나님께서는 이스라엘 백성들에게 죄로부터 성별하는 것은 물론 그들의 더러워진 옷도 다 빨아서까지 셋째 날을 대비하게 하셨다.

『그가 백성에게 말하기를 "셋째 날을 대비하고 너희 아내들을 가까이하지 말라." 하니라. 셋째 날 아침에 천둥과 번개와 짙은 구름이 산 위에 있고 나팔 소리가 심히 크므로 진영에 있는 모든 백성이 떨더라』(출 19:15,16).

하나님으로부터 백성들을 성결케 하여 셋째 날을 대비하라는 명령을 받은 모세는 백성들에게 셋째 날을 대비해서 그들의 아내를 가까이하지 말 것까지도 명령했다. 이것은 주님의 재림을 대비하는 성도들에게 자신을 정결케 하고 육신적인 정욕에 빠지지 말라고 주의를 주시는 말씀이다.

성경에서 셋째 날은 예수 그리스도께서 부활하신 날을 예표하기도 하지만 일곱으로 일하시는 하나님의 원칙의 따른다면 셋째 날은 재림의 날이다. 하나님께서는 7일, 7주, 70주, 7개월, 7년으로 일하신다. 하나님께서는 6일 동안 이 우주를 창조하시고 일곱째 날은 쉬셨다. 일곱은 하나님께서 일하시는 날의 기준이다. 하나님께서는 일곱으로 일하시는데 그 일곱을 넷과 셋으로 나누시는 것을 알 수 있다. 하나님께서는 첫째 날에 빛을 만드셨고, 둘째 날에는 창공을 만드셨고, 셋째 날에는 땅과 바다를 나누시고 땅의 식물들을 만드셨고, 넷째 날에는 해와 달과 별들을 만드셨는데 이렇게 나흘 동안 만드신 것은 생명이 없는 피조물들이었다(창 1:3-19). 이렇게 나흘이 지나가고 다섯째 날에 하나님께서 생명을 창조하셨다.

『하나님께서 말씀하시기를 "물들은 생명이 있는 동물들과 땅 위 하늘의 넓은 창공에 나는 새를 풍성히 내라." 하시며... 저녁과 아침이 되니 다섯째 날이더라』(창 1:20,23).

성경에 생명이라는 단어가 이때 처음 언급된다(창 1:20). 생명이 나타나는 날은 다섯 번째 날이고 안식은 일곱째 날이다. 성경에서 생명은 예수 그리스도로 말미암아 시작된다(요 1:4). 하나님께서는 다섯째 날에 생명이 있는 동물들을 만드셨고, 여섯째 날에 사람을 만드셨다. 그리고 『일곱째 날에 하나님께서 자신이 만드시던 자신의 일을 끝내시고 자신이 만드시던 자신의 모든 일로부터 일곱째 날에 쉬시니라.』(창 2:2)라고 말씀하셨다. 엿새 동안 창조의 사역을 마치신 하나님께서는 일곱째 날을 복주시고 거룩하게 하셨다. 이것이 하나님께서 일하시는 원칙이다.

베드로는 『사랑하는 자들아, 주께는 하루가 천 년 같고 천 년이 하루 같은 이 한 가지를 잊지 말라.』(벧후 3:8)라고 기록했는데 하나님께서 엿새 동안 일하시고 일곱째 날 안식하신 것은 인간의 역사 칠천 년을 예표한다. 기록된 그대로 성경을 본다면 일천 년, 이천 년, 삼천 년, 사천 년, 그리고 생명이신 예수 그리스도, 다시 일천 년, 이천 년, 삼천 년 도합 칠천 년, 이것이 현재 있는 땅과 현재 있는 하늘들의 역사의 끝이며, 지상 인류 역사의 끝이다. 우리는 4와 3을 주목해야 한다. 요한계시록 2장에 네 개의 교회가 언급되었고, 그 다음 3장에서는 세 개의 교회가 언급된다. 하나님께서는 일곱으로 일하시는데 이 일곱을 다시 4와 3으로 나누신다. 일곱 번째 천 년은 안식의 천 년이다. 일곱째 날은 생명이 있은 지 셋째 날이다. 셋째 날은 안식이다.

셋째 날 부활하신 예수 그리스도께서는 교회 시대의 이천 년이 지나고 삼천 년이 시작되는 셋째 날 다시 오실 것이다. 구원받은 성도들에게 안식과 영원한 생명에 이르게 하시기 위해 셋째 날 아침에 주 예수 그리스도께서 재림하시는 것이다.

『주께서 호령과 천사장의 음성과 하나님의 나팔 소리와 함께 하늘로부터 친히 내려오시리니 그러면 그리스도 안에서 죽은 자들이 먼저 일어나고 그리고 나서 살아남아 있는 우리도 공중에서 주와 만나기 위하여 그들과 함께 구름 속으로 끌려 올라가리니, 그리하여 우리가 영원히 주와 함께 있으리라』(살전 4:16,17). 이것은 공중으로 내려오실 예수 그리스도와 만나는 신약 교회 시대 그리스도인들의 휴거이다. 하나님께서 내려오시는 것은 누군가를 부르시기 위해서이다.

『그들이 하늘로부터 나는 큰 음성을 들었는데 그들에게 말하기를 "이리 올라오라." 하므로 그들이 구름을 타고 하늘로 올라가니 그들의 원수들이 그들을 바라보더라』(계 11:12). 이것은 환란 성도들의 환란 후 휴거이다. 주님이 내려오시는 것은 공중 재림의 예표이고, 지상 재림의 예표이다.

『셋째 날 아침에 천둥과 번개와 짙은 구름이 산 위에 있고 나팔 소리가 심히 크므로 진영에 있는 모든 백성이 떨더라... 시내 산은 온통 연기로 자욱하니 이는 주께서 불 가운데 그 위에 내려오심이라. 그 연기가 용광로의 연기처럼 솟아오르고 온 산이 크게 진동하더라』(출 19:16,18).

하나님께서는 셋째 날 아침에 시내 산으로 내려오셨는데 온 산이 크게 진동했다. 짙은 연기로 인한 어두움과 천둥과 번개와 불 가운데 주 하나님께서 내려오셨다. 이런 광경을 보고 이스라엘 백성들은 두려워 떨었고 모세도 떨고 있었다(히 12:21). 고막이 찢어질 듯한 나팔소리가 들릴 때 모든 회중은 손으로 귀를 막는다. 이 장면은 주 예수 그리스도께서 재림하시는 장면 그대로이다.

『그 때에는 그분의 음성이 땅을 뒤흔들었거니와 이제는 그분께서 약속하여 말씀하시기를 "내가 또 한 번 땅뿐만 아니라 하늘까지도 뒤흔들리라."고 하셨느니라』(히 12:26).

천둥소리와 같은 하나님의 음성이 들리고 그 음성에 땅이 흔들릴 뿐만 아니라 하늘까지도 뒤흔들린다. 하늘과 땅을 흔들고 모든 민족들을 진동시키고 하나님의 집을 영광으로 채우시는 것(학 2:7)은 분명히 예수 그리스도의 재림 때에 있을 상황이다. 하나님께서 시내 산에 내려오실 때는 산을 진동시키셔서 이스라엘 백성들을 두렵게 하셨지만 예수 그리스도께서 재림하실 때는 땅뿐만 아니라 하늘까지도 뒤흔드는 하나님의 진노와 심판으로 오시는 것이다. 출애굽기 19장에서 말씀하는 셋째 날은 주 예수 그리스도께서 A.D. 2000년경에 나타나실 것이며 올리브 산에 도착하시기 전에 시내 산에 먼저 오실 것이라는 사실을 말씀하고 있다. 셋째 날에 시내 산 위에 내려오시는 분은 재림하시는 주 예수 그리스도의 모형이 되신다.

5. 우상 숭배로부터의 성별

『그들이 이튿날 일찍 일어나 번제를 드리고, 또 화목제를 가져와서는 백성이 앉아서 먹고 마시며 일어나서 뛰놀더라』(출 32:6).

모세가 하나님의 산에 올라가서 하나님께서 손가락으로 쓰신 하나님의 작품인 두 증거판인 돌판을 받아서 내려올 때(출 32:15) 시간이 지체되자 이스라엘 자손들은 금송아지를 만들어 놓고 그 앞에 희생제를 바치며 춤을 추고 있었다. 이스라엘 회중들은 이방 종교의 제사의식에서와 마찬가지로 우상 앞에서 벌거벗고 광란의 축제를 지내고 있었다. 백성들은 금송아지 앞에서 '오 이스라엘아, 이것들이 너를 이집트 땅에서 데리고 나온 너의 신들이라.'(출 32:8)고 말하며 그 형상에게 경배했다. 이스라엘 백성들이 하나님을 떠나 이방신을 만들어 우상 숭배를 하면서 자신들의 영적 수치를 드러낸 것이다.

『그때에 모세가 진영 문에 서서 말하기를 "주의 편은 누구냐? 내게로 오라." 하니, 레위의 아들들 모두가 다 함께 그에게로 모이더라.』(출 32:26)라고 했는데 "주의 편은 누구냐?"라는 이 질문은 여호수아가 이스라엘 백성들에게 던졌던 제안이기도 하고(수 24:15), 엘리야가 칼멜산에서 이스라엘에게 던졌던 질문이기도 하다(왕상 18:21). 하나님의 편에 선 성도들은 수시로 이 질문을 해야 한다. 왜냐하면 사람은 하나님을 섬기든, 세상에 있는 다른 것을 섬기든 한 주인을 섬기며 한 편에 서기 때문이다. 모세가 우상 숭배의 죄들에 가담하지 않는 백성들 가운데 주의 편을 모으니 레위의 아들들이 모였다. 그들은 아론의 우상 숭배에 전적으로 동의하지 않았기 때문에 참여하지 않은 것이다.

『그가 그들에게 말하기를 "이스라엘의 주 하나님께서 이같이 말씀하시느니라. '각 사람은 옆에 칼을 차고 이 문에서 저 문으로 진영을 두루 오가며 각 사람이 자기 형제를, 각 사람이 자기 친구를, 각 사람이 자기 이웃을 살해하라.'" 하니』(출 32:27).

모세는 주의 편에 선 레위인들에게 우상 숭배의 자리에 섰던 그들의 형제이고, 친구이고, 이웃이 되는 자들을 죽이라고 명령했는데 이것은 모세의 뜻이 아니라 하나님께서 명령하신 것이다. 이것은 그 누구든지 누군가를 참된 하나님으로부터 멀어지게 한다면 가까운 친척이나, 가까운 친구나, 가까운 이웃이라고 해도 하나님의 심판을 피할 수 없다는 것을 말씀하시는 것이다. 자신이나 형제들을 이교도로 빠지게 한다면 친척이든 가까운 친구든 이웃이든 전적으로 무시해야 한다. 이렇게 행할 때 세상은 그것을 "증오"라고 하거나 광신자라고 매도한다. 그러나 예수님께서도 『"누구든지 자기 아버지나 어머니나, 아내나 자식이나 형제나 자매나, 정녕, 자기 목숨까지도 미워하지 않은 채 내게로 오면 그는 나의 제자가 될 수 없느니라."』(눅 14:26)라고 말씀하셨다. 하나님을 대적하고 성도들로 죄를 짓게 하는 자들은 그 누구든지 무시해야 한다. 우상 숭배의 죄를 지은 백성들, 즉 자기 형제, 자기 친구, 자기 이웃을 살해하라고 명령한 모세는 재림하실 때 심판하시는 예수 그리스도의 예표가 된다.

『인자가 그의 영광 중에 오고, 또 모든 거룩한 천사들이 그와 함께 오면 그때에 그가 그의 영광의 보좌에 앉으리니』(마 25:31)라고 했는데 이것은 비유가 아니라 미래에 주님이 재림하시는 그 날에 분명히 있게 될 일이다. 재림하시는 주님께서는 인자로 오시는 분이시지만 어린양으로 오시는 것이 아니라 유다 지파의 사자로 오시는 분이시다. 초림 때 주님은 고난을 받으시고 가시 면류관을 쓰셨다. 그러나 예수 그리스도의 재림은 주님께서 영광 가운데 오시는 것이다. 그분의 머리에는 많은 왕관이 있고 그분은 "만왕의 왕, 또 만주의 주"로 통치하시기 위해 오시는 것이다. 재림하신 예수 그리스도께서는 온 땅의 심판주로서 그 영광의 보좌에 앉으실 텐데, 그 보좌는 예루살렘에 있는 다윗의 보좌이다. 만왕의 왕으로 오신 예수 그리스도께서는 영적인 통치권뿐 아니라 실제적인 땅의 통치권을 가지셨다. 예수 그리스도께서는 하늘과 온 땅의 민족들에 대한 통치권을 가지고 오신 분이시다.

『그 앞에 모든 민족들을 모아 놓고 마치 목자가 양들을 염소들에서 갈라놓듯이 그들을 따로 갈라놓으리라』(마 25:32).

이때를 시간적으로 본다면 예수 그리스도께서 예언하신 대로 시내 산에 내려오셔서 파란 산과 에돔, 셀라, 시혼을 지나, 헤스본과 길갈과 여리코를 거쳐 예루살렘으로 입성하신 이후이다. 예수 그리스도께서 아마겟돈 전쟁에서 모든 적그리스도의 세력들을 멸하시고, 적그리스도와 거짓 선지자를 붙잡아 불과 유황이 타는 못에 던져 버리신 후이다. 그럼에도 아직 민족들의 심판이 남아 있다. 예수 그리스도 앞에는 모든 민족들이 모였고, 주님께서는 그들을 주님의 편인 오른쪽과 주님의 편이 아닌 왼쪽으로 나누셨다. 물론 이 자리의 심판 기준은 예수님의 형제들인 유대인들에게 호의를 베풀었는가이지만 이 자리에는 모든 우상들과 사상을 섬기던 자들도 엎드린다. 각종 종교, 즉 로마카톨릭, 모슬렘, 타락한 개신교단들, 불교, 도교, 여호와의 증인들, 신천지를 믿던 자들, 철학 사상과 정치 사상을 가르치고 행하던 정치인과 정당들, 과학과 진화론으로 하나님을 거짓말쟁이로 만들었던 우상 숭배자들과 인본주의자들이 다 심판을 받는 자리이다. 이렇게 해서 주님의 편이 아닌 자들에게는 '너희 저주받은 자들아, 내게서 떠나 마귀와 그의 천사들을 위하여 준비한 영원한 불 속으로 들어가라.'(마 25:41)는 심판이 선포된다. 하나님의 뜻을 저버리고 우상을 만들어 경배하던 자들을 살해하라고 명령했던 모세는 재림하셔서 하나님의 말씀에서 벗어난 모든 사상들과 종교들을 심판하시는 주 예수 그리스도를 예표하고 있다.

6. 전쟁의 선두에 선 천사

『내가 천사를 네 앞에 보내어 카나안인과 아모리인과 힛인과 프리스인과 히위인과 여부스인을 쫓아내고』(출 33:2).

하나님께서는 이스라엘 백성들에게 주실 그 땅, 즉 아브라함과 이삭과 야곱에게 맹세하여 그들의 씨들에게 주시겠다고 한 땅을 말씀하시면서 천사를 그들 앞에 보내어 그 땅에 있는 거민들을 쫓아내 주시겠다고 말씀하셨다. 하나님께서는 이미 모세에게 『보라, 내 천사가 네 앞에 가리라.』(출 32:34)라고 말씀하신 적이 있다. 이 천사는 주의 천사이다. 주의 천사는 시내 산에서 모세에게 나타났던 천사이기도 한데 그 천사는 자신의 이름을 묻는 모세에게 "나는 곧 나니라"라고 대답하셨던 분이시다. 주의 천사는 "주의 현현"이며, 주의 천사 앞에 섰던 사람들은 주의 천사를 향해 "주"(Lord), 또는 "주"(LORD)라고 불렀다. 하나님께서 모세 앞에 보내셔서 그 땅의 거민들을 쫓아내시겠다고 말씀하신 천사는 재림하시는 예수 그리스도를 예표하고 있다

『내가 보니, 다른 힘센 천사가 하늘에서 내려오는데, 구름으로 옷입고 머리에 무지개가 있으며, 얼굴은 해와 같고 그의 발은 불 기둥 같더라』(계 10:1).

하늘에서 내려오는 다른 힘센 천사는 그 모습이 영광을 받으신 예수 그리스도와 일치한다. 머리에 무지개가 있고, 해와 같이 빛나는 얼굴에 불기둥 같은 발과 구름으로 옷 입은 모습은 재림하시는 주 예수 그리스도를 예표한다. 요한계시록 19:12도 『그의 눈은 불꽃 같고 머리에는 많은 왕관이 있고 또 한 이름이 기록되어 있는데 그 자신 외에는 아무도 모르며』라고 재림하시는 주 예수 그리스도의 외모를 설명하고 있으며, 기록되어 있지만 "그 자신 외에는 아무도 모르"는 그 이름은 모세에게 나타나신 하나님께서 알려주신 "나는 곧 나니라."라는 여호와 하나님의 이름이다. 즉 재림하시는 주 예수 그리스도께서는 만왕의 왕, 또 만주의 주(KING OF KINGS, AND LORD OF LORDS)이신 것이다.

『또 내가 하늘이 열린 것을 보니 흰 말이 보이더라. 그 위에 앉으신 분은 신실과 진실이라 불리며 의로 심판하고 싸우시더라... 또 하늘에 있는 군대들이 희고 정결한 세마포를 입고 흰 말들을 타고 그를 따르더라』(계 19:11,14).

예수 그리스도께서는 재림하실 때 흰 말을 타고 내려오셔서 이 지상의 적그리스도의 군대와 민족들을 의로 심판하시고 싸우실 것이다. 이때 예수 그리스도께서는 하늘에 있는 군대들 앞에서 그들을 인솔하실 것이다. 예수님께서 재림하실 때 그 뒤를 따르는 군대는 휴거되어 그리스도의 심판석에서 정결해진 후에 어린양의 신부로 혼인식을 치른 교회 시대의 그리스도인들이다.

요한복음 10:3은 『그에게 문지기가 문을 열면 양들은 그의 음성을 듣나니, 그러면 그는 자기 자신의 양들의 이름을 불러서 이끌어 내느니라.』라고 했는데 문지기가 문을 열면 양들, 즉 성도들은 주님의 음성을 알고, 주님은 성도들 한 사람, 한 사람의 이름을 불러서 성도들을 이끌어 내신다. 성도들을 공중으로 끌어올리실 때도 주님께서는 큰 음성으로 성도들의 이름을 부르실 것이다. "아무개야, 이리로 올라오라!"는 주님의 음성을 들은 성도들은 순간적으로 공중으로 끌려 올라갈 것이다. 이것은 신약 시대의 그리스도인들인 교회의 휴거를 말하는 것이다. 주 예수 그리스도께서는 대환란 직전에 주님의 지체인 교회를 불러올리신다. 예수 그리스도께서 대환란 직전에 성도들을 데리러 공중에 오셨을 때, 성도들은 자신의 이름을 부르시는 주님의 음성을 듣고 공중으로 솟구쳐 올라갈 것이다.

『그가 자기 양들을 이끌어 낸 후 양떼 앞에서 걸어가면 양들이 그를 따라가나니 이는 양들이 그의 음성을 알기 때문이라』(요 10:4).

이 말씀은 예수 그리스도께서 성도들을 이끌고 다시 지상에 재림하시는 장면을 이야기하고 있다. 대환란 이전에 주님께서는 성노들을 이 시상에서 끌어 올리실 것이고, 성도들이 휴거된 후 이 지상에서는 대환란이 지속되다가 주님께서는 모든 것을 마무리하시기 위해 이번에는 지상으로 다시 내려오시게 될 것이다. 이때 셋째 하늘로 휴거되어 올라갔던 모든 성도들이 주님을 따라 지상에 내려온다. 이때도 주님께서는 성도들 앞에 가신다. 하나님께서 이스라엘 앞에 보내신 천사는 성도들 앞에 가시는 주 예수 그리스도를 예표하고 있다.

마태복음 25:31은 『인자가 그의 영광 중에 오고, 또 모든 거룩한 천사들이 그와 함께 오면 그때에 그가 그의 영광의 보좌에 앉으리니』라고 했는데 여기서 인자가 그의 영광 중에 오는 주님의 지상 재림 때 함께하는 "모든 거룩한 천사들"과, 데살로니가후서 1:7의 『주 예수께서 그의 능력의 천사들과 함께 하늘로부터 나타나실 때에』 주 예수님과 함께 하늘로부터 나타나는 "능력의 천사"는 모두 예수 그리스도께서 지상 재림 때 주님과 함께 내려올 그리스도인들을 말하는 것이다. 휴거되면서 그리스도의 영광스러운 몸으로 변모된 그리스도인들은 인자이신 주 예수 그리스도께서 그분의 영광 중에 재림하실 때 함께 내려오게 된다. 우리 주 예수 그리스도는 올라갈 때나 내려올 때나 언제든지 성도들을 부르시고 그 앞에서 나아가시는 분이시다. 주 예수 그리스도께서 흰 말을 타고 재림하실 때 주님께서는 뒤를 따르는 하늘의 군대 앞에서 적그리스도의 세력을 진멸하실 것이다. 이스라엘 앞에 보내신 천사는 재림하실 때의 주 예수 그리스도를 예표하는 모형이다.

7. 주의 영광

『모세가 말하기를 "내가 주께 간구하오니 주의 영광을 내게 보여 주소서." 하니』(출 33:18).

모세는 하나님께서 이스라엘 백성들과 함께해 주시겠다고 말씀하시자 하나님의 영광을 보여 달라고 간구한다. 모세는 이미 호렙산의 가시덤불 불꽃 속에서 하나님의 영광을 본 적이 있다. 모세는 홍해를 가르시고 마른 땅을 걷게 하신 하나님께서 파라오의 군대를 물에 빠져 죽게 하신 것으로 하나님의 영광을 보았다. 하나님께서는 광야의 구름 속에서 그분의 영광을 나타내기도 하셨다. 모세는 주의 영광이 시내 산 위에 머무르는 것을 보고 구름 속으로 들어가 거기서 하나님의 음성을 듣기도 했다. 그러나 그 영광의 시간이 지나가면 또 다시 백성들의 불평을 들어야 했고 새로운 갈등과 시련이 다가왔다. 모세는 하나님으로부터 "나의 임재가 너와 함께 가며 내가 너에게 쉼을 주리라."(출 33:14)는 말씀을 들었을 때 주의 영광을 보여 주시고 그 임재하심과 영광이 지속적으로 함께해 주시기를 간구했던 것이다. 왜냐하면 모세는 하나님의 임재가 없다면 카나안 땅에 들어가는 것도, 전쟁에서 이길 수도 없다는 것을 잘 알고 있었기 때문이다. 모세가 보기를 간구한 주의 영광은 예수 그리스도를 예표한다.

『그런데, 보라, 주의 천사가 그들 위에 임하시고 주의 영광이 그들을 두루 비추니, 그들이 몹시 두려워하더라』(눅 2:9). 주의 천사가 사람들에게 나타나셨을 때 주의 영광이 나타난다. 구약에서 나타나시는 "주의 천사"는 성육신 이전에 사람들 앞에 나타나신 예수 그리스도이시다. 이때는 아기 예수께서 마리아를 통해 베들레헴의 마굿간에서 태어나셨을 때이고, 들에서 묵으며 양떼를 치는 목자들에게 주의 천사가 그 기쁜 소식을 알려 준 때이다. 목자들은 구유에 누워 있는 아기 예수님을 보고 하나님께 영광을 돌리고 찬양을 드리며 돌아갔다. 이 목자들이 보았던 주의 영광이 모세와 이스라엘 백성들이 시내 산과 광야와 성막에서 보았던 주의 영광이다.

『그 말씀이 육신이 되어 우리 가운데 거하시므로, (우리가 그의 영광을 보니, 아버지의 독생자의 영광으로) 은혜와 진리가 충만하더라』(요 1:14).

"말씀이 육신이 되어"라는 말씀의 명백한 의미는 거룩한 구주께서 인간의 모습을 입으셨다는 뜻이다(딤전 3:16). 우리 가운데 거하신다는 단어는 "성막"과 동일한 단어이다. 성막은 성육신하신 아들 하나님을 예표한다. 광야의 성막과 솔로몬의 성전은 예수 그리스도의 초림과 재림을 예표하며 똑같이 주의 영광이 임하신다. 광야의 성막은 초림 때의 예수님처럼 외견상으로는 초라하고 볼품이 없었지만, 반면에 솔로몬의 성전은 웅장한 외형으로 널리 알려져 있다. 그처럼 예수 그리스도께서 다시 오실 때 그분은 능력과 큰 영광으로 오실 것이며, 이 성전은 재림 때에 왕으로 오실 예수 그리스도의 영광과 그분이 계실 장소를 계시하고 있다.

『그는 하나님의 영광의 광채시며 그분의 인격의 정확한 형상이시고, 그의 능력의 말씀으로 만물을 붙들고 계시며, 친히 우리의 죄들을 정결케 하시고 높은 곳에 계신 위엄 있는 분의 오른편에 앉으셨으니』(히

1:3). 하나님의 영광, 즉 주의 영광은 창조주이신 예수 그리스도이시다. 예수 그리스도께서는 만물의 주인이시며, 세상을 지으신 분이시며, 하나님의 영광의 광채이시고, 그분의 인격의 정확한 형상이시다. 그분은 창조주이시다. 깊은 어두움만 있었을 때 "빛이 있으라."(창 1:3)고 위엄 있는 말씀으로 세상 만물을 창조하신 하나님께서는 그 말씀으로 만물을 보존하고 계신 것이다. 실로 모든 만물은 그분에 의해서 보존된다. 태양은 하나님의 말씀에 따라 제 위치에 있으며, 달과 별들은 하나님의 말씀에 따라 자기의 궤도를 돈다. 이 말씀은 "능력의" 말씀이다.

주님의 말씀은 권위가 있다. 새 한 마리도 그분의 허락이 없으면 떨어지지 않는다. 예수 그리스도께서는 육신으로 오시기 전에도 하나님의 영광이시다. 예수 그리스도께서는 지금 "친히 우리의 죄들을 정결케 하시고 높은 곳에 계신 위엄 있는 분의 오른편에" 앉아 계신다.

『그의 머리와 머리털은 눈처럼 희어서 양모처럼 하얗고, 그의 눈은 불꽃 같더라. 그의 발은 용광로에 달군 듯한 빛나는 놋 같고, 음성은 많은 물 소리와도 같으며 그의 오른손에는 일곱 별을 가졌고 또 입에서는 날카로운 양날 가진 칼이 나오며, 용모는 해가 그 맹렬한 기세로 비치는 것 같더라』(계 1:14-16).

이 구절들은 사도 요한이 주의 날에 재림하시는 주 예수 그리스도의 영광스러운 용모를 설명한 것이다. 궁극적인 하나님의 영광은 예수님께서 초림하실 때가 아니라 재림하시는 주 예수 그리스도이시다. 재림하시는 주 예수 그리스도께서는 초림 때 사람의 모습으로 이 세상에 오셨을 때의 모습과는 전혀 다른 분이시다. 예수님께서는 붉은빛의 황갈색 피부를 한 유대인으로서 검은 머리칼, 검은 눈썹, 검은 수염을 갖고 계셨다. 그러나 재림하시는 주님의 머리는 더 이상 유대인처럼 검지 않고 눈처럼 희고 양털처럼 하얗다. 그분의 눈도 더 이상 비둘기 눈과 같지 않고 불꽃 같다. 이것이 영광 받으신 주 예수 그리스도의 모습이다. 갈보리 십자가에서 못박혀 죽은 그리스도와는 전적으로 다른 모습이다. 영광받으신 예수 그리스도께서는 전능하신 하나님으로서 사람들의 혼을 꿰뚫어 밑바닥까지 태워 버리실 "불꽃같은 눈"을 가지셨다. 주님의 용모는 "해가 그 맹렬한 기세로 비치는 것 같더라."고 했는데 이것은 주님이 재림하실 때 의의 태양처럼 솟아오르실 것을 말씀한 것이다. 해가 아침에 떠오를 때는 주의 날인 그리스도의 재림을 상징하는데 아침 해의 빛은 핏빛처럼 붉은색이다. 성경은 예수 그리스도께서 재림하실 때 피에 적신 옷을 입으셨다고 말씀한다(계 19:13). 하나님의 영광은 예수 그리스도이시며, 예수 그리스도께서는 아침 태양처럼 떠오르시어 그분의 영광을 온 우주에 비추실 것이다.

『인자가 그의 영광 중에 오고, 또 모든 거룩한 천사들이 그와 함께 오면 그때에 그가 그의 영광의 보좌에 앉으리니』(마 25:31). 이때부터 하나님의 영광이신 주 예수 그리스도의 영광이 영원무궁토록 모든 성도들과 함께하신다. 모세가 보기를 원했던 주의 영광은 의와 화평의 왕으로 이 세상을 통치하시기 위해 재림하시는 주 예수 그리스도의 영광을 예표하고 있다.

8. 얼굴 피부에서 빛이 나는 모세

『모세가 두 증거판을 모세의 손에 들고 시내 산에서 내려왔는데 그가 산에서 내려올 때, 자기가 하나님과 말하는 동안 자기 얼굴 피부에서 빛이 난 것을 알아차리지 못하더라. 아론과 모든 이스라엘 자손이 모세를 보니, 보라, 그의 얼굴 피부에서 빛이 나는지라, 그들이 그에게 가까이 가기를 두려워하니』(출 34:29,30).

모세는 다시 하나님의 산에 올라가 사십일 동안을 하나님과 함께 있었고 하나님께서는 언약의 말씀들인 십계명을 모세가 가지고 올라간 돌판들 위에 다시 기록하셨다. 모세는 그 증거판을 들고 산에서 내려왔는데 그의 얼굴에서는 빛이 났고 그 빛으로 인해 아론과 이스라엘 자손들은 그에게 가까이 가기를 두려워했다. 모세는 그가 하나님과 함께 있으면서 하나님의 말씀을 듣는 동안 자기 얼굴 피부에서 빛이 나는 것을 알지 못했다. 얼굴 피부에서 빛이 나는 모세는 변형산에서 변화된 모습으로 나타나신 예수 그리스도를 예표하고 있다.

『엿새 후에 예수께서 베드로와 야고보와 야고보의 형제 요한을 데리고 따로 떨어져 있는 높은 산으로 올라가시어, 그들 앞에서 변형되시니 그의 얼굴은 해처럼 빛나고 그의 옷은 빛처럼 희어지더라. 그런데, 보라, 모세와 엘리야가 그들에게 나타나서 주와 함께 이야기하더라』(마 17:1-3).

예수님께서 제자들에게 보여 주신 변형산 사건은 예수 그리스도의 재림을 나타내는 사건이다. 『엿새 후에』는 제 7일을 말하는 것으로 창조의

한 주간이 7천 년이라는 것과 마지막 천년인 천년왕국 전에 예수님께서 영광스럽게 변형된 모습으로 재림하신다는 것을 설명하고 있다. 예수님께서 베드로와 야고보와 요한을 데리고 가신 따로 떨어져 있는 높은 산은 모세가 올라갔던 시내 산을 지칭한다. 예수님께서는 제자들 앞에서 변형되셨는데 예수님의 얼굴은 해처럼 빛이 났다. 예수님께서는 아침 해가 돋을 때 재림하실 것이다. 말라키 4:2에서는 예수님의 재림을 묘사하면서 그분을 "의의 태양"이라고 기록한다. 마태복음 13:43에서는 의인들이 아버지의 왕국에서 해처럼 빛난다고 말하고 있다. 이 구절들은 휴거가 아니라 재림을 말하는 것이다. 얼굴 피부에서 빛이 나는 모세의 모습은 영광된 모습으로 재림하시는 주 예수 그리스도를 예표하고 있다.

『이는 어두움 속에서 빛이 비치라고 명령하신 하나님께서 예수 그리스도의 얼굴에 있는 하나님의 영광을 아는 빛을 주시기 위하여 우리 마음에 비추셨기 때문이라』(고후 4:6).

모세의 얼굴을 빛나게 했던 그 빛은 자신의 피부에서 발산되는 것이 아니라 하나님께서 주신 빛이며, 그 빛은 예수 그리스도께서 그리스도인들에게 주신 생명의 빛이다. 예수님께서는 "나는 세상의 빛이라. 나를 따라오는 사람은 결코 어두움 속에 다니지 아니하고 생명의 빛을 얻으리라."(요 8:12)고 말씀하셨다. 예수님께서 주시는 빛은 하나님의 영광을 아는 빛이다. 하나님께서는 자신의 영광된 빛을 예수 그리스도의 얼굴에 계시하셨다. 창조주이신 하나님께서는 그 영광을 예수 그리스도의 빛나는 얼굴로 나타내신 것이다. 사도 바울은 사울이었을 때 다마스커스로

가는 길에서 예수 그리스도를 만났을 때 그 빛을 보았고, 이 빛에 대해 "해보다 더 밝은 빛"(행 26:13)이라고 묘사했으며, 그 빛이 바로 그리스도인들의 마음을 비추시는 예수 그리스도의 빛이며 생명의 빛이다.

『그러나 돌판에 기록되고 새겨진 죽음의 직분이 영광스러워서 이스라엘 자손이 모세의 용모의 영광, 즉 없어져 버릴 영광 때문에 그의 얼굴을 주목할 수 없었거늘 하물며 영의 직분은 더욱 영광스럽지 아니하겠느냐?』(고후 3:7,8)

예수 그리스도로부터 생명의 빛을 얻은 그리스도인은 세상에서 빛이 나는 것이다. 이 말씀은 구원받지 못한 사람들이 그리스도인과 이야기할 때 왜 그리스도인을 똑바로 쳐다보지 못하는지 그 이유를 설명해 준다. 구령자들은 이 말씀의 의미를 정확하게 알고 있다. 모세의 돌판은 율법이다. 율법도 하나님께서 손가락으로 직접 써서 주신 것이기에 영광스러운 것이다. 모세의 얼굴 피부에서 빛이 난 것은 율법을 통해 나타난 하나님의 영광이었다. 이스라엘 백성들은 이 영광 때문에 모세에게 가까이 가기를 두려워했다. 그러나 그 영광은 지속되지 않는 영광이었다. 왜냐하면 그것은 정죄를 가져오는 영광이었기 때문이다. 돌판에 새겨진 것들의 영광도 사라졌고 모세의 얼굴 피부에서 빛나던 영광도 사라졌다. 이 없어질 영광을 붙잡고 있는 자들이 안식교인들, 여호와의 증인들, 하나님의 교회 교인들이고, 더 세밀하게 본다면 알미니안주의자들과 칼빈주의자들이다.

예수님께서는 율법을 완성하시고 부활하실 때 영광스러운 몸을 받으셨는데, 예수님께서 고난을 당하신 것은 그분의 영광에 들어가시기 위함이었으며, 승천하실 때 주님께서는 영광 가운데로 들려 올라가셨다. 그러므로 신약 시대의 영광은 율법이 아니라 예수 그리스도이신 것이다. 그리스도인이 얻은 빛은 주 예수 그리스도의 영광된 빛이다. 모세가 이스라엘 백성들에게 율법을 전해 줄 때 그 율법을 받은 이들에게 정죄를 가져오는 것임에도 불구하고 영광의 빛이 있었다면, 생명의 복음을 전하는 그리스도인은 그 영광이 얼마나 크겠는가? 그리스도인이 가지고 있는 빛은 주 예수 그리스도이시다. 모세가 아론과 회중의 지도자들을 불러서 그들과 말을 했던 것처럼 예수님께서도 베드로와 야고보와 요한에게 변형되신 모습을 보여 주셨다. 모세와 엘리야는 예수 그리스도의 재림과 연관이 있는 구약의 성도들이다. 얼굴 피부에서 빛이 나는 모세는 영광 가운데 재림하시는 주 예수 그리스도의 형상을 예표하고 있다.

이상으로 미흡하지만 출애굽기에 계시된 예수 그리스도의 재림의 예표들을 찾아보았다. 그리스도인이 예수 그리스도를 믿는다는 것은 그분의 재림을 믿는 것이다. 예수 그리스도의 재림은 성도들의 소망이므로 성경을 읽으면서 예수 그리스도의 재림의 예표들과 모형에 대해 관심을 갖는 것은 너무나 당연한 것이다. 그러나 예수 그리스도의 재림을 고대하지 않는 후천년주의, 무천년주의자들은 성경을 읽어도 예수 그리스도의 재림에 대해 찾아낼 수 없다. 그들은 성경을 문자적으로 읽는 것이 아니라 교단 교리에 맞추어 읽기 때문에 성경을 읽어도 계시를 찾지 못하는 것이다.

에필로그

우리 주 예수 그리스도께서는 다시 오신다는 약속을 하시고 하늘 본향으로 올라가셨다. 바울은 위대한 하나님이신 우리 구주 예수 그리스도의 영광스러운 나타나심을 기다리는 성도들의 바람을 복된 소망이라고 말했다(딛 2:13). 성경대로 믿는 그리스도인은 주님이 오시는 것을 고대한다. 자신이 휴거되는 것과 예수 그리스도의 재림과 천년왕국을 소망하지 않는 그리스도인은 참 그리스도인이라고 할 수 없다. 현명한 그리스도인은 다른 사람에게 배운 것을 가르치는 것이 아니라 성령님께서 인도하시는 대로 성경을 찾아서 하나님의 말씀들을 공부하고 믿는 법을 가르쳐 주는 사람이다.

출애굽기에 계시된 예수 그리스도에 대한 마무리를 하고자 한다. 출애굽기 39장은 이스라엘 자손들이 하나님의 말씀에 전적으로 순종하여 성막에 필요한 모든 작업을 완수했음을 말씀하고 있으며 40장에서 하나님께서는 모세에게 성막을 세우라고 명령하신다. 출애굽기 40:1-16까지 하나님께서는 모세에게 성막을 세우는 순서와 방법을 말씀하셨고 모세는 하나님께서 명령하신 대로 성막을 세웠다.

『그가 성막과 제단 주위에 뜰을 만들고 뜰 문의 막을 거니라. 그리하여 모세가 그 일을 마쳤더라』(출 40:33).

하나님께서 명령하신 대로 모세는 혼자서 성막을 세우기 시작했는데 차려진 상 위에 빵을 정연하게 놓았고(23절), 금촛대에 불을 켰고(25절), 금향단에서 향기로운 향을 살랐고(27절), 놋제단에서 번제와 음식 제사를 드렸다(29절). 모세는 성막을 세우는 모든 일을 처음부터 마지막까지 하나님께서 명령하신 대로 순종했다. 성막을 세운 모세는 만물을 지으시고 교회를 세우신 예수 그리스도를 예표하고 있다.

『그가 모세보다 더욱 영광을 받아 마땅함은 마치 집을 지은 사람이 그 집보다 더욱 존귀한 것과 같으니라. 어떤 집이든 누군가가 지었으나 만물을 지으신 분은 하나님이시니라』(히 3:3,4).

모세는 하나님께서 성막을 세우라고 명령하셨을 때 신실함으로 성막을 세웠다. 그러나 성막을 세운 모세보다 더 영광을 받으셔야 하실 분은 만물을 지으신 주 하나님이시다. 예수 그리스도께서는 교회를 세우셨다. 교회가 예수 그리스도의 몸이라고 해도 교회의 머리이시고 교회를 지으신 예수 그리스도께서는 모세보다 더욱 존귀하신 분이시다.

『그러자 구름이 회중의 장막을 덮었으니 주의 영광이 성막을 가득 채우더라』(출 40:34).

모세가 하나님께서 명령하신 대로 성막을 세우자 하나님의 영광이 성막을 가득 채웠고 구름이 성막 위에 임했다. 하나님께서 이스라엘 백성 가운데 거하시기 위하여 내려오신 것이다.

『내가 그들 가운데 거할 성소를 나를 위하여 그들로 만들게 하라. 내가 너에게 보여 주는 모든 것대로 성막의 모양과 그 모든 기구들의 모양을 따라 너희는 그것을 만들지니라』(출 25:8,9).

이스라엘 백성들 가운데 거하시기 위하여 성소를 만들라고 말씀하신 하나님께서는 그 성막에 임하셔서 낮에는 구름으로 밤에는 밝은 불빛으로 그들의 모든 여정을 인도하셨다. 이스라엘 백성들은 그들 가운데 거하시는 성소를 덮은 구름만 보고 구름이 이동하면 구름에 따라 진행하고 구름이 걷히지 않으면 걷히는 날까지 이동하지 않았다. 백성들의 눈은 구름만 보고 구름에 따라 이동하면 된다. 구름은 성도들을 인도하시는 예수 그리스도이시다. 예수 그리스도께서는 양들을 푸른 초장에 눕게 하시며 잔잔한 물가로 인도하시는 목자이시다. 예수님께서는 성도들이 더 풍성한 삶을 살 수 있도록 의의 길들로 인도하시는 분이시다.

출애굽기에 계시된 예수 그리스도께서는 한량없는 은혜를 베푸시는 분이시다. 인간의 실패에도 불구하고, 이스라엘이 금송아지를 만들어 우상을 섬긴 죄에도 불구하고, 하나님께서 직접 하나님의 손가락으로 쓰신 돌판이 인간의 손에 깨어졌음에도 불구하고, 그들의 죄보다 더 크신 은혜를 나타내 보여 주셨다. 모든 은혜 가운데 은혜는 하나님께서 죄인들 안에 거하시려고 내려오신 것이다. 구원받은 성도들 안에는 구주이신 주 예수 그리스도께서 거하고 계신다. 우리 안에 계신 예수 그리스도께 감사하며 찬양하는 성도들이 되시기 바란다. 우리 주 예수 그리스도께서 하나님의 말씀에 순종하심으로써 아버지의 이름을 영화롭게 하시고 하나님께 영광을 돌려드렸던 것처럼 하나님의 말씀에 순종함으로써 하나님의 영광을 온전히 나타낼 수 있는 성경대로 믿는 그리스도인들이 되기를 간구하는 바이다.

『그러므로 나의 사랑하는 자들아, 너희가 항상 복종했던 것처럼 내가 있을 때뿐만 아니라 내가 없는 지금도 더욱더 두려움과 떨림으로 너희 구원을 온전히 이루라. 이는 너희 안에서 역사하시는 분은 하나님이시기 때문이니 그분은 너희로 그분의 선한 기쁘심에 따라 뜻을 두고 행하게 하시느니라』(빌 2:12,13).

• 지은이 / 박 인 기

• 킹제임스성경신학교 졸업 (B.D, Th.M.)
• 현 순천성경침례교회 담임목사

출애굽기에 계시된
예수 그리스도의 예표들

초판인쇄 / 2025년 11월 10일
초판발행 / 2025년 11월 17일
지은이 / 박 인 기
펴낸이 / 말씀보존학회
펴낸곳 / 말씀보존학회
등록 / 제409-2022-000036호
주소 / 서울 강서우체국 사서함 90호
전화 / (02) 2665-3743 · 팩스 / (02) 2665-3302
판권소유 / 말씀보존학회

잘못된 책은 바꿔 드립니다.
값 15,000원